ŒUVRES COMPLÈTES
D'EDGAR QUINET

LA
RÉVOLUTION

PRÉCÉDÉE DE LA

CRITIQUE DE LA RÉVOLUTION

TOME II

QUATORZIÈME ÉDITION

PARIS
LIBRAIRIE HACHETTE ET Cie
79, BOULEVARD SAINT-GERMAIN, 79

3 fr. 50

ŒUVRES COMPLÈTES

D'EDGAR QUINET

A LA MÊME LIBRAIRIE

Quinet (Edgar): *Œuvres complètes.* 30 vol. in-16
brochés à . . . . **3 fr. 50**

   Génie des religions. . . . . 1 vol.
   Les Jésuites; L'ultramontanisme. . . . . 1 vol.
   Le Christianisme et la Révolution française . . . . . 1 vol.
   Les Révolutions d'Italie. . . . . 2 vol.
   *Marnix de Sainte-Aldegonde; Philosophie de l'Histoire
      de France.* . . . . 1 vol.
   Les Roumains; Allemagne et Italie. . . . . 1 vol.
   *Premiers travaux; Introduction à la Philosophie de
      l'histoire; Essai sur Herder; Examen de la Vie de Jésus.* 1 vol.
   La Grèce moderne; Histoire de la poésie. . . . . . . 1 vol.
   Mes Vacances en Espagne. . . . . 1 vol.
   Ahasvérus. . . . . 1 vol.
   Prométhée; les Esclaves. . . . . 1 vol.
   Napoléon (poème). (Epuisé). . . . . 1 vol.
   *L'Enseignement du peuple; Œuvres politiques avant
      l'Exil.* . . . . 1 vol.
   Histoire de mes idées (autobiographie). . . . . 1 vol.
   Merlin l'Enchanteur. . . . . 2 vol.
   La Révolution. . . . . 3 vol.
   Campagne de 1815. . . . . 1 vol.
   La Création. . . . . 2 vol.
   *Le Livre de l'Exilé; La Révolution religieuse au
      XIXe siècle; Œuvres politiques pendant l'Exil.* . . . 1 vol.
   Le Siège de Paris; Œuvres politiques après l'Exil. . . 1 vol.
   La République; Conditions de régénération de la France. 1 vol.
   L'Esprit nouveau. . . . . 1 vol.
   *Vie et Mort du Génie grec; Appendice; Discours du
      29 mars 1875.* . . . . 1 vol.
   Correspondance; Lettres à sa mère. . . . . 2 vol.
      Chaque ouvrage se vend séparément.

Quinet (Edgar): *Extraits de ses Œuvres;* 7e édit.
1 vol. in-16 broché. . . . . **3 fr. 50**

ŒUVRES COMPLÈTES
D'EDGAR QUINET

LA
RÉVOLUTION

PRÉCÉDÉE DE LA

CRITIQUE DE LA RÉVOLUTION

TOME II

QUATORZIÈME ÉDITION

PARIS
LIBRAIRIE HACHETTE ET Cⁱᵉ
79, BOULEVARD SAINT-GERMAIN, 79

# LA

RÉVOLUTION

TOME DEUXIÈME

LA RÉVOLUTION

LIVRE NEUVIÈME

LES GIRONDINS

I

SYSTÈME DU ROI
DÉCOMPOSITION DU PARTI CONSTITUTIONNEL

La constitution, à la fin de 1791, est un noble vaisseau construit avec infiniment d'art et de génie, qui, à peine lancé à la mer, au milieu des applaudissements du peuple, fait eau de toutes parts, s'affaisse, sombre ; il est déjà presque submergé que l'on ne sait encore où il faut porter secours. Enfin, comme il allait disparaître, on s'aperçoit que c'est le pilote lui-même qui travaillait au naufrage. Le pilote y périt, et avec lui le parti qui s'était fié à sa sincérité ou à sa fortune.

Quand Louis XVI eut accepté la constitution, il jugea que c'était là un assentiment contraint, et que sa conscience ne le liait en rien à un système qu'il n'avait pas été libre de refuser. Sur ce principe, il crut sincèrement que ses devoirs de chrétien ne l'empêchaient pas d'opposer la dissimulation à la violence; puisque la ruse lui était encore possible, il résolut de l'employer, en attendant l'occasion d'user de la force ouverte. C'est ainsi que se concilièrent chez lui, avec les scrupules de la piété, les détours, les subterfuges, les duplicités dont Mirabeau lui avait tracé le plan.

Les suites de cette politique du roi entraînèrent, dès le commencement, les Constitutionnels à leur ruine. Tout leur échafaudage reposait sur le roi ; mais ce point d'appui leur manquant d'abord, ils furent précipités dans le système le plus opposé au leur. Ils croyaient édifier une monarchie libérale ; au contraire, comme ils s'étaient mis dans la main du prince, ils le servaient, sans le vouloir, à rétablir le pouvoir absolu.

Voilà pourquoi les chefs des Constitutionnels refont en 1791 et 1792 ce qu'ils ont le plus blâmé, en 1790, dans les partisans de l'ancien régime Alexandre Lameth revient au système de Cazalès ; La Fayette recommence Bouillé. La Révolution leur échappe ; ils se sont donné un problème insoluble : laisser les rênes de la Révolution à celui qui est décidé à la renverser. Tous ceux qui montent sur le char de l'ancienne dynastie ont beau y porter des pensées différentes; après quelques efforts, ils sont ramenés au point de départ.

Comme les contemporains ne tenaient pas assez de compte de la force à laquelle cédaient les Constitutionnels, ceux-ci ne pouvaient tarder à provoquer les soupçons. Au commencement de la Législative, ils étonnèrent ; bientôt on les jugea impuissants, enfin traîtres. Les héros de 89, les Chapelier, les Thouret, furent voués aux mêmes haines que leurs adversaires, les Maury et les Breteuil. Avertissement aux partis qui ne savent pas ou n'osent pas vouloir les conditions de leur existence : ils se trouvent acculés à l'impossible, et cet impossible leur est tenu à crime. On en était là à la fin de 1791.

Dans ce jeu où s'abîmaient la fortune et l'honneur des royalistes libéraux, Louis XVI avait une pensée qui ne le quittait jamais. C'était, comme il le disait lui-même à ses familiers, « de ne pas se mettre en prise ». Tel fut à cet égard le plan de conduite auquel il s'attacha avec plus de persévérance et de suite qu'on n'est tenté de le croire : obéir au dehors à la constitution, la ruiner au dedans ; en maintenir la lettre, en paralyser l'esprit.

De là, il composait son ministère avec un art singulier, ayant soin de laisser toujours au cœur du gouvernement un de ses affidés, chargé d'entraver et d'empêcher ce que les autres avaient mission de faire. Aussi peut-on dire qu'à travers les immenses changements qui s'accomplissaient au dehors, un seul point ne changeait pas, c'était le ministère. Après avoir perdu tout le reste, Louis XVI conservait au moins une image et comme un gage du passé dans le secret du cabinet.

On le vit clairement, lorsque M. de Narbonne, jeune, entreprenant, amoureux de gloire, prêt à la payer au prix de toutes les nouveautés, d'ailleurs aiguillonné par madame de Staël qui déjà rêvait pour lui une renommée de héros, entra, en décembre 1791, dans le conseil du roi, comme ministre de la guerre. Louis XVI lâche les brides à cet impétueux. Narbonne croit un moment entraîner le roi, la cour, la noblesse libérale, les Constitutionnels, dans ses vastes projets.

Il avait, disait-il, refait l'armée, visité les frontières, approvisionné les places. Tout était disposé pour la grande guerre d'opinion qui devait illustrer et sauver la monarchie constitutionnelle. On n'avait plus qu'à prendre l'essor. Mais au moment de se déchaîner, un léger embarras se fait sentir, un fil retient le héros; et ce fil, c'est le ministre Bertrand de Molleville, que l'on avait à peine entrevu, enseveli qu'il était dans son obscurité, et qui soudain se révèle et empêche tout, en levant ce *petit doigt* qui, dans l'ancien régime, avait déjà tant de fois fait rentrer en terre l'audace et le génie des fortes entreprises sous le poids de la volonté et de l'autorité royales. De ce moment M. de Narbonne disparaît de la Révolution. Dernière victoire de la royauté; mais cette victoire fut entière; elle rappela, en 1791, un reste des grands jours du pouvoir absolu.

Ce fut aussi la dernière chute des Constitutionnels. Dupes, ils passèrent pour complices. Quelques-uns continuèrent à soutenir leur politique, en dépit de la royauté, à laquelle ils devenaient plus odieux à mesure qu'ils prétendaient la sauver.

Nul ne mit dans cette chimère une persistance plus obstinée que La Fayette. Sa fidélité à cette dynastie rappelait l'amour des chevaliers pour les belles qui ne leur répondaient que par le mépris ou par la haine. Le gros du parti ne pouvait s'en tenir à cette chevalerie. La Fayette lui-même allait bientôt être acculé à toutes les extrémités qu'il avait le plus accusées chez les royalistes purs. Pour les uns et pour les autres, il n'y allait plus seulement du système, mais de la vie.

Les premiers temps de la Législative montrèrent la décomposition du parti royaliste constitutionnel. Cinq mois suffirent pour le faire disparaître.

II

LES GIRONDINS

A mesure que ce parti disparaissait, c'était l'avénement des Girondins. Ils avaient alors tout pour eux, principalement la nouveauté. Ils s'élancent dans la vie publique avec une ardeur incroyable, comme à la poursuite de ce parti constitutionnel ou feuillant qui, désarmé, livré d'avance, ne pouvait leur opposer aucune résistance. Leur première apparition dans la Législative eut ainsi l'effet d'une victoire.

Vergniaud, Guadet, Gensonné, maîtres de la Législative dès le premier jour, se montrèrent pour triompher. Ils balayèrent devant eux les ombres constitutionnelles qui ne savaient plus où trouver un terrain solide. Jamais parti ne débuta avec tant d'éclat que les Girondins. Comme tout leur réussissait contre des partis usés, et qu'ils semblaient en disperser les cendres, l'acclamation les suivait. On voyait en eux les possesseurs de l'avenir. Ils n'eurent rien du long apprentissage, des débuts incertains, des tristes humiliations répétées de Robespierre et de son parti. Ils entrent couronnés de fleurs dans la Révolution, populaires aussitôt que connus. La palme précède pour eux le combat.

Les constituants leur ayant laissé la place vide, ils l'occupèrent. Pleins eux-mêmes d'illusions, ils nourrissaient chez les autres cette illusion, que la Révolution était finie et qu'ils en avaient cueilli le fruit. Semblables à ces coureurs qui apportaient avant l'heure, au peuple, la nouvelle prématurée de la victoire, eux aussi devaient tomber hors d'haleine avant d'avoir achevé leur message.

Au reste, jeunes, avides de gloire plus que de conquêtes, ils plaisaient à tous les novateurs ; élégants, brillants de génie, ils rassuraient ceux qu'effrayait l'austérité autant que la barbarie. Au plus grand nombre, ils semblaient être les tribuns de je ne sais quelle royauté démocratique, dernier rêve que la France nouvelle avait gardé de la France ancienne, et dont elle ne pouvait encore s'arracher.

Ce qui achevait de séduire, on disait que ce parti recevait l'inspiration d'une jeune femme, madame Roland ; tout ce qu'on racontait de sa beauté, de son génie, allumait la curiosité et servait à la gloire des Girondins. Car il était sans exemple que tant d'hommes jeunes, passionnés, fussent enchaînés à une femme par le lien seul du respect et de l'admiration. Les uns voyaient en elle la Julie de Rousseau, mais sans faiblesse et sans chute ; pour les autres, c'était un homme de Plutarque. Elle était faite pour l'histoire, non pour le roman, deux mondes qui resteront éternellement opposés, quoi qu'on en dise de nos jours.

La force d'âme était chez madame Roland le trait le plus apparent. Son génie politique venait après, et il fut étonnamment servi par son besoin de franchise. La vigueur de son caractère lui permit la sincérité avec elle-même, première condition pour ne pas être dupe d'autrui. Jamais, quoi qu'on ait pu imaginer, ni trouble ni obscurité dans cette conscience. C'est pour cela qu'elle vit si clair autour d'elle dans le monde d'intrigues qui l'entourait ; elle y porta un regard plein, lucide, tranquille, et sut juger ses amis comme ses ennemis.

Il y a des natures de cristal auxquelles l'approche du faux se révèle immédiatement par le contraste. Ces natures peuvent servir de pierre de touche. C'est le diamant qui éprouve toutes les autres pierreries.

Madame Roland sentit, dès l'origine, le degré de force, de faiblesse, d'énergie, de courage des uns et des autres. En cela, elle fut non-seulement l'âme, mais l'œil de la Gironde. Sévère pour tous, injuste pour quelques-uns, implacable dans ses aversions, elle était, en ce moment, tout occupée des manœuvres de la cour. Personne ne vit mieux qu'elle à travers l'épaisseur des murs des Tuileries.

III

LES GIRONDINS AU MINISTÈRE

Quand Roland fut imposé à Louis XVI comme ministre et qu'il entra, le 15 mars 1792, dans le cabinet, je suis persuadé que ce fut pour le roi un des moments les plus sinistres et qui fit une révolution dans son esprit.

Jusqu'à ce jour, Louis XVI, opprimé au dehors, s'était du moins réservé un refuge dans le cabinet ; ce refuge lui est ôté à ce moment.

Depuis 89 jusqu'en mars 1792, il avait, malgré tout, continué de régner avec les hommes qui appartenaient à l'ancienne société. De M. de Breteuil à M. de Montmorin, à M. de Narbonne, à M. de Molleville, la transition était insensible ; il n'avait eu autour de lui que des membres de sa vieille noblesse, tous ses anciens familiers, plus ou moins ses confidents. Ils servaient à lui faire illusion sur les changements sociaux du dehors. La Révolution n'était que dans la rue ; elle ne s'était point encore assise en face de lui à la table du conseil. Ce pouvait n'être qu'une émeute.

Quoique les choses fussent bouleversées, Louis XVI ne désespéra pas entièrement, tant qu'il se vit entouré d'anciens noms dans le gouvernement. Ces anciens noms lui voilaient les idées nouvelles. Mais en mars 1792, les hommes de gouvernement étaient aussi nouveaux que les choses. Cette révolution dans le ministère effraya le roi plus que toutes les révolutions précédentes. Le rivage du passé disparut irrévocablement à ses yeux.

Il avait subi Necker, parce que sa renommée le rattachait encore par quelques liens à l'ancien régime. Mais des hommes tels que Roland, Servan, Clavière et même Dumouriez, qui ne rachetaient l'obscurité de leur origine par aucune gloire personnelle, ne pouvaient manquer d'être insupportables. Ils le furent dès qu'ils se montrèrent.

Quand ces inconnus entrèrent dans le gouvernement, ce changement fut le plus odieux de tous, parce qu'il sembla irrévocable. La Révolution, jusque-là, ne s'était montrée qu'au dehors, parmi les députés ou dans quelques séditions passagères. Il fallait donc désormais la subir, à toute heure, jusque dans le secret du conseil!

L'étonnement du maître des cérémonies, à la vue des souliers sans boucles de Roland, fut au fond le sentiment de toute la cour. On y reconnut l'avénement d'une nouvelle classe d'hommes que l'on n'avait encore aperçue que de loin et à travers de rapides tragédies. La révolution sociale entrait par toutes les portes. Les murailles du palais de Médicis en frémirent.

Tels furent les sentiments les plus intimes du roi ; et, comme ce sont souvent les petites choses qui font perdre à l'âme l'équilibre, parce qu'elle ne s'arme point d'avance contre leur atteinte, il est certain que c'est à ce moment que Louis XVI fut jeté hors de lui-même.

Il avait vu avec patience et d'un visage presque indifférent les mouvements des peuples, les armes, les piques, son palais investi. Maintenant, il ne peut voir sans indignation et sans colère les trois ministres girondins qui se présentent au conseil. La pensée que ces yeux ennemis seront toujours ouverts sur lui et ses actes secrets le bouleverse ; son visage, son langage, en furent changés, il n'essaya pas de se contraindre.

C'est alors que le pressentiment de la mort l'envahit. Il s'attendait à être assassiné, et il répétait aux siens : « Deux mois plus tôt, deux mois plus tard, qu'importe ! » Ce dégoût de la vie, ce profond désespoir lui inspira ce qui lui avait manqué et ce qui était le contraire de sa nature, une résolution inébranlable. Se jugeant perdu, il crut inutile de céder davantage.

Les caractères les plus faibles ont leur moment

de crise où ils se fixent dans l'obstination aveugle. Ce moment était venu pour Louis XVI. L'indignation, l'irritation de chaque heure se joignant à la lassitude de tant de concessions, il se reposa pour la première fois dans un refus arrêté.

Les deux décrets, l'un contre les prêtres insermentés, l'autre sur le camp des vingt mille fédérés, lui fournirent l'occasion de résister. Le premier était, selon lui, un attentat à sa foi ; l'autre, un moyen de l'assiéger, comme si ce n'était pas assez d'être prisonnier.

Ayant épuisé la faiblesse, il en vint à omettre toute prudence; car, une fois sorti de son inertie habituelle, il passa à la menace, et bientôt aux injures, répétant à Dumouriez : « Délivrez-moi de ces trois factieux insolents. » S'il n'allait pas jusqu'à la violence, c'est la reine qui prenait ce rôle. « Vous sentez, disait-elle à son tour à Dumouriez, que nous ne pouvons souffrir ni ces nouveautés, ni cette constitution. Cela passera ; prenez garde à vous. »

Ainsi, au fond de ce désespoir il y avait encore des révoltes. Le long ouvrage de la dissimulation était détruit dans un moment de colère. Tant que le roi et la reine avaient été entourés de leurs anciens familiers les paroles imprudentes n'avaient pas dépassé le seuil du cabinet. Désormais ils étaient sur la place publique. Un seul instant de sincérité les perdait.

Il ne fallut pas longtemps au ministère girondin pour pénétrer ce qu'on cachait si mal. Roland, Servan, Clavière, virent l'intérieur du palais ; ils achevèrent de divulguer ce qui n'était plus un secret pour personne. Ils racontèrent ce que publiaient les murs et les échos des Tuileries, ce qui se lisait dans les yeux et sur les lèvres des courtisans ; quoique personne n'eût plus rien à apprendre, ces récits passèrent pour des révélations.

Madame Roland, qui avait d'abord percé d'un coup d'œil ces mystères de haine, écrivit cette fameuse lettre au roi, qui, lue dans l'Assemblée parut s'adresser bien plus à la nation qu'au prince. A travers les conseils hautains donnés à Louis XVI, on vit surtout la volonté de divulguer ses projets et ses embûches. Et comme ce qui est officiel a toujours en France, même dans les révolutions, une puissance extraordinaire, cette lettre d'un ministre changea les soupçons en certitudes.

Ainsi les Girondins n'entrent dans les conseils de la monarchie que pour lui surprendre son dernier secret. Ils voient, éprouvent, manient les instruments du règne ; ayant pu les premiers s'assurer de leurs yeux que la royauté n'est plus qu'une ombre, ils seront aussi les premiers à en appeler à la république.

Louis XVI se donne ce dernier plaisir, de renvoyer Roland, Clavière, Servan ; il en jouit sans mélange, comme d'une bonne partie de chasse.

Dumouriez crut un moment que beaucoup d'esprit de ressources, sa bonne étoile d'officier de fortune, nulle conscience, nul principe, une grande intelligence de tacticien, la ferme volonté de surgir par tous les moyens bons ou mauvais, nulle passion que celle de parvenir au premier rang, dans un temps où chacun était comme ébloui par la passion de la chose publique, lui feraient heureusement traverser la Révolution pour dernière aventure, et qu'à lui seul il tiendrait la place de tous les partis. Cette fortune ainsi complète dura trois jours. Il ne put vaincre la volonté du roi d'opposer son veto aux deux décrets ; il se retire à son tour.

Désormais Louis XVI est seul, et contre lui se lève tout un peuple.

IV

DANTON JUGÉ PAR SON PARTI

Le *nommé* Danton, comme l'appelait M. de La Mark en 1791, est désormais hors de page. Avant de le voir agir et de le juger, je veux savoir ce que pensaient de lui ses amis ; car cette opinion composera une grande partie de sa force.

Les amis de Danton le trouvaient beau, parce qu'il semblait indomptable. Ils aimaient son front sillonné, sa bouche épaisse, sa face de centaure. Ils en parlaient comme du taureau des prophètes. David, après l'avoir dessiné, fronçant le sourcil, disait : « Voilà Jupiter tonnant ! »

A ce point de vue, Danton était pour les siens, de par la nature même, le souverain légitime de la Révolution ; Robespierre, myope, grêle, n'en fut jamais que l'usurpateur [1].

Les dantonistes savaient gré à leur chef de ce qu'il ne prétendait pas changer les formes fondamentales de la société humaine. C'était là, suivant eux, la marque de la sagesse, chez un homme

[1] Mémoires inédits du conventionnel Baudot.

naturellement porté à tous les extrêmes. Quelle plus grande preuve de génie que de savoir se mettre un frein au milieu de la furie ? Lui seul avait posé le pied sur le terrain véritable ; il laissait à d'autres les nuées. Le difficile n'était pas de faire des rêves impossibles, à la manière de Robespierre, mais bien de discerner ce qui pouvait se pratiquer. Là était le sceau de l'homme d'état.

Quant aux vices de Danton, ses amis rappelaient avec complaisance qu'après tout Caton avait été ivrogne, Sheridan et Fox dissipateurs. Pour eux ils n'affectaient pas une sévérité antique ; car ils n'avaient pas à organiser une république de Spartiates ou d'anges. « Si tel était le but, » ils s'abstiendraient d'y concourir, et se déclareraient incapables. Voulait-on établir une thébaïde, dirigée par quelques trappistes politiques de l'école de Saint-Just ? Était-ce là l'opinion générale ? Pour revenir à l'antiquité, sortions-nous d'hier, des bras d'Adam et d'Ève ? Non ; il s'agissait au contraire de composer avec une époque et un peuple pleins de faiblesses et de défaillances, qu'il fallait désespérer de corriger en un jour. Danton avait donc raison de répéter à tout moment : « Qui hait les vices, hait les hommes. » Cette maxime avait été celle du dernier des sages de l'antiquité, Thraséas.

Et l'on avait beau reprocher à leur chef ses

prétendues pilleries ; qu'était-ce que cela ? Rien en comparaison des déprédations des hommes d'épée. Que si Robespierre avait les mains nettes, il n'en était pas moins un grand voleur de pouvoir ; c'était là le butin dont il fallait avant tout rendre compte. Le reste était une misère, sans importance politique.

D'ailleurs, pourquoi le nier, Danton et Robespierre différaient en tout ; l'un fanfaron de vices, l'autre de vertu. Danton faisait peu de cas des choses écrites ; son mot cité plus haut, qu'en révolution il faut « bâcler, non réglementer, » était la condamnation de son rival. Il plaisait aux siens par la puissance de graver dans leur mémoire des maximes frustes, improvisées, qui ne s'effaçaient plus. Au contraire, il méprisait les discours étudiés, qu'il appelait « les âneries de Robespierre [1]. » Et qui sait ce que ce mot seul devra un jour lui attirer de haines ?

Pour tout dire, Danton était la réalité, Robespierre l'utopie ; c'est entre elles qu'il faudra choisir.

Dans ce combat, le plus grand nombre était assurément pour Danton. On n'en saurait douter C'est lui qui exprima les idées, les vues des hommes de la Révolution sur l'ordre social. Pourtant ils le livrèrent dès que ses adversaires le réclamèrent. Pourquoi ? le voici : il est trop périlleux de

[1] *Mémoires inédits de Baudot.*

faire ouvertement parade de ses vices. Les hommes réunis se rangeront toujours, en public, du côté de la vertu qui s'affiche.

Les partisans de Danton n'oseront le défendre mais ils le vengeront. Longtemps après, ils se réjouissaient encore de ce que tous ceux qui avaient été les premiers à le poursuivre avaient péri de mort violente. Ils ne se lassaient pas de récapituler et de savourer ces listes funèbres.

Leur fidélité fut ce qu'avait été leur amitié ; elle les laissa divisés sur presque tout, excepté dans l'admiration pour leur héros.

« O grand homme, écrivait trente-cinq ans après un de ses partisans, tu l'as prévu ! Le Panthéon de l'histoire s'est agrandi pour te donner ta place[1]. »

En effet, le temps, l'exil, d'autres renommées n'amortirent en rien cette mémoire. Danton resta toujours pour les siens, après la Révolution et l'Empire, l'homme qui seul avait compris le génie de son époque. Après un demi-siècle, ils étaient encore bouleversés par l'écho de sa voix. Elle allait jusqu'à leur âme, parce que, disaient les dantonistes, « il avait une âme ». Depuis qu'eux aussi avaient appris à souffrir, ils le louaient de ce qu'ils avaient d'abord blâmé en lui, son trop de penchant à la pitié, « sentiment sans lequel l'homme n'est rien pour l'homme. »

[1] Mémoires inédits de Baudot.

V

DUPERIE VOLONTAIRE

La liberté, avons-nous vu, était perdue d'avance dans le système des Constitutionnels, puisqu'il se détruisait par la main du roi. Mais l'indépendance de la nation, cette chose sans laquelle il ne reste rien, était-elle moins impossible avec eux ?

A les considérer les uns après les autres, il semble qu'ils aient voulu détourner leurs yeux du péril, y jeter du moins un regard vague qui suffit à tenir leur conscience en paix sans les obliger à voir et à dénoncer le mal. Aussi leur manque de pénétration nous est-il aujourd'hui inconcevable.

M. de Narbonne a visité les places fortes, et rien ne l'avertit qu'un tel délabrement est volontaire. Madame de Staël, qui écrit vingt ans après, croit encore ou veut croire à la parfaite bonne foi de l'empereur Léopold, dans toute l'année 1791. Son génie, sa propre sincérité, l'expérience, ne parviennent pas à lui montrer l'évidence, que le piége est partout au dedans et au dehors.

A la prière de la reine, Barnave et Duport composent une lettre que l'empereur Léopold signe et envoie en son nom à la Législative. Par là, Barnave et Duport deviennent, sans le savoir, les agents de l'invasion ; ils travaillent à endormir l'Assemblée, le peuple, non point par une volonté formelle de trahison, mais par le désir qui saisit quelquefois les honnêtes gens, de ne pas voir, de ne pas entendre, quand la vérité les harcèle et leur fait peur. Ils se retranchent alors dans la duperie, parce qu'elle concilie à la fois l'honnêteté à laquelle ils sont accoutumés et l'inertie à laquelle ils aspirent.

Aucun des Constitutionnels ne jeta le cri d'alarme ; ils employèrent, au contraire, toutes leurs facultés oratoires à s'aveugler. Quoiqu'ils fussent encore, par leur situation, au premier rang, et qu'ils dussent être les sentinelles, ils ne découvrirent pas, avec tous leurs talents, ce qui bientôt ne devait échapper à l'œil d'aucun homme du peuple.

Rien de plus triste que la duperie portée à ce degré chez les honnêtes gens. Elle déconsidère la vertu ; elle autorise tous les soupçons ; car personne ne peut supposer que l'homme ait en lui cette faculté d'endormir, quand il lui plaît, ses sens et sa vigilance.

Telle était la situation d'esprit des Constitutionnels et des Feuillants à la fin de 1791. Ils laissaient glisser la France aux mains de l'ennemi et tournaient d'un autre côté leurs regards.

Il en arrivera ainsi toutes les fois que les hommes se trouveront entre deux maux immédiats ; ils n'auront des yeux et des précautions que contre celui qu'ils craignent le plus, et ils seront insensibles et sourds à l'autre. Les Constitutionnels redoutant par-dessus tout la chute de Louis XVI, le reste ne pénétrait pas jusqu'à leur cœur. Ils ne voyaient pas, parce qu'ils ne voulaient pas voir et que leur pensée était ailleurs.

Je ne croirais pas moi-même à la possibilité d'un pareil assoupissement de tous les sens de pénétration, si je n'avais été témoin d'une catalepsie de ce genre en des circonstances bien différentes.

VI

TRAHISONS DE LA COUR. — CONVENTION DE MANTOUE

Ne transportez pas la fiction constitutionnelle dans l'histoire. Il y a des historiens qui prennent à témoins les dépêches publiques des ministres de Louis XVI, sans s'inquiéter de savoir si chacune de ces pièces officielles, faites pour abuser le public, n'est pas démentie, reniée, détruite par une dépêche privée. On dirait qu'ils veulent continuer, après soixante et dix ans, la fable de 1791. C'est ainsi qu'ils acceptent pour bases de leurs récits les déclarations de Louis XVI contre les émigrés, et sa sanction au décret du 31 octobre 1791 de l'Assemblée contre Louis-Stanislas-Xavier.

On sait pourtant que Louis XVI répondait, en secret, à ses frères :

« On vous a trompés. Ce qui occupe le plus Leurs Majestés, c'est votre situation. Comment peut-on croire qu'avec l'âme élevée que vous leur connaissez, elles préfèrent rester sous le joug de scélérats infâmes plutôt que d'être secourues par leurs proches parents et par leurs serviteurs fidèles[1] ? »

Après des déclarations aussi positives, n'est-il pas temps de renoncer à se faire illusion? Les Constitutionnels ont été abusés en 1791. Mais l'être aujourd'hui par le pur zèle de la fiction, qui peut y consentir?

Les Constitutionnels occupaient toutes les avenues du pouvoir, et ils ne pressentaient rien de ce qui se tramait sous leurs yeux et comme entre leurs mains.

Il a fallu que ce fussent les Royalistes purs qui nous dénonçassent les traités secrets de la cour pour amener l'invasion de la France par les armées étrangères. C'est par eux que nous savons aujourd'hui qu'au plus fort de la confiance des Feuillants, dès mars 1791, quand la constitution était dans toutes les bouches, le roi et la reine pressaient, adjuraient déjà l'empereur d'Allemagne de marcher en force directement sur Paris ; c'est par eux, et par eux seuls, que nous connaissons dans le moindre détail quelle mission alla remplir, de la part du roi, le comte de Durfort à Mantoue, auprès de Léopold.

Les articles de cette convention du 20 mai 1791, réglés entre l'empereur d'Allemagne, le roi de France, le comte d'Artois, par l'intermédiaire de

[1] Bertrand de Molleville, t. II; p. 311.

M. de Calonne, sont aujourd'hui sous les yeux de tout le monde. Voici en quoi ils consistaient : l'Autriche envahirait la France en juillet 1791, par le Nord, avec trente-cinq mille hommes ; l'Allemagne, par l'Alsace, avec quinze mille ; la Sardaigne, par le Dauphiné, avec quinze mille ; l'Espagne, par le Languedoc, avec vingt mille ; la Suisse, par la Franche-Comté, avec un nombre égal. Ces cent mille hommes, en se précipitant de tous côtés sur nos frontières, feraient certainement brèche. Unis à la fidèle noblesse, ils formeraient des noyaux d'invasion dans l'intérieur. Après quoi le roi serait rétabli dans son plus grand pouvoir, « sauf à lui en à user comme il lui conviendrait. » Déjà on s'inquiétait de savoir par quels juges seraient punis tant de coupables.

Ainsi délibérés et fixés, les articles de cette convention sont rapportés à la fin de mai 1791, *écrits avec du lait*, à Louis XVI et à la reine qui en témoignent toute leur joie à leur affidé. Et c'était le moment où ils montraient le plus de confiance à l'Assemblée ! Jamais il n'y avait eu tant de promesses et de caresses échangées que dans ce mois de mai 1791 où se tramaient, en pleine paix, l'envahissement de la France et le châtiment des Constituants.

L'arrestation de Varennes et surtout l'expérience que l'on venait de faire de la fidélité des troupes françaises à la Révolution empêchèrent l'exécution de ce premier plan. Il fallut en changer, et comme nous le verrons bientôt, l'occasion ne se fit pas attendre. Quand Louis XVI, en avril 1792, déclarait ostensiblement la guerre à l'empereur, il lui envoyait en secret son affidé Mallet-Dupan, avec un projet de manifeste pour endormir la France et ouvrir la porte à l'invasion.

Ainsi, la connivence avec l'ennemi est avérée. Elle est avouée par ceux-là mêmes qui en furent les principaux agents, et qui, l'ayant niée d'abord, s'en sont glorifiés plus tard. « Toutes mes espérances s'attachaient aux succès des armées étrangères, » répète le ministre de la marine, Bertrand de Molleville. Pourtant, lorsqu'il parut un moment suspect à l'Assemblée, il repoussa le soupçon comme une injure.

De cette trahison de chaque instant suspendue sur la Révolution, que pouvait-il arriver? Ce complot, cette menace d'en haut qui se dérobait sur le trône, devait allumer toutes les imaginations. Le roi se confiait dans une pensée qui a trompé une foule d'hommes, en des circonstances équivoques, qu'il ne *donnerait prise* contre lui par aucune preuve légale. En effet, les pièges étaient assez adroitement tendus pour que les traces matérielles fussent en partie effacées. Les hommes du pouvoir, les Constitutionnels, se contentèrent de cette assurance; ils se gardèrent bien de chercher les preuves légales qu'ils étaient trop sûrs de découvrir.

C'est par là que l'instinct populaire fut excité. Comme les pouvoirs publics se contentèrent de mots, il fallut bien qu'il y eût, dans la foule, des yeux et des oreilles pour veiller. Un grand malheur sortit de ce mensonge continu et d'abord insaisissable : les Français furent obligés de se défier de toutes les autorités qu'ils avaient mises à leur tête. La trahison est indubitable. Pourtant les plus éloquents, les plus judicieux s'obstinent à ne pas la voir. Étaient-ils donc complices? Première accusation grave contre ceux-là mêmes qui ont commencé la Révolution. Une partie des révolutionnaires devint suspecte à l'autre.

Cette trahison de la cour fut comme un de ces fléaux qui se répandent partout, sans qu'on en sache la cause. On la cherche longtemps où elle n'est pas. On croit que les fontaines sont empoisonnées. Mais par qui? Ce vague désespérant jette les peuples hors d'eux-mêmes. De cette première panique à la fureur aveugle, il y a pas loin.

Les Lameth, les La Fayette montraient encore une sérénité entière ; elle achevait d'exaspérer les hommes d'instinct qui, en de telles circonstances, saisissent le mieux la vérité cachée. En la leur disputant, on donna raison aux esprits les plus ombrageux. Suprême malheur ! les modérés, les sages se font aveugles ; les violents ont la sagesse pour eux.

Dès lors c'était à eux, et à eux seuls, de gouverner, puisque les autres se trompaient à plaisir.

Fallait-il, parce que les expérimentés, les habiles étaient dupes, que la nation le fût aussi ? Fallait-il qu'elle s'abandonnât aux puissances étrangères ; qu'ayant à peine entrevu la lumière, elle y renonçât, et, avec la liberté nouvelle, à l'ancienne indépendance ? le fallait-il ?

Pour le roi et la reine, M. de La Fayette était un *scélérat ;* M. de Narbonne, un *incapable ;* madame de Staël, une *folle ;* M. le duc de Liancourt, le plus dangereux des hommes. Ils ont néanmoins consenti à sacrifier leur renommée au prince qui les vouait à la haine de tous ses partisans. Cela est généreux, dit-on ; soit ! mais une nation peut-elle consommer de semblables sacrifices, et renoncer à elle-même pour la satisfaction de celui qui la trompe ? Peut-elle se vouer à la duperie éternelle ?

C'est ainsi que se pose la question en 1792 entre les Constitutionnels et les Girondins, derrière lesquels les Montagnards commencent à paraître.

Encore, s'il ne se fût agi que de liberté ! on a vu des peuples y renoncer sans peine ; mais il s'agit maintenant d'indépendance nationale, c'est-à-dire de l'existence même. Dira-t-on qu'il fallait que la France eût le *bon goût* de cesser d'exister pour entrer avec le roi dans le traité de Pilnitz et la convention de Mantoue?

Louis XVI a jeté dans la Révolution un élément de fraude qui a servi de levain au milieu des passions, et a fait, de la révolution la plus enthousiaste une sombre fureur où il ne pouvait guère manquer de périr.

Je dirai seulement à la décharge de sa conscience, que la France et lui n'avaient plus aucune idée commune. Il croyait que partout où il était, là était le droit. Il ne comprit jamais ce droit nouveau en vertu duquel la nation prétendait exister indépendamment de lui; il ne vit là qu'une chimère ou un crime. A ses yeux comme à ceux des royalistes purs, tout ce que faisait la Révolution pour se défendre était illégitime ; et c'est là le système qui a été presque toujours appliqué en France à la liberté. C'est une coupable, il est beau de l'attaquer. Elle est en flagrant délit sitôt qu'elle se défend.

Voilà pourquoi, avec la conscience la plus méticuleuse en matière de religion, Louis XVI en eut si peu en matière de constitution et d'indépendance nationale. Il ne se fit jamais le moindre scrupule de livrer la France aux étrangers. Combien son confesseur l'eût étonné s'il lui eût appris que c'était là un crime.

Voici les conséquences qui sortirent de cette confusion :

Les royalistes purs voulant livrer la France, et les royalistes constitutionnels ne pouvant ou ne voulant la sauver, il fallut nécessairement avoir recours à une autre forme de gouvernement ; et comme ces formes ne sont pas innombrables, la république devint la nécessité du temps. Plus tard, nous verrons de quelle bouche le nom en sortit pour la première fois. Mais avant le mot, la chose se montra. Ses premiers auteurs furent ceux qui la haïssaient le plus. Louis XVI et les émigrés la firent par leur obstination à tout perdre.

VII

DÉCLARATION DE GUERRE

L'empereur Léopold était mort le 1er mars 1792 ; mais les intelligences de la cour de Louis XVI avec la cour d'Autriche n'en furent point diminuées. François Ier hérita des piéges préparés par Léopold.

Peut-être ne vit-on jamais au monde prince dans une situation plus fausse que Louis XVI, le jour où, poussé par la clameur publique, il vint proposer, le 20 avril 1792, à la Législative de déclarer la guerre à l'empereur François. Ceux auxquels il s'adressait étaient, à ses yeux (selon la note à M. de Durfort), des *infâmes*. Celui à qui il proposait de faire la guerre était son affidé et de plus son seul et dernier espoir.

Sans doute il pensa que cette déclaration hâtive, cette impatience d'hostilité, cacheraient mieux l'embûche. En effet, elles réussirent pour un moment à tromper tout le monde ; il en sera toujours ainsi de démonstrations de ce genre. A la millième fois, elles auront autant d'effet sur le peuple qu'à la première.

Ceux qui assistèrent à la séance ne surprirent aucun signe d'embarras chez le roi. Il n'eut pas besoin de composer son visage, cette dissimulation lui paraissait son droit même. Cependant, au moment où il était là sous les yeux de la nation, il ne pouvait avoir oublié la convention secrète de Mantoue ; déjà il combinait avec les puissances étrangères le manifeste de leur prochaine entrée en campagne.

Quant à la France, le plus urgent était de sortir, à tout prix, de ce gouffre de dissimulation ; les Français couraient risque d'y être abîmés au moment où ils y songeraient le moins.

La vraie raison, la plus sage, la plus déterminante pour se jeter dans la guerre, c'est qu'elle existait déjà. Elle existait depuis 1791 dans la volonté de Louis XVI. L'occasion seule avait manqué ; ne valait-il pas mieux pour les Français s'en emparer les premiers, que de la laisser aux cours étrangères ? Pouvait-on vivre un jour de plus avec cette pointe d'épée sur le cœur, quand Louis XVI en offrait tour à tour la poignée à Léopold, à François Ier, et bientôt au roi de Prusse ?

Dans une grande assemblée, on ne dit presque jamais la raison intime des choses, soit qu'elle échappe au plus grand nombre, soit qu'on n'ose pas la publier. La Législative parut se laisser entraîner par des motifs irréfléchis, l'orgueil blessé, le génie des armes. Dans le fond, elle avait raison plus qu'il ne semblait. Elle proclama ce qui était dans la réalité et dans le cri des choses.

Robespierre seul s'éleva contre la guerre ; il fit, à ce sujet, l'un de ses meilleurs discours. Il osa résister à l'entraînement général, et montra que l'issue de tant de gloire promise serait infailliblement la servitude. En cela, il fut prophète ; cette lueur seule prouverait qu'il y avait en lui bien autre chose qu'un démagogue. Mais il ne vit pas que cette sagesse venait trop tard, que la guerre ouverte valait mieux que la guerre d'embûches, et qu'enfin le champ de bataille était déjà ouvert.

C'était au glaive seul, désormais, à faire jaillir la lumière ; elle devait être surtout funeste à ceux qui la redoutaient le plus. Les actes souterrains de Louis XVI allaient en être éclairés subitement. Les Constitutionnels sentirent leur impuissance et disparurent. Il ne resta que les forts ; la destinée se hâta pour les plus impatients de gloire ou de puissance.

LIVRE DIXIÈME

FIN DE LA ROYAUTÉ

I

LE 20 JUIN 1792

L'Assemblée constituante avait su se faire respecter de ses amis autant que de ses ennemis. Par là, elle domine les assemblées qui suivirent, soit qu'elle ait eu naturellement plus de hauteur, soit que les circonstances l'aient plus favorisée. Elle retint la multitude sur le seuil et ne lui permit pas de le franchir. Elle ne souffrit jamais que les armes du peuple ou du gouvernement pénétrassent dans l'enceinte des lois. Un jour seulement, le 5 octobre, l'armée de Maillard s'était montrée en face de la tribune ; le lion avait osé rugir. Mirabeau se leva, et cette première clameur de la foule se tut devant lui. La Législative n'eut pas ce même bonheur.

C'est elle qui permit la première au peuple de

pénétrer en tumulte dans son enceinte ; une fois cette première barrière du respect foulée aux pieds, il devint impossible de la relever.

D'abord on se glisse sous l'apparence de la confiance ; puis viennent la menace, l'insulte ; enfin le jour arriva où les assemblées parurent prisonnières autant que le prince ; ce jour, la république fut perdue autant que la royauté.

Le 20 juin 1792, huit mille pétitionnaires en armes, suivis de la masse des faubourgs, frappent à la porte de la Législative ; le marquis Saint-Huruge et Santerre marchent en tête. L'anniversaire du serment du Jeu de paume est l'occasion. Le but est d'exiger le rappel des ministres girondins, et les deux décrets sur les prêtres et le camp de vingt mille hommes. La multitude ne voyait que le char qui portait un peuplier dont elle voulait faire un mai. Santerre, Fournier l'Américain, Rossignol, Lazowsky, Legendre, voyaient plus loin. Ils avaient le secret de cette journée et croyaient qu'il leur suffirait de faire peur. Les chefs jacobins s'abstinrent par dédain des démonstrations vaines, ou parce que leur heure n'était pas encore venue.

L'Assemblée n'essaya point ce que pouvait sur le peuple la majesté d'une assemblée souveraine. Elle n'eut pas un seul moment l'idée de contrarier les envahisseurs. Sans doute elle pensa que la force seule était comptée pour quelque chose, et parut consentir à ce qu'elle ne pouvait empêcher.

Ceux qui se prêtèrent avec le plus de complaisance à cette première invasion, ceux qui la conseillèrent, ce furent Vergniaud, Guadet, tous les principaux des Girondins. Ils ne songeaient pas alors qu'en ouvrant la porte au 20 juin 1792, ils préparaient contre eux le 31 mai 1793. Nulle part, dans la Révolution, l'expiation n'a été plus visible.

Les Girondins prêtent leur éloquence à la foule armée pour la faire entrer un moment plus tôt dans l'Assemblée ; ils consacrent de leur parole la première violation de la Législative. Quelques mois plus tard, cette même foule, armée de ce souvenir, reviendra à la porte de la Convention solliciter leur supplice.

Le 20 juin, il est vrai, ce ne sont que caresses des hommes en armes, défilés et baissements de piques, saluts de baïonnettes, danses et chants du *Ça ira !* au pied de la tribune, parades, étendards déployés des sans-culottes à la voix de Santerre et de Saint-Huruge. Mais qui peut dire véritablement si c'est là une caresse ou une menace ? Les harangues des orateurs de la foule, évidemment préparées, limées, académiques, font un contraste singulier avec le désordre improvisé de la foule. Ces discours si étudiés montreraient à eux seuls combien les mouvements populaires qui semblaient le plus spontanés étaient prémédités de loin dans les conciliabules de quelques-uns. Le défilé au cliquetis des armes dura quatre heures, assez pour que l'Assemblée, muette spectatrice, pût comprendre que son pouvoir n'était déjà qu'un fantôme. Un autre règne que le sien venait de commencer. Pour saisir ce règne, Santerre fait retentir son terrible : « En avant ! marche. » La foule, à ce commandement de marche, se réveille. Elle sort de l'Assemblée, investit les Tuileries et va assiéger le roi.

Ici commence cette nouvelle agonie, sans pouvoir mourir, de Louis XVI et de sa famille : insultes, ironie, menaces, pointes d'épées, de hallebardes, dirigées contre lui, injonctions de sanctionner les décrets suspendus par le *veto*, brisement des portes, canon roulé jusque dans les salles.

Au lieu de prolonger ce supplice, que n'osèrent-ils, pour en finir, lui ôter la couronne ? Quel sentiment les retint ? superstition, faiblesse, aveuglement, incapacité de démêler l'avenir du lendemain ? Comment, au milieu de tant d'insultes, ce reste de timidité ou de peur ? Qui les empêchait ce jour-là de se faire rois eux-mêmes ?

Mais cela ils ne l'osèrent pas. L'idée ne leur vint pas encore de reprendre la couronne. Ils mirent sur la tête Louis XVI et du Dauphin le bonnet rouge, et ils voulurent ainsi les sacrer de nouveau. Ce fut pour eux le dernier degré de l'audace, sans songer que de telles avanies ne pouvaient être oubliées. De quelle argile pensaient-ils que fussent faits Louis XVI et Marie-Antoinette ? Comment croire que M. et madame Veto étaient des princes conciliables encore avec la Révolution ? Le peuple sorti, Marie-Antoinette laissa couler les larmes qu'elle avait retenues devant lui. Larmes de haine, dit-on. Vouliez-vous donc que ce fussent des larmes d'amour !

Louis XVI se refusa à aucune concession devant les piques. La multitude ne put lui arracher une seule parole de soumission. Huit mille hommes en armes amassés autour de lui, et toute l'éloquence du boucher Legendre, soutenue de ce cortége, n'obtinrent pas une promesse ni une espérance en ce qui touchait les décrets. A ce moment on eût pu voir que la monarchie reparaîtrait debout, et que le peuple s'écoulerait comme l'onde. Jamais Louis XVI ne fut plus roi que ce jour-là.

Qui fut en réalité le vainqueur ? celui qui refusa de céder.

Et quel fut le vaincu ? le peuple, qui ne put dompter une volonté royale et n'osa pourtant se faire roi.

Telle fut cette journée du 20 juin que quelques-uns ont appelée, bien à tort, la nouvelle journée des dupes. Le roi y trouva un caractère qu'il n'avait jamais montré. Le peuple y fut téméraire d'action, timide de pensée, l'Assemblée complaisante et nulle ; journée plus fatale à la république qu'à la royauté, et où la Révolution parut avoir la force aveugle d'un élément plutôt que la puissance d'un dessein réfléchi.

Si l'on abaissa encore d'un degré la royauté, d'autre part, par ce premier essai des armes dans le sein des lois et de l'Assemblée, on frappa la république avant qu'elle fût née, et l'on prépara l'avortement de la Révolution. Il n'y eut plus de lieu sacré pour abriter la liberté ; elle perdit ce jour-là son sanctuaire.

Sans doute, pour parler le langage convenu des historiens, la Révolution avance ; mais elle avance aussi rapidement vers sa chute que vers son triomphe ; car l'Assemblée nationale une fois ravalée sous les pieds de la foule, que restera-t-il ? La nécessité de flatter le plus audacieux, bientôt un dictateur, enfin un maître.

On a toujours dit que le plus beau spectacle est celui d'une âme qui résiste à la violence d'un monde. Qui a donné ce spectacle, si ce n'est Louis XVI, seul, sans autre abri que quatre grenadiers dans l'embrasure d'une fenêtre, tenant tête à un peuple entier prêt à l'écraser ? Ou ce que nous avons répété toute notre vie de la majesté de l'âme aux prises avec le plus fort n'est qu'un mot, ou il faut savoir reconnaître que Louis XVI fut ce jour-là plus grand que ce monde déchainé contre lui et qui ne put lui arracher un désaveu.

Qu'est-ce qui lui donna la force de résister ainsi à la violence de tout un peuple ? Sa croyance. Elle lui fit un boulevard ; elle l'empêcha d'accepter le décret contre les prêtres réfractaires ; par là, il se montra plus fort que ceux qui l'assaillaient, auxquels manquait encore une pensée énergique, un projet formel.

Il faut dire cependant pourquoi il ne prit pas ce jour-là une plus haute place dans l'histoire. Si Louis XVI n'eût obéi qu'à des scrupules de conscience, il eût été héroïque ; mais il se mêlait à ce sentiment la crainte moins noble de tout perdre, s'il changeait de ministres, et s'il laissait entrer dans le cabinet des yeux plus clairvoyants ou moins complaisants. Sa figure en est diminuée, parce qu'il sembla craindre de s'ôter des complices.

En effet, les Prussiens allaient franchir la frontière, et la résolution de ne rien faire pour s'ôter ce dernier et suprême espoir fut aussi celle où se retrancha Louis XVI. Dans son naufrage, il tendait la main vers l'étranger. Plus il était menacé au dedans, plus il se roidissait à cette planche de salut ;

toute une foule acharnée ne put lui faire lâcher prise.

Ainsi le 20 juin trompa ses auteurs ; cette journée ne servit qu'à leur en rendre une autre nécessaire ; celle-ci devait être d'autant plus terrible que la première avait été plus impuissante.

Souvent il arriva ainsi que, faute d'une vue assurée, ne sachant pas précisément ce qu'on voulait, on employa des forces immenses pour ne produire aucun effet. Cela devait user bien vite la Révolution en usant les hommes par des mouvements disproportionnés avec le but. Jamais cette disproportion ne se vit mieux qu'au 20 juin. La Révolution y joua le tout pour le tout, sans obtenir même un changement de ministère.

Effort de géants, résultat nul. L'immense tempête ne put faire plier le faible roseau.

II

QUE LES CHEFS DE LA RÉVOLUTION ÉTAIENT SURPRIS
PAR LES ÉVÉNEMENTS

Une chose étonne dans la Révolution française et contredit ce que l'on sait des autres : c'est de voir combien les grands changements y sont peu préparés. Les événements les plus importants, par exemple, la destruction de la monarchie, l'avénement de la république, éclatent sans avoir été annoncés dans les esprits.

Où en est la raison, si ce n'est que la grande audace dans les choses de la religion ayant manqué aux chefs de la Révolution, ils se sont trouvés embarrassés dans tout le reste? Ils n'ont pas posé à l'origine de la Révolution un de ces grands principes qui enferment un monde de conséquences. S'ils eussent rompu avec le dogme du moyen âge, tout le monde eût été préparé à voir sortir de là d'immenses changements dans l'ordre civil et politique.

Les chefs de la Révolution ont vu très-tard, très-lentement ce qu'ils voulaient ; quand ils l'ont su, ils en ont fait longtemps encore un secret au peuple, tant ils avaient peur de le devancer et de l'étonner.

En juin 1792, le club des Jacobins est encore tout royaliste ; il veut chasser Billaud-Varennes, qui s'est hasardé à mettre en question la monarchie. Dans le même temps, Robespierre, un peu plus de trois mois avant la chute de la monarchie, demande sérieusement : Qu'est-ce que la république ? Pendant tout l'intervalle de la Législative, quand, retiré de la tribune, il fait dans son journal l'éducation du peuple, c'est la constitution royale qu'il défend à outrance. Pas un mot qui puisse préparer le peuple au renversement qui va suivre.

Le 7 juillet 1792, c'est-à-dire deux mois et demi avant la proclamation de la république, les républicains font dans la Législative le serment d'exécrer la république. Ainsi ou combattue ou reniée, elle éclate comme un orage. Elle n'apparaît pas avec la force d'une organisation profonde qui a ses racines dans l'esprit de ses auteurs ; nouvelle pour le peuple autant que pour les chefs de parti.

Ceci ne montre-t-il pas à nu combien ils étaient peu orientés dans l'ordre moral ; à quelle faible distance ils portaient leurs regards devant eux, que, faute d'une idée fondamentale, la Révolution les éblouissait sans les éclairer ? On ne voit pas dans cette Révolution un principe, fût-ce de négation, se dérouler et se réaliser d'avance dans les esprits; les hommes y sont perpétuellement surpris par les choses.

Liés encore au dogme du moyen âge, ils ne prévoient pas où ils seront eux-mêmes emportés le lendemain; ils ont peur de leur époque, et avec cette peur secrète, ils sont toujours en arrière de l'occasion. Force immense, indomptable, qu'aucun esprit ne domine, seule élévation et seule ruine qui n'ait point eu de prophète.

III

LA FAYETTE APRÈS LE 20 JUIN 1792

Quand un parti ne tient plus compte des faits, il lui reste à parcourir le vaste champ des illusions, qui lui communiquent encore une force fiévreuse, après laquelle il disparaît sans s'avouer les causes de sa chute.

A cette époque des illusions, La Fayette était devenu le chef naturel et légitime des Feuillants. Toutes les fautes du parti retombent sur lui sans l'étonner ni l'ébranler ; il est chargé de sauver ce qui était irrévocablement perdu. Cette lutte avec l'impossible le trouve préparé ; il y entre avec la sécurité de la conscience la plus droite qui fut jamais.

Comme s'il eût oublié que c'est lui qui avait mis la royauté aux arrêts, il s'indigne qu'elle y ait perdu quelque chose dans le respect de tous ; il se fait le garant du prince qui ne pouvait que le renier ; et par une autre contradiction il se déchaîne (lui si calme), contre les Girondins, de tous les hommes de la Révolution les plus semblables à lui par la facilité d'espérer.

Avant le 20 juin, il écrit à la Législative une lettre sévère qui, datée de son camp, pouvait paraître une menace. Après le 20 juin, il se présente à la barre, seul, il est vrai, et se donnant comme otage. Mais au loin, derrière lui, apparaissait son armée prête à le venger.

Première intervention de l'esprit militaire dans la vie civile ; elle sera imitée par d'autres que le général La Fayette, et peut-être ceux-ci n'auront pas le même genre d'héroïsme ou de crédulité. Si jamais ils viennent sur ses traces à la barre, ils n'oublieront pas de se faire accompagner de leurs grenadiers.

Après avoir empêché l'évasion de Varennes, La Fayette fait tout ce qu'il peut pour la refaire; il veut mais trop tard, recommencer M. de Bouillé. Son projet était d'enlever le roi, en plein jour, à la tête de ses cavaliers, de le transporter à Compiègne, et de là au milieu de ses bataillons. Cette entreprise chimérique empruntait une force apparente de la sérénité parfaite de son auteur. Il ne manquait à ce projet que d'être agréé par le roi ; mais le roi ne crut jamais pouvoir recouvrer sa liberté par ceux qui la lui avaient ôtée.

A la nouvelle du 10 août, La Fayette entra en révolte contre l'Assemblée législative ; il fit arrêter les commissaires par ses soldats ; puis, abandonné de son armée, il dut passer la frontière. En le retenant prisonnier, les ennemis, par cette indignité, lui épargneront l'odieux de se voir confondu avec les émigrés après avoir tout fait pour les combattre.

Voilà à quelles contradictions absolues de fortune, de projets, de volontés était réservé le dernier chef d'un parti qui, faute d'expérience, avait méconnu les premières conditions de sa durée. Au milieu de tant de changements inconciliables, une seule chose persistait, le désir de sauver le roi malgré lui, et la liberté par le roi. Mais on ne sauve personne qui ne consente à être sauvé. Dans cette lutte ouverte contre la force des choses, La Fayette reste le héros d'un système impossible.

Toutes magnanimes qu'elles sont, ses erreurs pourtant furent funestes ; car les honnêtes gens ont tort de croire que, pour réparer leurs fautes, ils n'ont qu'à recommencer en leur nom ce qu'ils ont précédemment condamné dans leurs adversaires. Le plus souvent, ils ne réussissent ainsi qu'à commettre de nouvelles fautes sans corriger les anciennes.

La Fayette, en menaçant de son armée l'ordre civil, frayait, sans le savoir, le chemin au militarisme ; il attirait sur ses pas Dumouriez et de plus coupables encore. Ce qui était chevaleresque chez lui devait être usurpation chez d'autres. Presque toujours, en effet, les erreurs des honnêtes gens ouvrent la porte aux crimes des méchants.

Ainsi, sur la pente où étaient les Constitutionnels, le point d'appui qu'ils plaçaient dans le roi venant à leur manquer, ils étaient successivement emportés vers le même dénoûment, l'émigration, le pouvoir absolu.

Malgré tout, La Fayette, en dépit de tant de démentis donnés par la fortune, a conservé sa grandeur, et cela vient, sans doute, de ce qu'au milieu de passions furieuses il réserva une si large part de lui-même à la pitié. On peut être brisé, non diminué par l'amour pour les faibles. Le cœur applaudit encore ce que l'esprit condamne.

Il sera toujours beau d'être dupe de sa compassion pour les rois ou pour les peuples.

La Fayette faisait de la liberté un parti abstrait qui ne se trouvait nulle part; il trouvait des inconvénients, des folies, des crimes dans tous ; et il se tenait à l'écart. C'était la chimère d'un grand cœur.

Il est des temps cruels où, pour agir, il faut fermer les yeux sur les défauts et même sur les vices de son parti. Voilà la grande différence de Carnot et de La Fayette : le premier a signé tous les décrets du Comité de salut public ; le second n'a pu rester ni l'homme de la royauté, ni l'homme de la démocratie. Sa gloire réelle a été de conserver le sentiment inflexible du juste au plus fort de la mêlée. Mais c'est là aussi ce qui lui a lié les bras. Il rappelle à la Révolution ses premiers serments ; personne ne l'écoute, il reste seul avec la conscience future du genre humain.

Entre le roi et le peuple, entre les Feuillants et les Jacobins, il joue le rôle passif du chœur dans le drame antique ; il maintient les droits de la justice ; il les invoque avec courage, avec audace ; mais, aussi, il n'est pas le personnage qui agit. Le drame se passe devant lui, sans qu'il trouve l'occasion d'y prendre part.

Cet honneur lui restera ; dans les temps nouveaux, il donne l'idée d'une nature d'hommes que l'on n'avait pas encore vus dans notre histoire, l'humanité au-dessus de la passion politique, le respect du droit d'autrui, l'horreur de la violence, la protection du faible, le culte de la liberté jusqu'à la superstition, et dans un militaire le mépris ou l'aversion du plus fort. Aussi La Fayette semble-t-il n'être pas Français ; ses traits comme son caractère sont d'une autre race.

Au contraire, Louis XI, Richelieu, les dragonnades avaient marqué la voie aux hommes de terreur. L'histoire de France ne connaît guère que des adorateurs de la force, pour qui réussir est le droit suprême. Chez eux l'humanité se tait, dès que le mot d'ordre a été donné de haut. A ce point de vue, les hommes les plus nouveaux par leurs systèmes ont été souvent, par leur tempérament, des hommes anciens. Tel ligueur annonce de loin Robespierre. Nos croisades à l'intérieur, dans le Languedoc, avaient montré le 1793 du moyen âge. Montfort prépare Saint-Just. Personne, dans notre histoire, n'a montré la voie de douceur et de liberté pour tous à La Fayette ; si bien que n'ayant pas eu de modèle, il n'a pas eu d'imitateur.

IV

LOUIS XVI ET LE ROI PÉTION

Que restait-il à faire à Louis XVI ? et quel prince à sa place eût employé moins de dissimulation et de ruse ? Il ne sut pas tout accorder pour tout reprendre.

Il laissait voir ses répugnances, ses haines ; il gardait un ministère odieux, et il attendit qu'on le lui arrachât. Il se perdit, le 12 juillet, en consentant à la suspension de Pétion, le roi du moment ; lorsqu'il le rétablit le lendemain, ce fut pour se donner non un rival, mais un maître.

Ainsi les ruses de Louis XVI, ses négociations secrètes nous semblent aujourd'hui la bonne foi elle-même, en comparaison de ce que l'expérience nous a appris. Mais la longue habitude d'un pouvoir sans contrôle l'empêchait de se contraindre dans ses mépris et ses aversions. Qui pouvait-il abuser lorsque par ses paroles, par ses actes, par ses familiers il trahissait à chaque moment sa pensée secrète, assez dissimulé pour paraître odieux, trop peu pour se sauver ?

Il est bien évident aujourd'hui, aux plus simples, que Louis XVI eût dû ne pas résister ouvertement et en face, mais lâcher la bride, soutenir Pétion et Manuel contre le département, prendre les ministres girondins qu'on lui imposait, les caresser en public, les détruire en dessous, se refaire une sorte de popularité éphémère par ces concessions d'un moment, gagner ainsi le mois d'août et de septembre, dont il avait besoin pour tendre la main aux Prussiens et écraser la Révolution adulée et endormie. Il avait connu, dès le 28 juillet, le manifeste du duc de Brunswick ; il fallait donc à tout prix lui donner le temps d'arriver.

C'était là assurément l'unique chance de salut pour Louis XVI ; au lieu que par sa franche et honnête résistance, il ne pouvait manquer de déchaîner le peuple contre lui. Ces deux mois si précieux, qu'il eût pu gagner encore peut-être sur la Révolution, il les perdit par sa faute, par un reste de sincérité, en se démasquant trop tôt, une première fois, le 16 juin, par le renvoi des Girondins, et une seconde, en juillet, par le refus de les reprendre.

La reine avait beau répéter : « Ce qu'il y aurait de mieux pour nous serait de passer ces huit semaines dans une tour. » Le roi ne sut pas ou ne voulut pas élever autour de lui cet édifice de mensonge, sans y laisser de brèche ouverte ; et ce manque de calcul, cette franchise de haine, le ruinèrent absolument et sans ressources. Car la Révolution était trop près, et l'étranger trop loin.

En dépit de nos accusations, Louis XVI restera pour la postérité de la race des débonnaires.

En juin, il s'était laissé imposer le bonnet rouge; nous savons aujourd'hui qu'il eût dû le prendre et s'en couronner lui-même. Voilà ce qu'eût fait un homme de nos jours. Louis XVI ne put ni dompter le peuple, ni l'endormir. Pour sauver sa couronne, il aurait eu besoin des qualités par lesquelles on usurpe, et celles-ci, formées de petitesses, manquent presque toujours à un prince de vieille lignée, accoutumé à se faire obéir sans avoir besoin de mentir.

Il est possible qu'un prince tel que Tibère, ou César Borgia, ou le prince de Machiavel, eût réussi à amuser, dans l'été de 1792, la Révolution et, en la gagnant de vitesse, fût parvenu à saisir l'occasion au moins de lui échapper.

Mais Louis XVI était l'homme qui ressemblait le moins à ces modèles. Quand il essaya de prendre leur chemin, son naturel le ramena dans une voie opposée. Ce qu'il acquit de dissimulation fut entièrement gâté par ce qui lui resta de franchise; et ses vices empruntés lui nuisirent presque autant que son honnêteté naturelle.

Un prince de la race de ceux que je viens de nommer n'eût pas manqué, à la première sommation de la force, de courtiser le roi Pétion, de courir au-devant des fédérés de Barbaroux, de livrer en pâture à la foule les prêtres réfractaires, sur lesquels s'amassait alors la colère publique. Par là, il eût détourné de lui la haine, en l'attirant sur ses fidèles, sur ses amis, sur ceux dont il partageait toutes les pensées ; et tandis qu'il eût donné ainsi en proie ses partisans les plus chers aux passions ameutées, il eût pu se dérober ou même trouver le moyen de se retourner contre ses adversaires.

Mais l'obstination que Louis XVI mit dans les derniers mois qui lui restaient ne peut être trop remarquée, car elle contraste avec les incertitudes qui ont précédé.

Dans les idées de morale qui ont prévalu de nos temps, non sur les lèvres, mais dans les cœurs, il est certain que Louis XVI commit la faute impardonnable à nos yeux de n'avoir ni su ni voulu se départir en public du fond même de ses convictions. Quand déjà il n'était plus roi, il resta homme; il ne sut pas signer la déportation de ses fidèles et se sauver à leurs dépens. Le vieil honneur, ou, si l'on veut, l'attachement à ce qu'il tenait pour sacré, le livra désarmé ; il sembla, dans les mois de juin, de juillet, provoquer la Révolution.

S'il avait, selon nos vues actuelles, dépouillé toute nature morale, il est difficile de croire qu'il n'eût pas réussi à tromper une partie au moins du peuple, et à diminuer ainsi ses ennemis. Qui l'empêchait, à l'avénement de la Législative, de se proclamer le roi jacobin ou du moins girondin? Et qui peut dire quel eût été l'effet de cette hardie imposture? Mais ce dégré de *scélératesse* que lui avait conseillé Mirabeau n'était malheureusement pas de son temps, encore moins de son humeur ; ce doit être là son excuse. Ce qui nous semble tout simple aujourd'hui lui eût paru en 1792 l'excès de la bassesse. L'idée ne lui en vint même pas. La journée du 20 juin avait laissé en lui une élévation morale qu'il garda jusqu'à la fin et qui le livra, les mains liées, à la Révolution. L'homme grandit, le chrétien se montra, et le prince fut perdu.

Pendant tout cet intervalle de juin et de juillet 1792, la colère de la nation monte, le prince reste inébranlable. Comment concilier cette inflexibilité avec cette faiblesse? Le cri de déchéance s'élève de toutes parts, et Louis XVI, seul, semble ne pas l'entendre. Plus j'étudie son caractère, plus je vois que si la nature lui avait donné une volonté incertaine, l'éducation lui avait imposé des principes immuables ; et ceux-ci lui communiquèrent leur force de résistance ; à la fin, il trouva l'espèce de force qui est le refuge des faibles, l'inertie. Il attendit ainsi que le 10 août vînt frapper à la porte.

Aujourd'hui nous avons sous les yeux les lettres, les brefs par lesquels Pie VI ne cessait d'agir sur le roi. Cette voix du pape qui, au milieu des bouleversements de tous genres, se faisait l'écho du temps des Mérovingiens, arrivait secrètement à l'oreille de Louis XVI, et couvrait pour lui tous les bruits. Il se sentait adossé à la papauté ; elle le bouleversait et le fortifiait en même temps.

Enfin il se trompa comme l'Europe sur l'effet de l'invasion de la France par la coalition de la Prusse et de l'Autriche. Il crut que les Français céderaient à la menace, les jugeant par les souvenirs du règne de Louis XV. De leur côté, les révolutionnaires devaient faire une faute du même genre, lorsqu'ils crurent que le supplice du roi épouvanterait et désarmerait l'Europe. Des deux côtés, on se trompa sur la puissance de la peur.

C'est ici que les conseils de *scélératesse* donnés par Mirabeau eussent pu être appliqués, quoique bien tard, avec quelque chance de succès.

Car il a été établi plus haut que la Révolution ne devait pas être vaincue, à ciel ouvert, par des armes loyales. Mais il n'est pas également démontré que les perfidies, les noirceurs, les trahisons soutenues d'une activité incessante et d'un visage accoutumé à tous les genres de masque, n'eussent pu donner le change à des hommes nouveaux et détourner un moment le cours des choses. Ce rôle était trop nouveau pour Louis XVI, il ne put y entrer.

Suivez-le de près pendant les derniers mois où il lui reste une ombre de liberté. Il laisse jour par jour s'amasser le danger, sans rien faire pour le diminuer. Au contraire, il fait tout pour l'accroître. et c'est lui qui rend le 10 août inévitable. Las de ses propres hésitations, il se résout à ne plus rien tenter. Se sentant menacé partout, il se renferme dans une immobilité complète.

Ainsi le roi se manque à lui-même ; il est temps de voir si le peuple sera plus avisé.

V

LE 10 AOUT. — LA COMMUNE INSURRECTIONNELLE

Qu'est-ce que le 10 août 1792 ? C'est la journée où éclate dans le peuple la conviction que Louis XVI doit cesser de régner ou l'indépendance nationale périr. On a vu combien cette pensée avait été lente à se former. Enfin la lumière s'est faite. La Législative, en proclamant, le 11 juillet, « la patrie en danger », a déchaîné les imaginations. Chacun cherche autour de soi un ennemi. Brunswick, par son manifeste connu le 28 ou le 29, achève d'ouvrir les yeux de ceux qui auraient voulu douter encore. Il donne un corps aux spectres qui obsèdent les esprits.

On tourna ses regards vers cette armée menaçante des Prussiens dont les étapes étaient comptées ; et pour s'y opposer, que trouvait-on ? Un roi complice qui mettait son salut dans la défaite de la France. Les plus inconnus, les plus misérables, ceux qui tiennent le plus à la patrie parce qu'ils ne possèdent pas d'autre bien, sentent qu'il n'y a plus un moment à perdre pour mettre le gouvernement en d'autres mains ; ils prennent sur eux la tâche dont les chefs s'effrayaient.

Ce fut la journée de l'instinct, celle où parut le mieux la force qui éclate dans la foule, quand tous les moyens politiques ont été épuisés. Voilà pourquoi il est si difficile de découvrir ce que firent les chefs. Où était Robespierre? Les recherches les plus patientes n'ont pu retrouver ses traces. Il douta du succès et refusa d'entrer dans un projet dont il ne prévoyait que désastre.

Il en fut de même de Pétion, le maire de Paris. Personne ne désirait plus que lui le triomphe de l'insurrection, personne n'en doutait davantage. Le 3 août, il avait apporté à l'Assemblée législative la demande de la déchéance du roi, au nom de quarante-sept sections de Paris. Malgré cette quasi-unanimité, l'Assemblée hésite à faire le dernier pas. L'image de la royauté, à la veille de périr, semble se réveiller. Ce n'était plus qu'une ombre, elle imposait encore.

Presque tous lui croyaient, et elle-même se croyait des forces qui n'étaient nulle part. Il s'agissait de frapper un dernier coup sur un fantôme armé de mille ans de souvenirs ; nul ne se sentait le cœur de l'achever.

Merlin de Thionville, Bazire, Chabot, aiguillonnent vainement l'Assemblée ; elle écoute et refuse de décider. Les Jacobins s'excitent par des paroles, ils ajournent les actes. Chacun voit qu'il s'agit d'une heure décisive, et ceux que l'on avait coutume de suivre trouvent de nouvelles raisons de temporiser; ou, s'ils tentent quelque mouvement, ils reviennent aussitôt sur leurs pas. Les jours se passent en de vains essais d'insurrection que la crainte réciproque empêche à la fois de faire éclater ou d'étouffer en germe.

Le lendemain de l'arrivée des fédérés de Marseille, Barbaroux a projeté d'investir, à leur tête, les Tuileries; il veut menacer, non frapper, comme si lorsqu'on déchaîne les éléments, on était sûr de les retenir à son gré. Au reste cette menace, il n'a pu l'exercer, dit-il, par la faute de Santerre, qui a vainement promis le faubourg Saint-Antoine. Le 5, la section Mauconseil a résolu de marcher et de mettre Santerre à sa tête. Santerre se déclare malade. Le 6, c'est le tour des sectionnaires des Gobelins. Eux aussi avaient décidé de donner le signal; ils s'étaient ravisés.

Ainsi, les Jacobins eux-mêmes manquent d'audace à cet instant suprême. La cour, s'il faut lui laisser ce nom, commence à espérer que tant de fausses entreprises lasseront leurs auteurs; ou, s'ils osent attaquer, c'est à elle, sans doute, que restera la victoire décisive.

Qui mit un terme à ces irrésolutions? qui raffermit les volontés? qui fixa le jour, l'heure et donna une seule âme à la foule? Je veux bien croire que Danton ne faillit pas à lui-même, à pareil moment, et qu'il mit dans la balance le poids de ses colères. Pourtant, quand je le vois dans la nuit du 10 août si peu empressé jusqu'à minuit, se laisser harceler et presque enlever par les impatients, et, après de courtes absences, rentrer se coucher et dormir, j'ai peine à reconnaître en lui l'activité d'un chef qui a tous les fils dans sa main. Il paraît céder au torrent plutôt que commander; à moins que l'on n'aime mieux reconnaître dans ce sommeil tranquille la confiance d'un chef qui, ayant tout préparé, se repose d'avance dans la victoire.

Une seule chose est certaine. Vers minuit, par des rues séparées et de tous les points de Paris, arrivent à l'Hôtel de ville quatre-vingt-deux hommes, presque tous inconnus. A ce nom, déjà redoutable, commissaires des sections, les factionnaires les laissent entrer; ils venaient d'être élus, à cette heure tardive, précipitamment, par vingt-six sections de Paris. On dit que dans plusieurs des quartiers, ils n'avaient été choisis que par un petit nombre et au dernier moment; ce qui confirme que les résolutions les plus audacieuses se prennent dans la nuit, et n'appartiennent jamais qu'à quelques-uns.

C'étaient des hommes de toutes professions, artisans, gens de loi, scribes, marchands; parmi eux ne se trouvait aucun des personnages qui ont laissé un nom dans la Révolution, si ce n'est peut-être Hébert, Léonard Bourdon et Rossignol ; presque tous ne devaient avoir que cette heure nocturne de vie politique.

Que venaient-ils faire? Ils avaient accepté ou ils s'étaient donné le mandat d'exécuter la chose la plus téméraire de la Révolution. Les pouvoirs qu'ils avaient reçus à la hâte se réduisaient, la plupart, à ces mots : « Sauvez la patrie! » Mais comment, où, de quels périls, par quels moyens ? c'est ce que personne ne disait. Ils se réunissent sous le prétexte de correspondre avec leurs sections ; en réalité, leur mission est d'expulser la municipalité et de la remplacer. Malgré la violence de leurs passions, ils mirent à exécuter ce projet plus de patience et de dissimulation soutenue qu'on ne serait tenté de le croire.

Au lieu de se découvrir, dès l'abord, ils commencent par s'établir tranquillement dans une chambre voisine de celle où siége le conseil légal de la commune. Pendant plusieurs heures, ils gardent l'apparence de l'obéissance, communiquant à l'amiable avec ce conseil qu'ils sont chargés de dissiper. Vers minuit le tocsin se fait entendre au milieu de la ville, d'abord timide, incertain, souvent interrompu, et bientôt plus hardi ; les églises les plus éloignées le répètent.

L'audace des envahisseurs de l'Hôtel de ville s'en augmente. A chaque tintement nouveau, la contenance des municipaux baisse; leur nombre diminue; ceux qui restent sur leur siége inclinent peu à peu vers plusieurs des résolutions des insurgés.

Jamais ne s'étaient montrées si près l'une de l'autre la légalité et la révolte, séparées seulement par l'épaisseur d'une muraille. Le besoin de dissimuler disparaissait à chaque nouvelle du soulèvement des sections de Saint-Antoine, du faubourg Saint-Marceau et des fédérés de Marseille.

Cependant les quatre-vingt-deux se continrent encore, et par cette prudence ils se servirent des magistrats légaux pour en tirer des ordres, des arrêtés qui ne leur furent jamais refusés. Par là, ils trouvent le moyen de commander, sous un autre nom, aux troupes du Château, de s'en faire obéir et de désorganiser la défense. Un poste d'artillerie avait été placé au pont Neuf pour empêcher la jonction de l'insurrection des deux rives de la Seine; ils demandent que ce poste soit éloigné. La commune légale en donne l'ordre, et il est signé du nom du secrétaire-greffier, Royer-Collard.

Un point important était de s'emparer de la personne du commandant en chef de la garde nationale, Mandat; il commandait aux Tuileries. Le conseil légal tend, malgré lui, cette embûche : il donne à Mandat l'ordre de se rendre à l'Hôtel de ville. En recevant cette dépêche de l'autorité régulière, Mandat n'avait aucun motif de soupçon Il obéit avec répugnance. Arrivé à l'Hôtel de ville, les magistrats le reçoivent, et, après quelques mots échangés, le renvoient aux Tuileries, près du roi. Mais alors des inconnus l'entraînent dans la salle voisine, où il se trouve devant la commune insurrectionnelle, qui se démasque. Les quatre-vingt-deux lui enjoignent de signer l'ordre de retirer la moitié des troupes du Château; il s'y refuse héroïquement. Au même instant, des officiers livrent la lettre par laquelle il a ordonné d'attaquer les colonnes du faubourg Saint-Antoine par derrière. C'était deux fois la mort pour Mandat. Conduit dans la prison de l'Hôtel de ville, on l'en arrache pour le traîner à celle de l'Abbaye. Il descendait les degrés de l'Hôtel de ville, quand un homme lui brise la tête d'un coup de pistolet. Santerre est nommé à sa place commandant général de la garde nationale.

Après s'être fait livrer le général, la commune insurrectionnelle juge qu'il est inutile de se contenir davantage. Elle a obtenu des magistrats au delà de ce qu'elle a espéré; le moment est venu de parler et de commander en son nom. Les quatre-vingt-deux font irruption dans la salle du conseil; ils lui signifient sa suspension, et prennent les siéges, vides la plupart, et que personne ne songe à disputer. Exemple singulier de circonspection dans la violence, et de patience dans la révolte !

Tous concourent, même les serviteurs du roi, à livrer la royauté ; que lui restait-il à espérer, quand on voit dans cette nuit le théoricien futur de la monarchie, Royer-Collard, signer lui-même presque tous les arrêtés, dont le moindre perdrait la couronne ?

Pétion, l'insurrection dans le cœur, partagé entre ses devoirs de maire de Paris et ses vœux pour les révolutionnaires, eût voulu disparaître pendant le temps de la lutte. Il avait, lui-même, donné aux insurgés l'idée ambiguë de le tenir prisonnier dans son hôtel, pour lui ôter toute occasion d'agir. Mais, dans les premières heures, ce projet n'avait pu être exécuté. Il avait conservé, en dépit de lui, une liberté dont il craignait d'user dans un sens ou dans un autre ; et il ne savait comment perdre, sans être aperçu, ces heures où allait se décider le sort du roi et de la Révolution.

Pétion croit d'abord plus sage de se rapprocher de celui qui, à ce moment, lui semble le plus fort. Vers dix heures du soir, il se rend aux Tuileries, se montre au roi, et lui parle pour constater sa présence. « Il paraît, dit le roi, qu'il y a beaucoup de mouvement. — Oui, répond Pétion, la fermentation est grande... » Et il s'éloigne.

Les regards le perçaient de tous côtés ; il s'y dérobe. Descendu dans le jardin, il s'y promène jusqu'à l'approche du jour, écoutant le tocsin, le rappel, la générale, cherchant et se faisant, lui maire de Paris, la solitude au milieu de la ville soulevée. Et dans une situation si étrange, il se montrait calme et presque impassible. De quelque côté que tournât la fortune, il se croyait sans reproche, parce qu'il manquait à ses amis aussi bien qu'à ses ennemis.

Quand le jour commença à paraître, sa contenance devint plus difficile ; il se remit à marcher à grands pas sous les arbres des allées, qui le couvraient mal contre les soupçons du Château. Il eût voulu s'échapper, surtout depuis que le tocsin, toujours croissant, l'avertissait que la victoire pourrait bien rester aux sections. Mais les sentinelles le repoussent des portes. Dans cette anxiété, sûr de trouver la mort s'il rentre au Château, c'est lui qui inspire à la Législative l'ordre de le mander à la barre. Elle l'envoie chercher par un huissier, accompagné de deux porte-flambeaux. Pétion se voit délivré ; il traverse l'Assemblée, et réussit enfin à se faire consigner chez lui par les sections. Ce dénoûment, but de toutes ses pensées, il se hâta de le publier avec un étonnement joué, qui, à la distance où nous sommes, paraît le comble du comique, mêlé à la tragédie nocturne dont le dernier acte allait s'achever.

Avec plus de dignité, l'Assemblée législative parut de même attendre les événements que recelait la nuit. Soixante membres, à peine, s'étaient réunis au premier tocsin.

Ce groupe augmenta peu à peu sans aller jusqu'à deux cents. Pour remplir les heures sans pencher d'aucun côté, l'Assemblée profite de ce qu'elle n'est pas en nombre et écarte toute délibération sur la situation présente. Elle se fait lire, durant de longues heures, d'anciens rapports sur « les dettes arriérées des ci-devant provinces, sur les dégrèvements demandés par les départements». Les députés semblent seuls être sourds au milieu des préparatifs de combat qui se font autour d'eux. Masque d'indifférence sous lequel les assemblées se plaisent à cacher leurs plus profondes alarmes.

Lorsque des émissaires apportèrent des nouvelles, on les entendit d'abord, sans marquer aucune faveur à l'insurrection. Au contraire, ce fut la commune légale qui eut les honneurs de la séance. Cette disposition allait bientôt changer. La longue séance permanente du 9 au 10 devait finir par glorifier tout ce qui a été renié ou condamné à la première heure.

VI

ATTAQUE DU CHATEAU

Au Château, la cour espère vaincre ; c'est l'avis de Pétion. Elle compte sur les dispositions militaires de Mandat, sans savoir encore qu'il a été massacré. Comme toujours, il arriva dans cette nuit, qu'après de premières alarmes, on se rassura par le calme trompeur qui pèse sur une grande ville là où le danger n'est pas encore concentré ; puis on s'entretint dans cette sécurité, par le petit nombre des gens du peuple qui se montraient au Carrousel, par le silence de la nuit, par les ténèbres, par les intermittences du tocsin ; car il avait été interrompu plusieurs fois aux Quinze-Vingts ; et les gens de cour ne manquaient pas de dire que « le tocsin ne rendait pas. » Sans doute, c'était la preuve du découragement des insurgés, qui, encore une fois, au moment d'agir, renonçaient à leur entreprise. Le roi se couche ; il dort du même sommeil que Danton.

La reine veille. Elle se sent entourée de ses fidèles gentilshommes. A travers la nuit, voyant les cours pleines de bataillons, elle en grossit le nombre au gré de ses désirs. Comment se persuader, en comptant ses forces, que ce soit sa dernière nuit de royauté? Les ombres épaisses du Château projetées au loin l'empêchent de discerner la contenance diverse des troupes. Elle leur suppose à toutes le même enthousiasme pour sa cause. La nuit lui cache la répugnance des canonniers et d'une grande partie de la garde nationale, leur sombre humeur, leurs rires, leurs regards menaçants, leurs scrupules ou même leur impatience de défection. C'étaient des armes, et cela semblait suffire.

Mais sitôt que le jour parut, cette assurance tomba. Après s'être fié toute la nuit aux forces dont on se croyait protégé, on s'abandonne dès qu'on les voit si faibles, si incertaines ou si hostiles. L'espérance s'enfuit avec les ténèbres. Une huée monte du fond du jardin. C'est une partie de la garde nationale, qui escorte de ses clameurs le roi, dans la revue qu'il vient de tenter au jour naissant. Cette revue fut le dernier espoir. Le roi rentre essoufflé, non troublé, tant ses oreilles étaient accoutumées depuis longtemps aux outrages. Quoique son visage ne montrât rien de ce qu'il éprouvait, ceux qui le virent alors eurent le pressentiment que tout était fini. Les ministres désespèrent; le procureur-syndic, Rœderer, ne songe plus qu'à trouver un refuge; la reine ne cache pas ses larmes ; et c'est le moment où la lutte suprême va s'engager.

Déjà, aux Champs-Élysées, Théroigne de Méricourt a, dit-on, versé le premier sang. En rencontrant le journaliste Suleau, le souvenir des outrages qu'elle en a reçus s'est réveillé ; elle n'a pu ajourner sa vengeance. La tête de Suleau et celles de deux de ses compagnons, portées sur des piques, s'avancent au-devant de l'insurrection, pour la hâter au premier rayon du jour.

Il était déjà trop tard pour combattre. Mettez à la place de Louis XVI le caractère le plus trempé de l'histoire, il eût réussi tout au plus à périr dans la mêlée. Pour qu'un caractère puisse se montrer avec éclat, il faut encore qu'il trouve quelque part un point solide où appuyer son levier. Sans cela, il est suspendu dans le vide ; et le fort et le faible sont aussi impuissants l'un que l'autre quand leur heure est venue. Napoléon, après Waterloo, n'a pas montré plus de résolution que Louis XVI dans la matinée du 10 août.

Les sections insurgées commencent enfin à s'ébranler. Elles avaient employé presque toute une nuit à se réunir, s'entendre, s'exciter, reconnaître les passages. Nulle difficulté, aucun obstacle. Depuis que les postes avancés placés par Mandat ont été renvoyés par l'ordre de la commune royaliste, la route est ouverte jusqu'aux Tuileries.

Craignant néanmoins des embuscades, les rassemblements du faubourg Saint-Antoine et les fédérés, partis des Cordeliers, marchent avec une certaine précaution. Ils ne commencent à déboucher que vers sept heures.

A mesure qu'ils avancent, le tocsin de toutes les églises les appelle de ses longs tintements obstinés sur les deux rives de la Seine. Santerre s'arrête de sa personne, assez inconsidérément à l'Hôtel de Ville, en grand et sage capitaine qui veut une réserve. Moins prudent et mieux avisé, Westermann prend la tête avec les Marseillais. Il fait sa jonction par le pont Neuf avec les vingt mille hommes des faubourgs. La résistance ne se trouvant nulle part, l'audace s'accroît à chaque pas. Les premiers qui atteignent le Carrousel se précipitent contre les portes et les ébranlent sous les piques et sous les baïonnettes, comme s'ils eussent décidé d'emporter le Château par la seule menace.

A ce bruit de marée montante, une partie des défenseurs du Château, à qui cette longue nuit avait porté conseil, se demandent si l'on veut qu'ils tournent leurs armes contre leurs chefs ; ils ont reconnu leurs amis ; ils n'engageront pas le combat contre eux. En vain le procureur-syndic, Rœderer, leur répond qu'il s'agit seulement de se tenir sur la défensive et de repousser la force par la force ; les canonniers s'insurgent ; joignant l'action à la parole, ils déchargent la gueule de leurs canons, et versent sur le pavé la poudre et les boulets. En même temps, des assaillants escaladent les murs, d'où ils appellent le peuple, et ils tendent les mains aux premiers rangs de la garde nationale pour fraterniser.

Il n'y a plus à la cour un moment à perdre pour mourir avec héroïsme, ou pour fuir si l'on tient à la vie. Rœderer court aux Tuileries ; il dit au roi ce qu'il a vu, qu'il ne reste plus qu'à chercher un refuge, et que ce refuge ne peut être que dans l'Assemblée. A ce mot d'Assemblée, si odieux, le roi et la reine tressaillent. Pourquoi leur proposer de les livrer à leurs plus grands ennemis, et que gagneront-ils d'échapper à la foule pour aller se jeter dans les bras de ses chefs clandestins ?

Les clameurs qui s'élèvent au loin et le silence qui les suit, plus menaçant que les cris, et de nouveau la rumeur d'un océan qui roule et qui s'approche, ne permettaient pas de délibérer plus longtemps. Le roi était assis, il écoutait le bruit des pas. Il se lève : « Marchons ! » dit-il, entraîné plus que persuadé. La reine, madame Élisabeth, les deux enfants royaux le suivent entre deux haies de gardes nationaux. Louis XVI paraissait indifférent, à ce moment suprême. Pourtant, par un reste d'instinct, il prend le bonnet d'un grenadier et le coiffe de son chapeau royal. Le Dauphin jouait dans le jardin avec les feuilles qui jonchaient les allées. « Les feuilles sont tombées de bonne heure, cette année, » dit Louis XVI, pendant que de tous côtés sortait le rugissement de la foule, à mesure qu'on approche de l'Assemblée. Le péril est d'atteindre ce seuil ; car il faut traverser, sur la terrasse des Feuillants, une multitude en armes, décidée à ôter au roi ce refuge. Et pourtant, qu'est-ce que cet abri, si ce n'est une prison et la mort ?

Des municipaux, des huissiers, des gardes, parviennent à faire entrer vivants Louis XVI et sa famillle dans ce sépulcre d'où ils ne doivent plus sortir.

Un grenadier prend dans ses bras le Dauphin et le dépose sur le bureau. Le roi s'assied à côté du président : « Je viens, dit-il avec noblesse, pour épargner à la nation un grand crime. » Et comme, en ce péril imminent, il se trouve des hommes pour songer à l'étiquette qui empêche l'Assemblée de délibérer en présence du roi, sans doute pour éviter la séduction de la grandeur et l'éblouissement de la couronne, on confine le roi et les siens dans l'étroite loge du *Logographe*. Par une subtilité singulière, qui concilie l'étiquette avec l'humanité, on enlève la cloison grillée qui sépare de l'Assemblée la famille royale, pour qu'elle puisse, au besoin, se dérober parmi les députés. De là, comme d'une loge de théâtre, Louis XVI et la reine vont assister, immobiles et muets, au spectacle de leur anéantissement et de celui de leur race. Le rideau ne fait que se lever.

Une fusillade éclate ; les canons y répondent ; ils semblent tournés contre l'Assemblée. Tous les regards s'arrêtent sur le roi ; les députés se lèvent et jurent de mourir à leur banc. Cependant l'inertie de l'Assemblée à cette dernière heure est lamentable ; elle semble attendre ce que lui apportera le plus fort. Des adresses, des mots, des mentions honorables pour le vainqueur, quel qu'il soit ; pas un acte.

Que s'était-il passé ? Après la retraite du roi, les bataillons de la garde nationale, croyant que la fidélité ne les obligeait pas de garder plus longtemps un palais vide, s'étaient dispersés. Une centaine d'hommes seulement sont restés à leur poste. Mais les sept cent cinquante Suisses, retenus par le devoir militaire, ne veulent céder la place que sur un commandement exprès du roi ; et cet ordre ne vient pas, soit que le temps ait manqué, soit qu'il reste à Louis XVI une dernière espérance que le peuple n'engagera pas la lutte, ou qu'il sera facilement dispersé par une troupe disciplinée.

Il est dix heures ; le faubourg Saint-Antoine ne fait qu'arriver, tant il a été lent et circonspect dans sa marche. Une porte s'ouvre. Les assaillants pénètrent dans les cours ; les Suisses se retirent dans le Château. Du haut des fenêtres ils font des signes de paix et jettent des paquets de cartouches. Pendant trois quarts d'heure se prolongent les pourparlers entre les sectionnaires et les soldats. Si le peuple eût été réellement commandé, rien n'eût semblé plus inutile que l'attaque du Château. Les défenseurs étaient réduits à un millier d'hommes, investis de toutes parts, et les vides murailles n'enfermaient plus la royauté. Que n'a-t-on profité de ces trois quarts d'heure pour communiquer avec l'Assemblée ? Mais le peuple croit que sa victoire est nulle tant qu'il reste en face de lui un groupe armé debout, même inoffensif. Un mot de l'Assemblée eût fait tomber les armes des mains des Suisses. La patience manque à la foule ; elle aime mieux les leur arracher.

Westermann, à la tête des fédérés marseillais, s'engage sous le péristyle. Les soldats suisses se rangent en étages sur le grand escalier. Il les harangue en allemand ; il les adjure de se rendre. Les officiers résistent ; le point d'honneur les oblige d'attendre la volonté du roi, et elle n'est pas encore connue. Un feu plongeant part de chaque degré de l'escalier. Les premiers rangs de la foule sont renversés, les fédérés rejetés dans la cour. Les Suisses les y poursuivent ; mais les canonniers des faubourgs ouvrant à leur tour le feu, les défenseurs du Château se replient de nouveau dans l'intérieur des salles. Alors chaque fenêtre devient un créneau ; les assaillants s'abritent dans l'angle des maisons du Carrousel. Une fusillade de tirailleurs s'engage, plus bruyante que meurtrière. D'intervalle en intervalle, les Suisses tentent une sortie : ils sont repoussés par la mitraille, et le feu de tirailleurs recommence.

Tout à coup la fusillade cesse du côté du Château, mais seulement après deux heures d'un combat sans résultat. L'ordre du roi, apporté par M. d'Hervilly, est enfin arrivé. Les Suisses se retirent, en bon ordre, en deux colonnes. L'une se réfugie sous la protection de l'Assemblée, qui l'abrite dans l'église des Feuillants ; la seconde tente de se retirer par la grande allée, vers le pont Tournant et les Champs-Élysées.

Assaillie de tous côtés, en queue, en flanc, par une nuée de tirailleurs, cette colonne est presque écharpée avant d'atteindre la place Louis XV. Là les gendarmes à cheval font une charge sur elle et l'achèvent. Tout ce qui s'est caché dans le Château est massacré ; le peuple, alors, ne savait point pardonner. Cinq cents Suisses furent tués sur sept cent cinquante ; les assaillants n'eurent, dit-on, que cent morts et soixante blessés. Mais dans les premiers temps on enfla le nombre de leurs morts jusqu'à cinq mille ; Pétion le réduisait déjà à quinze cents. La journée eut de si immenses suites, que l'on crut longtemps l'avoir achetée par des milliers de vies.

Restait à ôter à Louis XVI son simulacre de couronne. L'Assemblée n'ose pas encore prononcer le mot de déchéance, elle le dissimule sous celui de *suspension du pouvoir exécutif ;* on s'inquiète de chercher un gouverneur pour le Dauphin ; était-ce pour rajeunir la couronne sur la tête d'un enfant ? Aucun des degrés de la chute ne fut épargné à Louis XVI. On trouva le secret de lui rendre et de lui ôter tour à tour l'espérance. Jamais roi ne fut si lentement détrôné, et ne savoura mieux sa défaite.

Le Christ avait eu soif, et il avait bu sur la croix. Ce fut un crime nouveau pour Louis XVI de laisser voir qu'il avait faim et soif, dans cette première captivité de quarante-huit heures, sous les yeux de la foule. Il mangea ; c'est ce qui lui a été le moins pardonné. Enfin, après la levée de la séance, il est enfermé, lui et les siens, dans quatre cellules du couvent des Feuillants. On eût dit que déjà il était mis en *chapelle.* Il put, du moins, s'y dérober à la curiosité publique.

Le surlendemain, le palais du Luxembourg, qu'on lui avait assigné pour prison, ne paraissant pas assez sûr, Louis XVI est conduit en voiture dans la tour du Temple. Devant lui, pendant le trajet, se trouvait ce même Pétion qui rappelait le retour de Varennes. Le vieux donjon des Templiers s'ouvre ; le roi y entre ; la reine, en le suivant, se redit à elle-même : « Tout périt avec nous. »

VII

CHUTE DE LA MONARCHIE.
CHANGEMENT DANS LE TEMPÉRAMENT DE LA RÉVOLUTION

Vergniaud propose une Convention nationale. En effet, la Législative n'avait plus rien à faire. Elle avait été frappée autant que la royauté au 10 août ; passive au milieu de l'événement, elle ne pouvait gouverner la Révolution, et le peuple lui parlait en maître. Elle avait accoutumé de délibérer au milieu des huées. Après avoir perdu l'estime au 20 juin, elle perdit au 10 août l'autorité, ne sachant ni empêcher, ni agir ni commander ; même au moment où elle détrôna un roi, elle parut obéir.

Il ne lui restait qu'à se donner des successeurs. Sa dernière époque ne fut plus qu'une longue et muette soumission aux volontés des orateurs des clubs. La tribune se tait ; c'est la place publique qui parle : elle gourmande, accuse, règne. Vergniaud se tait devant Gonchon.

Quand je vois les orateurs des députations le prendre de si haut à la barre et régenter avec tant d'orgueil les assemblées muettes et complaisantes, je voudrais savoir ce qu'ils sont devenus quelques années après. Mais ils font un si grand silence dès que le despotisme apparaît, ils rentrent si complaisamment, si profondément dans le néant, que j'ai peine à retrouver leurs traces. Je craindrais, en cherchant davantage, de les découvrir parmi les petits employés de l'Empire.

C'est bien assez de voir Huguenin, l'indomptable président de la Commune insurrectionnelle, si vite apprivoisé, solliciter et obtenir une place de commis aux barrières, sitôt que le pouvoir absolu reparut après le 18 brumaire. Le terrible Santerre devient le plus doux des hommes dès qu'il est renté par le premier consul. A peine Bourdon de l'Oise, Albitte, ces hommes de fer, ont senti la verge, les voilà les plus souples des fonctionnaires de l'Empire. Le grand preneur de rois, Drouet, trône alors dans la sous-préfecture de Sainte-Menehould. Si quelqu'un eût invoqué près d'eux la fidélité aux souvenirs, s'il eût rappelé l'ancien serment, il leur eût semblé, comme cela arrive d'ordinaire chez nous après tout changement, un insensé. Du moins Rossignol, déporté par le premier consul dans les mers d'Afrique, put, en passant, léguer sa haine et sa vengeance au roc de Sainte-Hélène.

Napoléon a raconté qu'il était, le 10 août, dans une boutique du Carrousel, d'où il assista à la prise du Château. S'il eut alors un pressentiment, il dut sourire du chaos qu'il allait si aisément faire rentrer dans ses vieilles limites. Que de fureurs pour aboutir sitôt à l'ancienne obéissance!

Au reste, de toutes les journées de la Révolution, c'est celle qui sortit le mieux et le plus nécessairement de la force des choses. Le roi la fit par son accord avec la coalition, par son obstination dans son veto et par son inertie, l'Assemblée par son impuissance, le peuple par l'instinct du salut, tous par leur résolution de ne rien céder.

Comme dans toutes les journées de ce genre, le peu de décision dans la défense précipita la victoire des sections. Au moment du combat, il n'y avait guère parmi les assaillants que trois mille hommes ; après le succès, ce fut un peuple immense. Des poignées d'hommes décidaient de tout. Plus tard, quand cette tête fut détruite, il resta, comme par le passé, une nation étonnée de ce qu'elle avait fait, prête à renier ses guides.

L'âme vivante de la Révolution était dans un petit nombre ; voilà pourquoi la nation s'en est si vite lassée. Elle suivait les audaces de quelques-uns, passive encore jusque dans ses plus fières révoltes.

Les Girondins triomphent en apparence. Roland, Servan, Clavière, reviennent au ministère ; avec eux entre Danton par la brèche des Tuileries ;

et là où était Danton pâlissaient tous les autres.

Le lendemain, les plus hardis, Bourdon de l'Oise, Rebecqui, Barrère, parlent d'expulser le roi ou de le faire juger par une Convention avec l'appel au peuple; il fallait encore bien des jours avant que quelqu'un osât affronter l'idée du supplice d'un roi.

Cette date est un des plus grands changements dans le tempérament de la Révolution. La Commune se lève à mesure que la royauté tombe; le pouvoir qui disparaît des Tuileries se retranche à l'Hôtel de Ville.

Les Jacobins font bien plus ce jour-là qu'emprisonner le roi; ils deviennent les maîtres de Paris, c'est-à-dire les rois de la Révolution. Dès lors, tout se fit par eux ; bientôt la Convention se trouvera à leurs pieds.

La veille, la France se croyait encore royaliste; le lendemain, elle se trouva sans monarchie, plutôt que républicaine.

Depuis le 20 juin, la royauté n'était plus qu'un mot; mais, pour la plupart des hommes, les mots sont plus puissants que la réalité. Quand le nom sacré disparut, les uns crurent avoir tout perdu, les autres tout gagné. Il n'y eut plus de limites ni dans la crainte ni dans l'espérance. Chaque homme se trouva jeté hors de lui-même.

Des horizons nouveaux, infinis, s'ouvrirent à la

douleur, à la joie, au deuil, au désir, à l'épouvante. Chacun se fit sa chimère de désolation ou de félicité. L'âme humaine franchit toutes les bornes connues ; c'est là le monde dans lequel on entre depuis le 10 août.

Robespierre, resté invisible, ne se montra que le 12. Marat aussi sortit de son souterrain. Comme il avait eu peur, ses fureurs s'en augmentèrent; il ne devait se rassurer que par les tueries de septembre.

VIII

MASSACRES DE SEPTEMBRE

La Commune, sortie de la nuit du 10 août, avait commandé pendant le combat ; elle s'attribuait, non sans raison, la victoire. Les quatre-vingt-deux inconnus qui, la veille, avaient envahi l'Hôtel de Ville, se sentaient les vrais souverains légitimes du moment ; ils étaient décidés à prolonger cette heure tant que la force leur resterait. Déjà ils croyaient, à leur tour, que leur règne était le salut de tous. Tallien avait remplacé Royer-Collard.

Supposez dans Paris des traditions municipales semblables à celles de Flandre ou seulement d'Italie, on eût connu des règles, des bornes ; mais ce pouvoir nouveau des quatre-vingt-deux, sans passé, sans souvenir, surgi, disaient-ils, de la nécessité, étonné de son triomphe, que de raisons d'enivrement et bientôt de délire ! A peine la royauté est-elle tombée, ceux qui la remplacent pour un jour héritent de ses traditions de domination absolue. Déjà Huguenin, Rossignol, le cordonnier Simon, ne peuvent supporter le contrôle de l'Assemblée nationale; ils succèdent à Louis XVI dans son aversion pour elle.

La Législative retrouva pourtant un moment de fierté; elle refusa de se démettre entièrement devant la municipalité insurrectionnelle et l'ajourna au 30 août en la soumettant à de nouvelles élections. Les Girondins eurent cette audace; ils devaient apprendre combien il en coûte cher de soumettre à la loi commune les victorieux du jour.

En effet, pour la première fois, le succès du 10 août n'avait pas apaisé les vainqueurs. On exagérait le nombre des morts; dès le lendemain, il n'est plus question que de vengeance. Ce cri retentit partout dans les clubs, Robespierre le porte dans l'Assemblée; Marat reprend sa prédication de carnage. L'otage que l'on tenait dans ses mains, au Temple, ne servit en rien à rassurer les haines. Puis vinrent les nouvelles de la prise de Longwy, de l'investissement de Verdun, de l'approche des Prussiens. On y ajoutait déjà d'avance la reddition de Verdun. L'horreur de l'oppression, la haine, la peur, le soupçon, la férocité qui était encore au fond de quelques âmes, éclatent à la fois. Le nom de la Saint-Barthélemy est prononcé; le tempérament s'en retrouve chez plusieurs.

Le 29 août 1792, tout Paris devient subitement

muet comme une ville morte d'Orient. Chaque maison est fouillée par les agents de la Commune. Ils en arrachent trois mille suspects dont ils encombrent les prisons. Le lendemain, cet enlèvement d'hommes continue. Vers le soir, Paris est rendu à la vie. Après cette première épouvante, la ville respire ; le fléau est passé. Ces emprisonnements se firent-ils avec la préméditation de ce qui allait suivre ? La Commune, en arrêtant les suspects, savait-elle déjà, à cette heure, où elle les conduisait ? Rien ne le démontre. Dans tous les cas, un homme seul eut cette longue conception du coup d'état de septembre ! Un seul le vit, un seul l'annonça, le prépara de loin : c'est Marat.

Il est bien certain que lorsqu'il eut dans ses mains cette vaste proie de trois à quatre mille prisonniers, prêtres insermentés, familiers de la cour, suspects de toute sorte, il tressaillit de joie. Le plan de carnage qu'il avait dans l'esprit et qu'il refaisait jour et nuit lui parut à moitié réalisé. Il poussait depuis le commencement à l'établissement d'un « tribun militaire », c'est-à-dire à un empire, mais à un empire de meurtre. Sa conception infernale achève de se fixer ; l'occasion était venue, il fit tout pour la saisir. Ce n'était pas une barbarie imprévue, aveugle ; c'était une barbarie lentement méditée, curieusement étudiée par un esprit de sang. Aussi ne devait-elle ressembler à rien de ce qui s'était vu jusque-là dans l'histoire. Marat recueille, en septembre, ce qu'il sème depuis trois ans.

Comme dans tous les grands crimes d'état, on répandit le bruit que ceux qu'on voulait assassiner étaient pris en flagrant délit de complot, et qu'il fallait frapper pour ne pas être frappé soi-même. Cette fable ancienne, toujours nouvelle, fut acceptée. Assurément, le comble de l'absurde était d'imaginer que quelques milliers de prêtres ou de courtisans, enfermés dans les prisons, pussent à un moment donné, se déchaîner sur Paris, s'en emparer, en égorger les habitants! mais plus la chose était absurde, plus elle se répandit facilement. C'est là un lieu commun dans notre histoire, qui, répété au seizième, au dix-septième, au dix-neuvième siècle, trouvera toujours les imaginations dociles, quand elles auront été préparées par un peu de terreur.

Les massacres de septembre sont une idée de Marat; ces journées gardèrent jusqu'au bout la trace de leur auteur. On devait y voir ce mélange de panique et de fureur, de crédulité et de prétention aux coups d'état, de férocité et de moquerie, de sophisme dans l'extermination, de sécurité dans le délire, en un mot, cet appel au crime au nom du droit, qui est tout Marat. Il trouve des agents; il leur impose son esprit. La face et la main de Marat sont restées empreintes dans le suaire de septembre.

Mais cette idée, qui fut celle d'un seul homme, comment a-t-elle pu se réaliser ? Par la contagion de la démence. Les membres de la Commune se firent les plagiaires de Marat ; ils eurent peur, s'ils ne le suivaient, de ne pas être de grands politiques à la hauteur du moment. Cette crainte a perdu presque tous les hommes qui vivent de popularité, toujours prêts à aller jusqu'au délire plutôt que de paraître au-dessous de leur rival. Longtemps Marat était resté seul, inaccessible. Maintenant une foule d'hommes aspiraient à sa gloire ; parvenus en une seule nuit au pouvoir, ils brûlaient du désir de montrer qu'ils en étaient dignes, en ne reculant devant aucun genre de barbarie. Ils cédèrent au défi que leur jetait perpétuellement Marat, au reproche qu'il leur faisait d'être faibles, modérés, incapables d'un coup d'état. Entrés une fois dans le tourbillon, devenus les élèves, les instruments du maître, possédés de son esprit, ne s'appartenant plus, ils espérèrent l'outrepasser, et crurent, en deux ou trois journées de sang, atteindre ou dépasser sa renommée. Billaud-Varennes fut de ce nombre. Chez d'autres le vertige naquit du pouvoir absolu si rapidement acquis. Ils prirent l'atrocité pour le signe de la force.

Danton aussi se soumit à Marat ; car on a beau

dire que l'on trouve partout l'influence de Danton dans les journées de septembre, le vrai est qu'il n'a nulle part l'initiative de la conception. Il obéit, il sert, il ferme honteusement les yeux, il laisse couler et tarir le sang ; il en garde aux mains une tache éternelle ; mais ce n'est pas sa pensée qui s'exécute. Il a peur, lui aussi, de n'être plus le grand tribun, l'*Atlas* de la Révolution, si quelqu'un le dépasse un seul moment en audace. Il suit misérablement et de loin. Il n'est pas le souverain, ni même le courtisan de ces journées, il n'en est que l'esclave ; un autre que lui règne et se délecte dans cet enfer.

Au moment où le signal va être donné par le canon d'alarme et par le tocsin de Bonne-Nouvelle, Danton se réfugie au Champ de Mars, parmi les volontaires qui courent aux armées. Il se cache sous les drapeaux. Il fuit les meurtres auxquels il prête son nom et son autorité. Présent et absent, il a beau fuir, il ne se dérobera pas à l'avenir.

Tel autre, par exemple, Sergent, membre du comité de surveillance, montre mieux encore cette émulation du faible pour atteindre à l'atroce. On trouve son nom dans toutes ces journées, et il a passé le reste de sa vie à les maudire. Ceux qui l'ont connu me racontent qu'il ne pouvait en entendre le nom sans pâlir et trembler. Lui aussi avait été esclave de Marat; et il le détestait à proportion qu'il lui avait mieux obéi.

Ainsi préparés, les massacres s'exécutent administrativement. Ce fut partout la même discipline dans le carnage. Le 2 septembre, les quatre voitures, remplies de prêtres, parties de la mairie et laissées tout ouvertes, servirent à allécher les égorgeurs. Quand ce premier sang fut versé, la soif s'alluma. Les portes des prisons s'ouvrent d'elles-mêmes. Nul besoin de les forcer. Les guichetiers avertis s'empressent ; ils allument des torches, ils conduisent eux-mêmes une poignée de meurtriers; ceux-ci se jettent sur les prisonniers qu'ils rencontrent d'abord. Cela fut accordé à la première fureur, à l'Abbaye et aux Carmes. Mais presque aussitôt un simulacre de tribunal se forme aux vestibules des prisons ; les registres d'écrou sont apportés. Un homme en écharpe préside : il se trouve autour de lui des inconnus qui se disent les juges. Maillard, de Versailles, reparaît pour présider à l'Abbaye. Les prisonniers sont amenés, l'un après l'autre, escortés par des gardes. Ils comparaissent un moment ; les tueurs, les bras retroussés, à côté des juges, attendent presque la sentence. Sur un signe de M. le président, suivi de ces mots. « A la Force ou à l'Abbaye, » le prisonnier est livré aux égorgeurs qui s'entassent à la porte. Il se croit sauvé, il tombe massacré.

D'abord ils tuèrent d'un seul coup de sabre, de coutelas, de pique ou de bûche ; puis ils voulurent savourer le meurtre, et il y eut, entre les bourreaux et les victimes, une certaine émulation. Les premiers cherchaient les moyens de tuer lentement et de faire sentir la mort ; les autres cherchaient, par l'exemple, les moyens de s'attirer la mort la plus rapide.

Cependant on avait apporté des bancs pour assister en spectateurs au carnage. Quand la fatigue commença, les meurtriers se reposèrent. Ils eurent faim ; ils mangèrent tranquillement. Ils se firent fournir du vin qu'ils burent avec sobriété, craignant par-dessus tout de ne pouvoir continuer leur tâche. Le nom qu'ils se donnaient était celui d'ouvriers, et ils savaient le compte des victimes qu'ils avaient à livrer. La fureur ne les empêchait pas de penser au salaire, quand ils auraient fourni l'ouvrage.

De temps en temps, saisis de scrupules, ils allaient demander à l'autorité la permission de prendre les souliers de ceux qu'ils avaient tués ; l'autorité ne manquait pas de la leur accorder, comme la chose la plus juste. Car à deux pas des égorgeurs, au milieu de la vapeur du sang, siégeaient quelquefois des administrateurs ; ils continuaient imperturbablement à expédier les affaires civiles dans ces bureaux d'égorgements.

L'ouvrage avançait ; mais les cours regorgeaient

de sang ; il importuna les travailleurs. On amassa de la paille dont on fit une litière pour une nouvelle couche de cadavres. Au milieu de ces boucheries de chair humaine, les massacreurs se donnèrent quelquefois la joie de la clémence. Alors, celui qui recevait sa grâce était emporté au milieu des acclamations. Deux jeunes filles, mademoiselle de Sombreuil et mademoiselle Cazotte, désarmèrent les bourreaux et sauvèrent leurs pères, la première en buvant un verre de sang. Mais après un instant de pitié, la rage reparaissait ; les tueurs étaient plus avides de meurtres, dès qu'ils avaient pardonné.

Tels furent les massacres, à l'Abbaye, aux Carmes, à la Force, à la Conciergerie, à Bicêtre, dans les huit prisons de Paris. Après ce que l'on pouvait encore appeler la surprise de la première heure, ils recommencent le lendemain avec plus de sécurité, puis le surlendemain, pendant quatre jours. Ou plutôt il n'y eut aucun intervalle ; la seule différence du jour à la nuit, c'est qu'on illuminait les cours pendant la nuit, pour voir clair dans cet abattoir. Car jamais les égorgeurs ne cherchèrent à se cacher dans les ténèbres ; au contraire, ils allumaient des lampions près des cadavres, pour que l'on vît à la fois l'ouvrage et l'ouvrier.

Chose lamentable ! dans cette durée de quatre jours et de quatre nuits, pas une résolution de l'Assemblée législative, pas un commandement, pas un seul décret, excepté pour l'abbé Sicard, après quarante-huit heures de supplications et d'agonie. Encore ce décret fut-il retenu longtemps et annulé par la Commune. Pour unique secours, qu'étaient-ce que les douze commissaires qui ne furent pas même renouvelés ? Ils n'atteignirent pas le seuil de l'Abbaye, et ne servirent qu'à autoriser la peur. Car si l'Assemblée tremblait, qui pouvait ne pas trembler ? Elle sembla vouloir se couvrir, bien plutôt que porter un secours efficace. Pendant ce temps, les discours, les discussions, les votes continuaient sur d'autres sujets, et l'on passait à *l'ordre du jour*. En quelques moments, on parut s'être fait au carnage. Tant de bouches éloquentes se turent. La pitié ne trouva pas une parole. C'est seulement le 16, dix jours après, que Vergniaud se hasarde à parler. Depuis ce temps, la Législative n'est plus qu'un parlement qui enregistre les volontés souveraines de la Commune.

Aussi les meurtres ne cessèrent-ils que par la lassitude des égorgeurs, par le vide des prisons, ou parce que la Commune jugea qu'elle s'était fait assez craindre. Elle avait donné le signal des massacres, elle se montra encore plus puissante en les faisant cesser.

Les uns portent le nombre des tués à mille, les autres à treize cents. Parmi les hommes qui venaient de se baigner dans le sang de ces prêtres, combien devaient, peu d'années après, plier le genou à Notre-Dame, aux fêtes du concordat et du sacre!

IX

POURQUOI PARIS RESTA INERTE

Ne dites pas que Paris fut complice ; c'est bien assez qu'il soit resté inerte [1]. La raison de l'apathie de huit cent mille hommes pendant les égorgements est encore à montrer. Elle ne peut se trouver qu'en allant au fond des choses.

Pour glacer la pitié, il avait suffi que les massacres eussent une apparence de coup d'état. Les tueurs, tranquillement assis à la porte des greffes, et jouant leurs rôles de juges, les municipaux qui venaient inspecter l'ouvrage, les écharpes mêlées à la tuerie, les assassins qui travaillaient à la corvée des meurtres et gagnaient leur journée, cette assurance dans le sang, tout cela donnait l'idée d'une mesure administrative, exécutée au

---

[1] Ce n'est pas la fureur contre les Prussiens qui seule explique cette inertie, car la fureur pousse à l'action. D'ailleurs, la part que l'approche des ennemis eut aux journées de septembre a été marquée pages 412, 413, tome I ; et elle est de nouveau rappelée pages 25, 26 et 106 tome II. Ceux qui pensent, comme moi, que les massacres ont été une calamité pour la Révolution, n'ont aucun intérêt à les pallier.

nom de l'autorité. Il n'en fallut pas davantage pour ôter aux meilleurs la pensée de s'opposer à un carnage officiel. Les assassins ne furent qu'une poignée, tout le reste trembla.

Ceci tient à une cause qui reparaît souvent dans la Révolution. Quand la peur entrait dans les âmes, alors, sous la France nouvelle, reparaissait aussitôt le tempérament de l'ancienne France, sourd aux cris des victimes, passif à toutes les fureurs, pourvu qu'elles parussent ordonnées par un pouvoir que l'on savait résolu, et dont on connaissait la force pour l'avoir éprouvée. Les Français, sous l'ancien régime, étaient restés patients aux iniquités qui avaient frappé leurs yeux. « Laissez passez la justice du roi ! » A ce mot, les fronts se courbaient ; les plus gens de bien gardaient le silence, ou peut-être ils approuvaient ; cela avait duré des siècles.

Lorsqu'au 2 septembre, **au tocsin des églises, au retentissement du canon d'alarme,** la crainte envahit les cœurs, elle engendra la même insensibilité aux maux d'autrui. On n'avait plus affaire au roi, mais toujours à l'autorité ; et ici l'on sentait vaguement la présence d'un pouvoir nouveau, la Commune, qui avait montré sa force au 10 août, et qui la montrait plus formidable encore dans la justice administrative du 2 septembre. A la seule pensée que l'autorité avait la haute main dans les massacres, ils changeaient de nom. Les tueurs n'étaient plus que des agents ; les plus fiers courages tombaient. L'ancien homme reparaissait avec l'ancienne crainte de l'officiel. On n'allait pas du premier coup jusqu'à l'assentiment, il est vrai; mais les cœurs devenaient de pierre et l'on suspendait son jugement. Bourgeois, ouvriers, peuple, se tenaient cois dans leurs maisons, attendant, comme leurs ancêtres, que la justice de la Commune eût passé.

Si vous aviez pu entrer dans ces maisons, vous eussiez trouvé des hommes silencieux, hagards, suspendus entre des objets opposés d'épouvante. Les plus hardis se communiquaient à voix basse ce qu'ils entrevoyaient dans leur stupeur. On avait vu le procureur général syndic Manuel et, dans son habit noisette, le membre du conseil général Billaud-Varennes commander à la porte de l'Abbaye ; tous deux avaient l'écharpe municipale. « C'était donc la Commune qui avait pris les devants! Sans doute, pour agir ainsi, elle avait ses raisons. Manuel, Billaud-Varennes, c'étaient là des hommes honorables! c'étaient des administrateurs instruits, intègres, dignes de toute confiance; le plus sûr était de soumettre son jugement au leur. Et pourquoi avait-on des autorités, si ce n'est pour s'en rapporter à elles dans les cas les plus graves ? Qui sait à quels dangers on allait succomber sans la vigilance de ces magistrats ! Qu'on se tînt seulement en repos ! Les gens tranquilles n'avaient jamais rien à craindre ; pourquoi se mêler de ce qui ne les regarde pas ? C'était aux ambitieux et aux méchants d'avoir peur. Les prisons en regorgeaient ! Ils allaient se jeter sur Paris et tout mettre à feu et à sang, quand ils avaient été découverts par les autorités. Il fallait pourtant bien sauver la nation ; on ne pouvait laisser périr le peuple sans prendre des mesures. »

Voilà ce qui se disait en d'autres termes, les 2, 3, 4 et 5 septembre 1792, quand on osait parler. Car c'est là ce que l'on a entendu, à toutes les époques de notre histoire, lorsque la force ou la ruse a pris la place de la justice. Et, si quelqu'un poussait l'humanité jusqu'à exciter les officiers de la garde nationale à secourir ceux qu'on égorgeait, la réponse était toujours la même : « Nous n'avons pas d'ordres. » Ils n'avaient pas d'ordre d'arrêter la main des égorgeurs ; fidèles à la consigne, ils restaient immobiles, l'arme au pied, laissant passer des rivières de sang ; et ils terminaient leurs rapports par ces mots : « Rien de nouveau. »

Voilà comment Paris resta sourd, pendant cinq jours, aux cris de mort des victimes, aux hurlements des meurtriers. Huit cent mille hommes se bouchèrent les oreilles pour ne rien entendre. L'âme de Marat plana cinq jours sur Paris, et Paris sembla ne pas s'en apercevoir. Je l'ai dit, la peur avait ramené l'ancienne servilité ; la servilité, comme toujours, étouffa la pitié.

Les jours suivants, la Commune, par son comité de surveillance, engage les provinces à suivre l'exemple de Paris, et à répéter l'acte sauveur. Danton laisse partir cette invitation au carnage, sous le sceau du ministre de la justice. Les massacres se répètent en province, à Reims, à Meaux, par imitation. A Versailles, les prisonniers ramenés d'Orléans sont égorgés jusqu'au dernier. Mais comme les municipalités de province ne présidaient pas à ces massacres, ils ne ressemblèrent à ceux de Paris que par l'atrocité. Point de simulacre de justice, point de salaire réclamé, point de sécurité dans le carnage ; mais ce qui se voit au milieu de toutes les barbaries, la fureur, la hâte, la précipitation chez les assassins, et aussi, çà et là, la pitié et le courage impuissants dans les autorités.

La liberté, enfin conquise, eût pu seule apaiser et racheter les victimes de septembre. Au contraire, ces terribles plaies saignent encore ; combien de temps suffira-t-il de les étaler au jour pour faire reculer l'avenir ?

Ce qui effraye presque autant que les meurtres, c'est la complaisance qu'ils trouvèrent dans la conscience publique, tant que la force les protégea. Il se passa plusieurs mois avant que quelqu'un osât donner leur nom aux massacres ; les plus audacieux les appelaient les événements ou les expéditions de septembre. Quand on cessa de les approuver, le silence, l'oubli les couvrirent. Enfin vint la critique détournée, timide, et cela parut longtemps le comble de la vertu. La conscience humaine est plus fragile qu'on ne pense ; tant que les forfaits sont les plus forts, elle disparaît et fait la morte.

Ces massacres mirent une rivière de sang entre les Girondins et les Montagnards ; les premiers en firent contre les seconds une accusation perpétuelle, d'où la réconciliation fut impossible. Une fatalité s'attacha aux uns et aux autres, soit qu'ils eussent commis le crime, soit qu'ils l'eussent laissé commettre. Ce fut la robe rouge de Nessus aux flancs du peuple-Hercule.

Il est difficile à un pouvoir qui usurpe de ne pas se couvrir de quelque grand coup sanglant ; le coup d'état de septembre assure l'obéissance à la Commune pour dix-huit mois.

LIVRE ONZIÈME

LA GUERRE

I

L'ART MILITAIRE

L'art militaire nous donne un point mathématique pour nous orienter au milieu des accusations fiévreuses des partis.

Quand Guibert écrivit son traité de tactique, en 1789, il commença par déclarer que les grandes guerres étaient finies et que l'on ne reverrait plus de batailles. Voilà ce que proclamait la théorie. C'était justement à la veille des batailles qui ont rempli un quart de siècle.

Il est frappant que tout ce qui regarde le métier, les évolutions, les manœuvres, ait été réglé dès 1791 dans l'ordonnance qui devint la table de la loi de l'armée; ces dispositions semblèrent si complètes dès l'origine, que pendant cinquante ans on n'y ajouta pas un détail important.

Les guerres de la République et de l'Empire se succédèrent sans modifier ce code des batailles. Frédéric avait innové. La Révolution et Napoléon reçurent de ses mains le mécanisme porté à sa perfection. Sans doute ils devaient y ajouter beaucoup, mais principalement dans ce que Napoléon appelle la partie divine de l'art. C'est ainsi que, dans tous les arts, les plus grands chefs-d'œuvre ne se produisent que lorsque la partie mécanique a reçu déjà de la génération précédente son complet développement.

Les procédés de la peinture murale avaient été inventés avant Michel-Ange et Raphaël; voilà pourquoi ils les mirent si librement en usage. De même ces terribles peintres de fresque, Kléber, Hoche, Marceau, Moreau, Bonaparte; ils n'eurent pas à broyer leurs couleurs.

II

LA COALITION. — MANIFESTE DE BRUNSWICK

C'est un malheur pour moi d'être forcé ici d'abréger les récits militaires ; car si l'on isole du spectacle des armées celui de l'intérieur, on voit au dedans un peuple furieux sans apercevoir la cause de sa fureur. Il semble alors qu'il soit possédé d'un délire inexplicable. Pourquoi ce vertige ? pourquoi ces soudaines recrudescences de barbarie ? Les effets les plus terribles se succèdent sans intervalle. La colère monte, elle devient désespoir, rage, démence ; et la cause, où est-elle ? Le plus souvent elle échappe.

Il arriverait quelque chose de semblable, si l'on voyait l'intérieur d'une ville surprise pendant la nuit et assiégée, et qu'on ne sût rien de ce qui se passe autour de ses murailles. On entendrait le tocsin sur toutes les tours. De chaque bouche sortirait un cri de mort. On verrait des hommes pleins de fureur et de désespoir courir, appeler, s'exciter les uns les autres, hâter les indolents, réveiller les endormis, châtier les suspects, et tous pris de frénésie comme s'ils touchaient à leur dernier moment. Dans cette nuit profonde, les habitants se prendraient réciproquement pour adversaires, ils se frapperaient les uns les autres, sans se reconnaître. En supposant que vous ignoriez que l'ennemi est sur la brèche ou dans les fossés, cette ville, ainsi éperdue, vous semblerait en démence.

Vous jugeriez au moins que vous avez affaire à des barbares; et tout ce que vous rencontreriez à chaque pas, désordres, violences, vous ferait horreur jusqu'au moment où la foule vous entraînerait vers l'endroit où elle se précipite. Alors, en voyant tout à coup l'ennemi couvrir l'horizon, envelopper l'enceinte, monter à l'assaut le fer et le feu à la main, votre stupeur cesserait. Vous comprendriez pourquoi des hommes, déjà à demi la proie de l'ennemi, ont invoqué la mort et frappé au hasard. Délire, cris, fureur s'expliqueraient sur-le-champ. Dans une situation si formidable, vous ne jugeriez pas ces hommes par les règles accoutumées; et si, ayant déjà le couteau sur la gorge, livrés par une partie des leurs, ils parvenaient néanmoins à force d'énergie surhumaine à s'affranchir du joug de fer qu'on voulait leur imposer; si, à moitiés garrottés, ils garrottaient leurs envahisseurs et les chassaient par delà les frontières, ce serait là un spectacle sublime auquel il vous serait impossible de ne pas donner votre admiration.

Voilà ce qu'il faudrait avoir constamment sous les yeux quand on approche de la Terreur, et que l'on veut conserver un esprit d'équité envers ceux-là mêmes qui semblent s'être dépouillés de toute justice.

La suprême iniquité est de les juger par les règles des temps ordinaires. Assiégée par l'univers, cette société se met au-dessus des lois. La fureur devient une partie de la tactique. A chaque menace de l'étranger, elle répond par un acte qui la brouille davantage avec lui. Défi de haine dans lequel la Révolution était sûre de l'emporter.

Le manifeste de Brunswick marque la première époque de la contre-révolution. Elle ne sait pas encore couvrir ses haines et ses projets. Tant de franchise dans la menace, ce fut la plus grande faute de la coalition.

Depuis ce temps, tout le monde a appris que ces sortes de projets ne réussissent qu'en affichant le projet contraire. Au lieu de menacer, qui ne sait aujourd'hui que le duc de Brunswick aurait dû caresser la Révolution? Il aurait dû déclarer bien haut que ses troupes étaient des alliés, qu'elles venaient pour affermir la liberté de la noble nation française. Loin de vouloir la démembrer, c'était pour fraterniser avec elle que le peuple prussien avait quitté ses foyers. Il est douteux, je l'avoue, que ce langage eût trompé les Français, car ils avaient alors des instincts puissants qu'ils ont perdus et qui les avertissaient des piéges. Du moins le duc de Brunswick aurait fait tout ce qu'il pouvait pour sa cause ; au lieu qu'en démasquant le fond de ses desseins, il les ruinait d'avance. Ce fut la même impossibilité de se déguiser jusqu'au bout qui avait empêché Louis XVI et la reine de suivre les conseils empoisonnés de Mirabeau. Nul ne savait alors mentir avec sérénité.

La terreur devint un moyen de stratégie, comme elle l'avait été quelquefois chez les anciens. Paris fut la tête de Méduse ; elle s'opposa à l'ennemi à mesure qu'il avançait. Les généraux étrangers, qui n'avaient qu'à marcher sur Paris, en furent détournés par la face du monstre. Ils crurent ne pouvoir vaincre à leur foyer ceux qui avaient vaincu la nature même.

III

LA MARSEILLAISE

La véritable réponse au manifeste de Brunswick fut *la Marseillaise* de Rouget de Lisle.

Un chant sortit de toutes les bouches; on eût pu croire que la nation entière l'avait composé; car au même moment, il éclata en Alsace, en Provence, dans les villes et dans la plus misérable chaumière. C'était d'abord un élan de confiance magnanime, un mouvement serein, la tranquille assurance du héros qui prend ses armes et s'avance; l'horizon lumineux de gloire s'ouvre devant lui. Soudainement le cœur se gonfle de colère à la pensée de la tyrannie. Un premier cri d'alarme, répété deux fois, signale de loin l'ennemi. Tout se tait; on écoute, et au loin on croit entendre, on entend sur un ton brisé les pas des envahisseurs dans l'ombre; ils viennent par des chemins cachés, sourds; le cliquetis des armes les annonce en pleine nuit, et par-dessus ce bruit souterrain, vous discernez la plainte, le gémissement des villes prisonnières. L'incendie rougit les ténèbres. Un grand silence succède, pendant lequel résonnent les pas confus d'un peuple qui se lève; puis ce cri imprévu, gigantesque, qui perce les nues : Aux armes ! Ce cri de la France, prolongé d'échos en échos, immense, surhumain, remplit la terre !... Et, encore une fois, le vaste silence de la terre et du ciel! et comme un commandement militaire à un peuple de soldats ! Alors la marche cadencée, la danse guerrière d'une nation dont tous les pas sont comptés. A la fin, comme un coup de tonnerre, tout se précipite. La victoire a éclaté en même temps que la bataille.

IV

CAMPAGNE DE L'ARGONNE. — VALMY

Le 28 avril 1792, les armées françaises prennent l'offensive dans cette guerre qui devait durer vingt-trois ans. D'après un plan de Dumouriez, elles se jettent en Belgique. On comptait y trouver un pays presque vide d'ennemis, favorable aux choses nouvelles, et l'on espérait profiter de la surprise pour frapper un grand coup et peut-être pour acquérir les Pays-Bas. A la seule vue des ennemis, près de Mons, la colonne de Biron est prise de panique; elle se débande et s'enfuit dans Valenciennes. La colonne de Théobald Dillon, à l'approche de Tournay, est saisie du même vertige. Elle entraîne son général et le massacre en rentrant dans Lille. Seul, le général La Fayette avait maintenu son corps en bon ordre; il s'avançait vers Namur. Mais ayant appris la débandade du reste de l'armée, il s'était retiré à temps.

Ainsi, cette immense guerre commence par une panique; il y avait comme une guerre intestine entre les soldats et les officiers, tous s'accusant de vouloir trahir ou fuir.

Rochambeau avait été remplacé par Luckner ; l'incapacité s'était ajoutée à l'inertie. Après une vaine démonstration, Luckner se retire de Courtray, de Menin, et cette retraite précipitée avait achevé de tout perdre. N'osant plus rouvrir la campagne, Luckner tenait ses troupes enterrées dans les camps de Valenciennes et de Maulde.

Ces commencements sinistres remplissaient de joie les amis de la cour ; pendant ce temps, la grande colonne des Prussiens, de quatre-vingt mille hommes, partie de Coblentz le 27 juillet, s'avançait en ligne droite sur Paris, que couvrait seule la petite armée de la Moselle. La Fayette, obligé de fuir ses propres soldats, avait laissé cette armée sans direction, découragée, divisée, presque désorganisée, depuis la disparition de son chef. La route était ouverte jusqu'à Paris ; et, dans cet intervalle, seulement des rassemblements formés à la hâte, de volontaires, de fédérés, la plupart sans armes, incertains de ce qu'ils ont à faire, prêts à donner leur vie, mais remplis de soupçons, tenant tout général pour ennemi, et par là souvent aussi redoutables à leurs chefs que l'ennemi lui-même. A aucune époque la France ne fut en plus grand péril.

Sans le 10 août, nul doute qu'elle était envahie.

Aucun changement n'aurait été fait dans la direction de l'armée, partagée entre plusieurs généraux, plus occupés du dedans que du dehors. Nul plan, nulle résolution, partout l'incertitude, l'inertie; le plus incapable, Luckner, maître de tout; Dumouriez, confiné dans le petit camp de Maulde; La Fayette, occupé de sauver la cour et joué par la cour; Montesquiou, isolé et perdu en Savoie; pas une décision forte, ni l'offensive, ni la défensive; qu'attendait-on pour sortir de ce sommeil? L'apathie calculée de Louis XVI s'était communiquée du cœur aux extrémités; une main cachée arrêtait tout mouvement.

Le 10 août donna le commandement à un seul général, Dumouriez, et ce fut le salut. Il arrive à Sedan, de sa personne, le 28 août, et se fait suivre en Champagne de tout ce qu'il peut enlever de troupes à la Belgique.

On ignore si c'est à lui ou à Servan qu'est dû le plan de défense dans l'Argonne. Qui a vu là le premier les Thermopyles? On ne peut le dire avec certitude. Mais qui ne connaît les cinq passages de cette forêt de douze lieues, « le Chêne-Populeux, la Croix-aux-Bois, Grand-Pré, la Chalade, les Islettes? » Qui ne sait que Dumouriez, « par une légèreté impardonnable, » laissa un de ces passages ouverts, la Croix-aux-Bois, et que les Prussiens s'en étant emparés, eussent pu l'entourer dans les marais et les bois, et le forcer à mettre bas les armes ?

C'est Dumouriez qui, avec une humilité rare chez un militaire, a confessé lui-même sa faute ; en effet, il l'a réparée aussitôt que commise. Sa retraite, le 16 septembre à minuit, du camp du Grand-Pré, sa marche de nuit de l'autre côté de l'Aire, sa disparition et sa prompte volte-face, toutes ses combinaisons détruites et refaites, son armée coupée et rassemblée, perdue et sauvée, avant que l'ennemi s'en soit aperçu, le sang-froid des troupes dans l'extrême péril, et la panique dès qu'on fut en lieu sûr, dans le camp de Sainte-Menehould, ce mélange d'héroïsme et d'épouvante, de calcul et d'imprévoyance, ouvrait la guerre épique de la Révolution. Tout consistait, comme dans les temps désespérés, à gagner des jours, des moments, pour laisser aux volontaires le temps de joindre cette petite armée de vingt-cinq mille hommes qui seule couvrait la France contre quatre-vingt mille Prussiens. C'est à quoi servirent ces longues haltes de Dumouriez, au milieu des abatis, dans une forêt impraticable. Pendant ce temps, Beurnonville arrive de Belgique, Kellermann de Lorraine. Le comble de l'art était alors de temporiser et d'éviter le combat, prudence que l'on rachètera si bien par les cent batailles qui vont suivre.

Les Prussiens aussi semblèrent craindre de tout

jouer sur un premier coup de dé. Le roi de Prusse et le duc de Brunswick, des hauteurs de la Lune, se contentèrent de tâter de loin, par une canonnade, les Français rangés sur les hauteurs du moulin de Valmy. Les émigrés, mêlés aux rangs des alliés, avaient tant de fois répété que les troupes françaises, commandées par « des bijoutiers », se débanderaient au premier feu, ou se rendraient à leurs princes légitimes! C'était sur cette assurance que les alliés s'étaient engagés si avant, au cœur de la France, sans vivres, sans appui, manquant de tout, déjà inquiétés par les garnisons de Montmédy et de Sedan.

Le 20 septembre la terrible canonnade commence. Les deux armées, immobiles, l'arme au pied, se mesurent des yeux, à travers la pluie de boulets de Valmy. La plus forte de ces armées par le cœur, non par le nombre, obligera l'autre de reculer sans combat. Il semble que ce soit une convention tacite ; on éprouvera les âmes plutôt que les bras, car on n'en vint pas aux mains. On n'attaqua pas à l'arme blanche, ni avec les petites armes. Le canon seul décida tout. Mais, ô miracle ! après une journée entière, les volontaires français n'ont ni fui, ni acclamé les princes légitimes ; ils ont tenu à la mitraille, ils ont reçu le baptême de feu ; ces volontaires sont des hommes, ils sont toujours là, à leurs rangs, commandés par Kellermann. L'expérience parut complète au duc de Brunswick. Il ne chercha pas à engager la bataille, mais il se résolut à la retraite.

Gœthe, spectateur indifférent entre les deux armées, prononça cette parole qui ne fut contredite par personne : « Aujourd'hui commence une époque nouvelle de l'humanité. »

Alors on comprit l'héroïsme de Beaurepaire qui s'était brûlé la cervelle au moment de la reddition de Verdun.

Jamais triomphe d'envahisseurs ne devint si vite confusion et désespoir. Ils comparaient eux-mêmes leur retraite à la fuite de Pharaon à travers la mer Rouge ; car les cataractes du ciel s'ouvrirent sur les fuyards. La dyssenterie, les ravins de Grand-Pré pleins de sang, la faim, la soif, au milieu d'un déluge de fange, achevèrent le désastre. Un tiers de l'armée ennemie resta enterré dans l'argile et la craie délayée de la Champagne. Selon l'ordinaire, le duc de Brunswick allait répétant qu'il était vaincu par les éléments, non par les hommes. Les émigrés déploraient et subissaient l'étiquette qui obligeait leurs princes de se tenir à la pluie, sans manteaux, devant le roi de Prusse, resté lui-même sans manteau.

Que serait-il arrivé si Dumouriez, profitant de ce naufrage, eût poursuivi l'épée dans les reins cette armée aux abois ; si Custine, maître de

Mayence, se fût rabattu sur Coblentz et eût fermé le Rhin, au lieu d'aller se ruiner lui-même dans sa vaine entreprise de Francfort? C'est là ce qui terrifiait d'avance les Prussiens ; ils se voyaient perdus, en tête, en queue, sans espoir de rentrer en Allemagne.

Mais les temps n'étaient pas venus de prendre une armée entière dans un coup de filet. Les esprits n'étaient point faits à ces vastes destructions d'hommes. D'ailleurs les Français avaient été à deux doigts de leur perte ; il leur suffit d'abord de se sentir sauvés.

Dumouriez eût pu achever l'ennemi qu'il tenait dans ses mains, s'assurer le Rhin, courir prendre la Belgique à dos. Mais de telles combinaisons n'étaient alors dans l'esprit de personne ; la panique du camp de Sainte-Menehould mettait en garde Dumouriez contre les vastes entreprises. Il lui sembla plus sage, en laissant aux éléments le soin d'achever sa victoire, de ramener les Français en Belgique par le chemin qu'ils avaient pris pour en sortir.

Ici une observation qui se vérifie chaque jour dans toutes les carrières, mais nulle part autant que dans la vie militaire, jette une grande lumière sur la conduite étrange du général français. On se demande encore si ce fut trahison, connivence, arrangement secret avec le duc de Brunswick.

Rien de tout cela. Il arriva à Dumouriez ce qui arrive à tout homme de talent qui a médité longtemps un projet auquel il attache une idée de gloire, et qui se trouve violemment interrompu, au moment de l'exécuter, par quelque accident imprévu. Dès que l'accident a passé, il revient à sa première combinaison, sans se demander s'il ne conviendrait pas de l'abandonner entièrement depuis que les circonstances ont changé ; tel est l'effet d'une certaine inertie de l'intelligence, qui, chez les meilleurs, aime mieux revenir à une conception hors de saison, que se donner la peine d'en chercher ou d'en improviser une nouvelle.

Pendant des mois, Dumouriez avait médité l'invasion de la Belgique ; il avait été forcé d'y renoncer par la nécessité de chasser les Prussiens de la Champagne. Dès que ce résultat fut obtenu, il ne vit rien de plus pressé que de reprendre son ancien projet, sans se demander si ce qui était pour lui le principal n'était pas devenu l'accessoire.

Le génie seul sait profiter de chaque pas nouveau pour faire un second pas de titan et ne jamais retomber dans l'ornière ancienne. Voilà comment s'explique ce prompt départ de Dumouriez, pourquoi il lâche prise, permet aux Prussiens de se retirer jusqu'au Rhin et de le franchir en liberté. Il charge Kellermann de les observer plutôt que de les poursuivre. Pour lui, tout à son projet, il court à Paris donner l'impulsion vers les Pays-Bas, sans doute aussi jouir de sa victoire, en éblouir les Jacobins, comme s'il l'eût achevée.

Par ce qui vient d'être dit, l'idée de la campagne de 1792 ressort avec évidence. Si ce fut une grande pensée que le choix de cette forêt de douze lieues pour y arrêter les Prussiens, ce ne fut pas cependant la combinaison qui caractérise le mieux les journées de Grand-Pré et de Valmy.

Plusieurs généraux auraient pu avoir l'idée de disputer à l'ennemi les passages de l'Argonne. L'inspiration de la campagne de 1792 est très-différente.

Quand les Prussiens eurent pris le passage de la Croix-aux-Bois et qu'ils eurent tourné les Français, un général ordinaire se serait cru perdu; il se serait hâté de faire retraite et de regagner ses communications avec la capitale. Dumouriez fit le contraire. Il laissa les Prussiens se placer entre Paris et lui, jugeant très-sainement que c'étaient eux et non lui qui couraient à une perte certaine. Soit qu'ils marchassent sur Paris, soit qu'ils restassent immobiles, il comprit qu'ils étaient placés dans une situation qui empirait à chaque moment, puisque, ayant perdu leur ligne d'opération, le moindre échec pour eux devait être une ruine.

On a même prétendu [1] que Dumouriez aurait dû

[1] Le maréchal Gouvion Saint-Cyr.

temporiser davantage, laisser Brunswick s'engager plus avant vers Paris, au delà de la Marne. Mais c'eût été mettre à une trop grande épreuve la patience des Parisiens ; certainement ils n'eussent pas supporté un pareil voisinage de l'ennemi. C'était bien assez de tolérer l'immobilité apparente de Dumouriez dans son camp de Sainte-Menehould ! Qu'eût-ce été s'il eût cédé Châlons et la Marne sans coup férir ? Qui ne se serait cru trahi ?

Déjà le Conseil exécutif désespéra dès qu'il vit, à Vouziers, les Prussiens entre Paris et l'armée française. Il pressa le général français de faire retraite sur Reims. Dumouriez ne se laissa pas aller à ces craintes chimériques ; il méprisa ce qu'il appela une *houzardaille*. Il resta immobile sur les flancs et les derrières de l'ennemi ; cette combinaison se trouva, en effet, si juste, que les Prussiens ne songèrent plus qu'à se rouvrir le chemin du Rhin.

Personne n'a remarqué que cette manœuvre de Dumouriez est justement celle que Napoléon tenta comme suprême ressource dans la dernière période de la campagne de 1814. Lui aussi se plaça sur les derrières de l'ennemi et laissa Paris à découvert. Mais cette habileté ne lui servit de rien, parce que les forces étaient alors trop inégales ; l'ennemi qui avait eu peur de Dumouriez négligea impunément Napoléon.

Ainsi cette prodigieuse guerre de 1792 à 1814 commence et finit par la même combinaison militaire. La même stratégie sauva et perdit la France : dans le premier cas, parce que les forces étaient encore assez égales pour que l'art pût donner la victoire ; dans le second, parce que l'inégalité était trop grande et qu'il n'appartenait plus à aucun art de la faire disparaître.

Au reste, la défense des défilés de l'Argonne, le découragement des alliés, eurent une conséquence bien plus grande que la délivrance momentanée du territoire. Cette campagne changea l'esprit et les plans de la coalition. Entraînée par la furie des émigrés, elle avait voulu marcher sur Paris, convaincue qu'en frappant la tête elle serait maîtresse des membres. Ce plan, qui pouvait seul réussir, fut abandonné après l'expérience de 1792 ; il ne sera repris que vingt-deux ans plus tard contre l'Empire.

On peut dire que, dans cet intervalle, le souvenir de l'Argonne protégea la France, puisque désormais l'audace manqua aux étrangers ; ils avaient vu de près la Révolution à son foyer ; ils en avaient rapporté un sentiment d'épouvante ou de respect.

On ne les verra plus se jeter tête baissée dans le gouffre ; la témérité leur ayant si mal réussi, ils retournent à l'ancienne prudence, à la guerre de siéges. Ils ne tenteront plus désormais un pas, sans s'être assurés des places fortes ; par là ils donneront à la Révolution le temps de se reconnaître ; ne sera-ce pas son salut ?

Dès que les étrangers reprenaient l'ancienne tactique, au moment où la France inaugurait la nouvelle, ils perdaient leurs avantages. C'était la lutte entre l'art suranné et le grand art moderne ; celui-ci ne pouvait manquer de l'emporter. Dès ce moment, il est permis de se demander si le terrorisme était nécessaire pour que le plan le meilleur l'emportât sur le pire, et si l'art a besoin de l'échafaud. Question qui ne se présente ici qu'indirectement et qui sera examinée plus loin.

V

CAMPAGNE DE BELGIQUE. — JEMMAPES

Dumouriez part le 20 octobre de Paris ; la bataille de Jemmapes éclate le 6 novembre, comme une merveille. Des hauteurs formaient un boulevard naturel au devant de Mons ; les Autrichiens, sous le duc de Teschen, en occupaient les trois faces, dans les villages de Quareignon, de Jemmapes et de Cuesmes. Ils n'avaient, il est vrai, que vingt mille hommes à opposer aux trente mille de Dumouriez ; mais l'avantage des lieux, le plateau élevé d'où il fallait les chasser, les redoutes étagées, à mi-côte, rétablissaient une sorte d'égalité. Les volontaires français oseraient-ils escalader ces hauteurs hérissées de canons ? La panique du mois de mai, dans ces mêmes lieux, ne reparaîtrait-elle pas ? Dumouriez parut hésiter ; il entama une sorte de canonnade de Valmy. Les troupes elles-mêmes demandèrent à marcher au feu ; le général sembla céder ; il donna enfin l'ordre d'attaque à midi.

Avec des troupes si jeunes, si impressionnables,

il n'était pas question de manœuvres. Chacun attaqua ce qu'il avait devant lui ; aucune partie de l'armée ne porta secours à l'autre. Le centre, sous le duc de Chartres, emporte Jemmapes ; la gauche, la droite chargent à leur tour. Les Autrichiens sont refoulés, et l'action n'a pas duré deux heures. L'effet du village de Jemmapes enlevé à la baïonnette fut incomparable. Ce n'était plus là, comme en Champagne, une lutte d'artillerie. Les Français retrouvèrent en ce jour leur arme naturelle, la baïonnette. De jeunes soldats avaient osé ce que les plus anciens ne se rappelaient pas avoir fait. Ainsi, on ne resterait plus sur la défensive ; on allait prendre une offensive hardie, comme il convenait au génie de la France.

Tel fut le premier résultat de la journée de Jemmapes ; elle montra que les Français pouvaient encore gagner des batailles, ce que l'on avait presque oublié depuis Fontenoy. Les ennemis n'avaient point été entamés, mais ils avaient reculé ; cela suffit à notre première ambition de gloire.

Une immense perspective s'ouvrit. Jemmapes fut comme une promesse de victoires inconnues, la première porte triomphale dans ce chemin où les Français allaient s'élancer ; voilà pourquoi son nom n'a été effacé par aucune autre victoire. On verra bientôt des conceptions plus vastes, des résultats plus grands, des mouvements plus savants. Mais cette première bataille restera dans la mémoire comme ces premières œuvres d'un artiste auxquelles manquent encore plusieurs des qualités que le temps développera plus tard, et qui sont rachetées par une inspiration spontanée et populaire. Ce fut, en effet, la journée de l'enthousiasme. Au plus fort de la crise, la principale tactique du général en chef fut d'entonner *la Marseillaise*. Tous firent l'office de capitaine, jusqu'au valet de chambre de Dumouriez qui, un moment, remplaça son maître.

Le général français ne fit rien pour prévenir l'ennemi sur la Meuse, ou le refouler vers la mer. Ces sortes de combinaisons pour détruire une armée ennemie, qui sont aujourd'hui les lieux communs de l'art militaire, se présentaient à peine à l'esprit des meilleurs officiers. Personne ne vit les fautes de Dumouriez qui, avec cent mille hommes contre quarante mille, laissa échapper les Autrichiens, comme il avait laissé échapper les Prussiens. C'était assez, pour un jour, d'avoir appris à vaincre ; il fallait longtemps encore pour apprendre à user de la victoire. Jemmapes ne coûta aux Français que sept cents morts et treize cents blessés, les ennemis perdirent quatre mille hommes. Que sont ces chiffres en comparaison des hécatombes qui se préparent? Un mois après, les Français entrent dans Aix-la-Chapelle ; ils y prennent leurs quartiers d'hiver ; mais ils n'ont pu atteindre le Rhin. Ainsi finit la campagne de 1792 en Belgique.

À voir l'enthousiasme d'indépendance dont chacun était enivré et l'indignation contre l'agression des rois, qui n'eût pensé que le respect de l'indépendance d'autrui était désormais un principe gravé au fond de tous les cœurs? Mais il ne devait point en être ainsi. Trop souvent, ce que nous appelons chez les autres invasion, fureur, barbarie, nous l'avons appelé, quand il s'est agi de nous, progrès, intervention, civilisation.

VI

LES ARMÉES DE LA RÉVOLUTION ET LES ARMÉES DE L'EMPIRE

Des déchirements de la France intérieure, les regards se portent, pour se reposer, sur les armées. C'est là, en effet, que se trouve la paix, jusqu'au milieu des batailles, je veux dire la concorde, une fraternité véritable, comme si les Français, en rentrant dans le fond de leur nature guerrière, y retrouvaient la vraie force. compagne de la sérénité et de l'union des cœurs.

Depuis la fin de 1792, le tempérament des armées change ; la République s'y réalise dans les mœurs. « Nous mîmes la cité dans les camps[1]. » Le mélange intime du civil et du militaire ne s'était pas revu depuis les Romains. Les émigrés crurent déshonorer les armées de la Révolution en les appelant les armées des avocats. C'étaient des avocats aussi que César et Caton.

La simplicité entra si bien dans les mœurs militaires, qu'à aucune époque du monde il ne se vit rien de semblable. Jamais le désir du bruit, du

[1] Mémoires inédits de Baudot.

clinquant ne fut plus loin des hommes ; les officiers ne se distinguaient pas des soldats, et l'obéissance fut entière. Quant aux généraux, ils tenaient à se confondre par le costume même avec le gros de la nation. On ne put décider Desaix, Moreau, à porter leur uniforme. Ils portaient cette même redingote grise qui devait plus tard cacher le maître.

Comparons les armées de la Révolution à celles de l'Empire. Les principales différences entre elles consistent en ceci :

Les armées de la République ont grandi dans la défaite ; jamais plus redoutables que le lendemain d'un échec.

Les armées de l'Empire sont nées dans la victoire ; dès que la victoire leur a manqué, elles se sont senties ébranlées.

Entre les deux générations militaires, le changement est surtout frappant dans les chefs.

Kléber, Hoche, Marceau, n'ont jamais douté de leur cause ni d'eux-mêmes.

Les généraux de l'Empire ont tous une époque où ils ont commencé à douter et d'eux-mêmes et de leur parti.

Chacun d'eux a sa date fatale : Dupont après Baylen, Masséna après le Portugal, Augereau après Eylau, Victor après Talavera, Vandamme après Kulm, d'Erlon, Reille après Victoria.

Les généraux de la République n'ont point de ces dates de découragement. Ils ne parurent jamais plus fiers qu'après Mayence et la première Vendée.

Les armées républicaines ont cru à la trahison, jamais à la fatalité. Elles n'avaient pour elles aucun prestige, et dans les commencements aucun art.

Les armées impériales étaient soutenues par le prestige. Dès qu'il s'est affaibli elles se sont étonnées. Elles croyaient à la fatalité. Après une campagne perdue, tout fut perdu. Elles vivaient dans leur chef ; elles tombèrent avec lui.

Les armées républicaines renaissaient de leur propre désastre ; elles n'avaient pas personnifié la fortune dans un nom.

Vaincues, elles se sentaient invincibles et ne songeaient qu'à combattre.

Elles avaient tout contre elles, leur inexpérience et celle de leurs chefs.

Les armées impériales avaient tout pour elles, le métier et l'art.

Cependant les premières ne purent être détruites : tout un peuple était avec elles.

Les secondes périrent dès que leur chef fut atteint. Pourquoi combattre? s'écria un grand nombre; nous n'avons plus d'empereur.

Il n'est pas sans exemple que des armées admirablement instruites aient conquis une partie de l'Europe en divisant leurs ennemis. Mais que des armées improvisées, sans art, sans approvisionnements, pauvres et nues, aient résisté aux efforts simultanés du monde entier, c'est là ce qui ne s'était pas vu encore.

Les armées de la Révolution ont prouvé que les Français pris en masse étaient capables des plus hautes vertus républicaines ; car rien de semblable ne s'était montré depuis les plus beaux temps de Rome. Je ne parle pas seulement du courage, qui ne fut jamais porté plus haut ; je parle du désintéressement, de l'oubli de soi-même, de la simplicité, du désir d'être et non de paraître, du mépris de toute jactance. Ces vertus et tant d'autres semblaient refusées aux Français; ils les montrèrent toutes. On peut juger par là de ce qu'il a fallu de génie de corruption pour les en dépouiller.

Les armées républicaines avaient toutes les qualités nécessaires pour la défense du territoire ; elles faisaient un avec la nation, avec le bourgeois, le paysan, le volontaire ; union intime sans laquelle il n'y aura jamais de succès possible dans une guerre d'indépendance. Mais, transportées chez les peuples étrangers, elles n'y portèrent point la passion de la conquête. Elles ne sentaient aucune haine contre les nations qu'elles traversaient.

Elles aspiraient à revoir cette patrie qu'elles

avaient rendue libre. Ce sentiment était aussi vif dans les généraux que dans les soldats ; on le retrouve dans tous.

Les armées de l'Empire étaient faites pour la conquête, et seulement pour elle. Voilà pourquoi l'organisation matérielle en fut changée. On forma d'immenses rassemblements de cavalerie, qui étaient à eux seuls des armées, comme pour saisir et brider d'un seul coup tout un État. Ce changement, bon pour envahir et ravager, se trouva vicieux quand il fallut se défendre. Ce n'est pas avec des cavaliers que l'on peut disputer pouce à pouce le territoire.

VII

QUE SERAIT-IL ARRIVÉ
SI LA FRANCE AVAIT ÉTÉ ENVAHIE EN 1792?

Si la France avait été envahie en 1792 (je dis là un blasphème !), ne croyez pas néanmoins que l'ancien régime eût pu être rétabli. Il était déjà trop tard. Les plus ardents royalistes, tels que Bouillé, le déclarent hautement. C'était aussi l'opinion de Mirabeau, celle qu'il soutint à la cour. Même vaincue, la nation française, en 1792, eût été bien autrement redoutable et fière qu'en 1814 et 1815. Il eût fallu composer avec le volcan en flammes ; en 1814, il ne restait que les cendres.

Louis XVI, restauré par les Prussiens, n'eût pu être moins libéral que Louis XVIII restauré par la coalition. L'immense soif de liberté qui dévorait alors les Français n'aurait pu être éteinte par la force seule. Dans tous les cas, ce que la France possède, elle l'eût certainement obtenu, même après une invasion. On n'aurait pas eu ces leurres politiques, ces constitutions, ces ombres, que le temps a emportés si loin. Mais les avantages matériels seraient restés hors d'atteinte. Rentrer dans la féodalité était la seule chose impossible.

Vous n'auriez pas vu, il est vrai, les guerres immenses, les capitales prises et perdues. Mais les cinq codes, puisqu'à cela devaient se borner les conquêtes inattaquables de la France, eussent été rédigés sous tous les régimes. Voilà la part qu'aucun événement, aucun caprice de la destinée ne nous eût enlevée. Car ces codes ne contrarient aucun genre de despotisme. C'est au fond du navire le lest impérissable ; nulle tempête n'aurait pu nous l'arracher ; même engloutis dans l'esclavage, nous l'aurions conservé.

Réfléchissez à ceci : la résistance des Français à l'invasion, en 1792-1793, fera l'admiration de tous les siècles, parce qu'elle avait pour mobile le désir de la liberté. Au lieu de vouloir être libres, s'ils n'eussent prétendu qu'aux progrès matériels et au développement des lois civiles, il est hors de doute que ces progrès pouvaient se payer moins cher dans l'ancien système politique, et s'accomplir sans bouleverser le monde. Il n'était pas besoin de verser si héroïquement son sang pour être des sujets enrichis. La coalition eût fait volontiers ce marché.

Il faut toujours en revenir au principe établi plus haut : il n'y a dans le monde qu'un embarras, la dignité, la conscience. Otez le moral des choses humaines, il est incroyable combien elles s'arrangent aisément.

La liberté seule donne un sens aux guerres sublimes de 1792 à 1797. Supposez, avec les hommes de notre temps, qu'il n'était question que de s'assurer un butin, cet héroïsme est une extravagance.

VIII

LA GUERRE SELON LES PRINCIPES DE 1789

C'est dans les questions de guerre que les opinions élevées, magnanimes de la Constituante ont été le plus vite abandonnées par les Français. Il n'en reste, pour ainsi dire, aucune trace dans les esprits.

Si l'on compare à cet égard nos maximes à celles des hommes de la Constituante, on ne pourrait croire que nous faisons le même peuple.

Ils ne se figuraient pas qu'il pût y avoir de l'honneur à continuer une guerre injuste.

Ils voulaient qu'elle fût abandonnée et que la responsabilité tombât sur celui qui l'avait entreprise. C'est un des points les plus incontestés des principes de 1789. Mirabeau l'a consacré au nom de tous.

Nous pensons, au contraire, qu'une guerre injuste doit être continuée jusqu'à ce que nous ayons raison de celui qui a le bon droit pour lui. Et cela aussi, nous l'appelons gloire ; car nous tirons vanité de toute action de force, pourvu qu'elle réussisse.

Le premier système supposait une vraie régénération morale et politique; on n'a pu s'y tenir.

Le second système est le triomphe des petites âmes; c'est là que vous les trouvez unanimes.

LIVRE DOUZIÈME

LA CONVENTION

I

OUVERTURE DE LA CONVENTION

En entrant dans la Convention, le 22 septembre 1792, Collot-d'Herbois se hâte de proclamer la République, mission qui aurait dû être réservée à Condorcet et à Vergniaud ; ou, s'il fallait une voix de tonnerre, c'était à Danton de parler. Dans la bouche de l'ancien acteur Collot, la nécessité apparut comme un coup de théâtre.

Le lendemain, ce même cardinal de Brienne qui avait convoqué la cour plénière, dit à un conventionnel de la Montagne[1] : « Vous avez établi la république ; vous avez bien fait. C'est le gouvernement le plus franc. » Hommage qui se répétera souvent de la peur à la nécessité. Il y avait loin

[1] Mémoires inédits du conventionnel Baudot.

pourtant des notables de 1787 à la Convention du 22 septembre 1792.

Si l'on ne consultait que les yeux, la Convention se distinguait peu de l'Assemblée précédente. On voyait, il est vrai, çà et là, quelques députés en carmagnole, faite d'une toile de matelas à carreaux bleus et blancs. Mais ceux qui prenaient cette livrée du peuple, par affectation ou par flatterie, n'étaient pas plus de six ; parmi ces courtisans de la foule, vous eussiez remarqué le capucin Chabot, persécuteur de Condorcet ; Granet, de Marseille, futur chambellan de Cambacérès ; Thibeaudeau, futur comte de l'Empire [1]. Les autres, si l'on excepte Marat, n'affichaient point dans leurs vêtements les passions ou les opinions nouvelles qu'ils apportaient avec eux ; elles se montraient assez dans leurs paroles.

Dès le commencement, les Girondins se font des massacres de septembre un premier texte d'accusation contre les Montagnards ; la Convention s'ouvre au milieu de cette vapeur de sang. On dit : « Il fallait se taire, s'accorder. » Mais c'est la situation qui parlait ; et il n'était au pouvoir de personne que le silence se fît. On avait étanché le sang ; peu importe, il criait, il engendrait la fureur. Danton montre alors un esprit très-conciliant. Je le crois bien ; il demandait qu'on oubliât. Com-

[1] Mémoires inédits du conventionnel Baudot.

ment y réussir? L'empire d'aucune rhétorique ne va jusque-là.

Autre accusation! Les Girondins eurent tort de soupçonner Robespierre de tendre à une dictature d'airain; Louvet se pressa trop de l'accuser. Car, dit-on, Robespierre, dans ses discours de 1792, vante la liberté, dénonce la tyrannie. A ce compte-là, il n'y aurait point de tyrans dans le monde, puisque tous vantent la liberté. Au fond, la rhétorique joua dans les affaires un rôle qu'elle n'avait jamais joué dans le monde. Une déclamation valait une bataille. Dans un pays dont l'éloquence est l'âme, les mots devaient avoir un empire immense. C'est là qu'on a vu des hommes, des partis entiers se perdre, pour une phrase, de génération en génération.

Si l'on avait pu tenir compte de ce tempérament oratoire, que d'erreurs eussent été évitées, et aussi que de meurtres! Tous les partis s'élèvent, par une ardente émulation, à cette même fièvre oratoire. La langue ne pouvait plus être en rien la mesure de la réalité. Ah! si l'on eût su alors tout ce qu'il y avait de passager dans ces mots qu'on allait si vite oublier! « Quels furent ses crimes? Des paroles. » Ce mot sur un condamné s'applique à toute la Gironde. Elle fut, dit-on, imprudente. Elle harcela ses adversaires; elle combattit par l'éloquence; on allait lui répondre par l'échafaud.

Il est vrai que les Girondins étaient presque uniquement préoccupés de la Montagne. Leur nature éloquente ne pouvait s'en défendre ; toujours tentés de voir le principal péril dans ceux qui leur opposaient discours à discours, déclamation à déclamation. Illusion difficile à éviter dans les assemblées où la parole donne et retire la puissance. Pour des orateurs de profession, l'autorité, le commandement, le règne, l'ennemi, la vie, la mort, tout est dans la parole, seule force qu'on estime ou qu'on craigne. Les actes échappent ou sont comptés pour rien ; j'en ai vu des exemples terribles qu'il ne convient pas de rapporter ici.

Il y avait, avant tout, cette différence entre les Girondins et les Jacobins : les premiers crurent la Révolution chose aisée et commencèrent à s'étonner dès les premiers obstacles qu'elle rencontra ; ils voulaient de plus régénérer le monde, en maintenant la liberté ; par là, ils se mettaient en révolte contre tout le passé de la France.

Les Jacobins ont eu, à cet égard, un sentiment plus net de la réalité. Ils ont aperçu que la question était de forcer un peuple d'être libre ; ils le dirent même clairement dans leur adresse : « Voici notre profession de foi. Nous voulons despotiquement une constitution populaire. » Par cet instinct despotique, ils se trouvaient d'accord avec le tempérament de l'ancien régime. On eût pu croire que le génie de Louis XI, de Richelieu, revivait en eux ; d'où leur force au dedans, leur prestige au dehors.

Ici, les aveux de M. de Maistre et de Mallet-Dupan sont précieux ; l'exécration est mêlée chez eux de stupeur, d'admiration, comme s'ils voyaient passer le génie despotique de l'ancienne France dans la France nouvelle.

Ce que n'a jamais soupçonné la Gironde, les Jacobins l'ont établi : qu'il s'agissait, pour fonder la liberté, de vaincre la nature des choses, de créer du néant l'âme civile d'un peuple, d'accomplir un prodige. Ils ont vu devant eux une œuvre surhumaine ; ils ont juré de l'accomplir avec gloire ou avec barbarie. C'est cette lutte entreprise contre la force des choses qui donne à la Révolution sa grandeur titanique. Comment avec cette suprême audace concilier la pusillanimité morale que je constaterai encore tout à l'heure ? Voilà une des contradictions humaines qui déconcertent la philosophie, mais qui poussent au comble l'émotion tragique de l'histoire.

Les Girondins ne portent point avec eux cette fatalité. Ils croient qu'il s'agit d'une révolution pareille à celles que le monde a déjà vues ; que les nœuds gordiens se dénoueront presque d'eux-mêmes ; que l'enthousiasme suffira pour gouverner le monde renouvelé ; que la parole, la lumière, organiseront l'ancien chaos servile. Comme ils s'imaginent le triomphe facile, ils ne conçoivent, n'admettent que des moyens réguliers, pour une situation unique sur la terre. Après avoir cru tout aisé, ils désespèrent, sitôt que la nature se révolte et que l'impossible leur apparait.

II

PROCÈS ET MORT DE LOUIS XVI

C'est dans le procès de Louis XVI que le tempérament des partis se montre à découvert. En votant l'appel au peuple, les Girondins se déchargent d'un grand fardeau ; mais ils font voir qu'ils n'osaient prendre la fonction de la fatalité pour condamner ou pour absoudre ; par là tout le monde sentit qu'ils n'étaient pas la Révolution elle-même. Cela fut compris ainsi par les contre-révolutionnaires. Dans les mémoires de Mallet-Dupan, il est clair que les royalistes comptent sur tous les partis, excepté sur les Montagnards. Quant à ceux-ci, ils pensèrent, dans le procès de la royauté, qu'ils étaient la conscience de la Révolution, qu'ils n'avaient besoin d'interroger la conscience de personne.

La question de compétence est le terrain des Girondins. Les autres disent : La Révolution, c'est moi. Voilà pourquoi ils ont vaincu leurs adversaires.

Les révolutionnaires s'étaient créé à eux-mêmes

d'immenses difficultés en arrêtant Louis XVI à Varennes, et en forçant de régner celui qui fuyait le trône.

Ils s'en créèrent de nouvelles et d'infiniment plus grandes par le procès qu'ils lui intentèrent. Ici, toutes leurs vues furent trompées ; car, sans ajouter une seule force à la Révolution, ils déchaînèrent le monde contre elle. Dans des crises semblables beaucoup de gens croient que le parti le plus violent est le meilleur, parce qu'ils craignent par-dessus tout qu'on les dépasse en audace, à une époque où l'audace est le pouvoir même.

Billaud-Varenne, ce génie de la Terreur, avait eu une lueur imprévue, lorsqu'il avait proposé de reconduire le roi à la frontière, « escorté par une garde suffisante ».

Mais combien de fois, dans ce trajet, la terre ne se serait-elle pas ouverte sous les pas du nouvel Œdipe ? De quelque manière qu'on l'envisage, le Destin antique semble renaître pour lui seul. Il ne pouvait manquer d'être puni de la fortune de ses ancêtres. Sa naissance faisait son crime.

La raison d'état toute seule, si l'on eût pu l'écouter, eût dit que jamais une dynastie n'a été extirpée par le supplice d'un seul de ses membres. Au contraire, l'immense pitié qui s'élève ne tarde pas à ramener le plus proche descendant ; la condamnation à mort d'un roi n'a jamais servi qu'à relever la royauté. Jacques II, Charles X, ne sont pas revenus de l'exil ; mais Charles Ier, Louis XVI sont revenus de l'échafaud sous les figures de Charles II et de Louis XVIII. Ce qui trompa les esprits, ce fut d'abord la passion qu'ils prirent pour la raison d'État ; en second lieu, ce fut l'exemple des échafauds dressés par l'ancienne monarchie et qui lui avaient réussi. Quand Richelieu décapitait les grands de l'État, il avait sous sa main la noblesse, il la gouvernait par la peur.

Au contraire, quand les Conventionnels mirent Louis XVI à mort, la monarchie leur échappa ; sur tous les trônes d'Europe on sentit plus d'horreur que de crainte. Il en sortit une guerre implacable, interminable, qui renaissait d'elle-même. Pour la soutenir, on se redonna un maître, c'est-à-dire on revint au système qu'on avait juré d'anéantir.

La mort du chef d'une famille régnante n'a produit de résultats efficaces que dans l'ancienne Judée et dans l'Italie au moyen âge. Cela vient uniquement de ce que toute la famille périssait avec son chef et de ce qu'aucun rejeton n'était épargné. Quand deux cent soixante-dix Bentivoglio étaient frappés en une seule nuit, la seigneurie des Bentivoglio pouvait être atteinte.

Ces immolations étaient le droit commun dans l'antiquité ; mais aucun terroriste de 1793 n'osa seulement approcher de cette idée. Il en résulta qu'ils déchaînèrent contre eux la pitié sans extirper leur ennemi.

Je ne puis guère douter aujourd'hui que Louis XVI errant à l'étranger sous un nom emprunté, repoussé de lieu en lieu, sans cour, sans États, sans armée, vivant de la complaisance de la Convention, n'eût été cent fois moins redoutable que Louis XVI supplicié au Temple dans sa femme et ses enfants, les mains liées derrière le dos, guillotiné en face de son palais, rétabli aussitôt dans l'orphelin du Temple ; puis consacré de nouveau, acclamé dans ses frères Louis XVIII et Charles X, surtout dans la légende de douleur et de pitié qui fit de ses derniers moments la Passion de la royauté elle-même, mourante et renaissante sur son Calvaire.

Les Tarquins expulsés ont disparu de l'histoire. Un Tarquin mis à mort les eût rétablis peut-être.

Des princes ont pu se délivrer d'un rival par l'échafaud ; la raison en est qu'ils sont sûrs de se défendre de la pitié. Il n'en est pas de même d'un peuple. Qui vous assure qu'il ne reniera pas demain ce qu'il a fait aujourd'hui ? Voilà pourquoi il n'a presque jamais servi de rien à un peuple de se délivrer de la servitude par l'échafaud ; le lendemain, elle renaît de la compassion.

Les plus grands motifs allégués par les partisans de la condamnation à mort ont reçu le plus grand démenti des événements et de la postérité. Ils supposaient qu'il ne saurait y avoir aucune versatilité dans le peuple ; que la nation française avait rompu pour toujours avec la monarchie. Ce n'était pas tant le roi que la royauté qu'ils croyaient décapiter ; et à peine le sang de Louis XVI fut essuyé, on vit toute une nation courir au-devant d'une autre royauté.

Quelques-uns avouaient que si le roi avait quitté le territoire, ils eussent été plus indulgents pour lui. Mais qui l'avait empêché de sortir de France ? C'était trop de l'avoir arrêté dans sa fuite, et de le condamner à mort parce qu'il n'avait pas fui !

La majorité longtemps suspendue, enfin de vingt-six voix seulement pour la condamnation à mort, prouve assez que ce n'est pas la nécessité qui parla dans ce jugement. Quelles petites circonstances eussent suffi pour le changer ! Il y eut là des hasards qui empêchent de prendre ce vote pour celui de la fatalité même. Le défenseur Desèze eut raison, en constatant l'imperceptible majorité, de demander si le salut de vingt-cinq millions d'hommes dépendait de cinq voix. S'ils eussent connu l'avenir prochain, ils eussent pu demander encore si, parmi ces voix qui prétendaient tuer la royauté, il était juste de compter celles du duc d'Otrante, du comte Sieyès et de tant d'autres comtes ou barons sans-culottes qui allaient, le lendemain, relever et aggraver la royauté.

Ces voix-là peuvent-elles être acceptées par la postérité ?

Non pas, certes ! Elles sont aujourd'hui à la décharge de Louis XVI.

La nature crie, quand après les paroles brisées de Malesherbes il faut entendre le discours limé de Saint-Just et le fausset implacable de Robespierre.

A qui donc peut servir un pareil procès, qu'à la victime ?

Sans doute Louis XVI faisait sourdement la guerre à la Révolution. Mais qui lui avait rendu le gouvernement ? Qui l'avait forcé de régner ? Qui l'avait ramené sur le trône ? C'étaient les révolutionnaires eux-mêmes. Voilà ce que tout le monde semblait avoir oublié.

Les Jacobins montrèrent une impatience fiévreuse pendant le procès de Louis XVI. Il leur semblait que la vie du roi était le seul obstacle à l'avenir tel qu'ils l'entrevoyaient. Si le pain manquait, la faute en était au Temple. Le roi mort, tout deviendrait facile. L'Europe serait épouvantée, la guerre abrégée, la victoire décisive, l'abondance assurée, les partis résignés ou éteints. Ainsi l'illusion se mêlait à la haine ; chaque moment accordé au prisonnier du Temple retardait cette félicité aperçue à travers l'échafaud. Les Girondins, au contraire, voyaient dans la mort du roi le ressentiment implacable des princes, l'Europe indignée, la guerre universelle, à la fin un maître; opinion qui s'est trouvée plus conforme à l'avenir que la première.

Pendant que toute une nation se déchaînait autour de la prison du Temple, un seul homme était calme et semblait étranger à la tourmente : c'était le prisonnier. Rien ne marquait plus en lui le roi que l'indifférence souveraine au milieu des outrages, car on lui avait ôté jusqu'à son nom. On l'appelait Louis Capet, comme si on eût aboli par là le souvenir de ses ancêtres. Jamais on ne surprit en lui un moment de trouble; pourtant il ne pouvait se faire illusion sur son sort. Aucune réponse barbare, même celle de Jacques Roux : *Je suis ici pour vous conduire à l'échafaud,* » ne put le faire sortir de cette mansuétude qu'il dut à sa piété sincère.

Il lisait Tacite et la *Vie de Charles I*[er], qui lui montrait d'avance le chemin du supplice. Il enseignait le latin à son fils; il méditait, il priait dans une petite tour, quand il pouvait se dérober quelques instants aux regards de ses gardiens. Jamais plus grande paix, au milieu d'une plus grande tragédie; ce calme, qu'on ne pouvait concevoir, ajoutait à la haine. Était-ce un sage, un prêtre, un instituteur? Le dernier homme du peuple peut apprendre de ce roi à bien mourir.

La veille du 21 janvier, à neuf heures du soir, la reine, Madame Élisabeth, le Dauphin, la Dauphine, tombent à ses genoux; ils se tiennent longtemps embrassés au milieu des sanglots. Au moment de se quitter, ils se promettent de se revoir le lendemain. Mais cet adieu devait être le dernier. La nuit fut mêlée de prières et de moments de sommeil. Un peu avant le jour, vers six heures, le roi entendit la messe et communia. Il ne fit pas avertir la reine, ayant pris déjà congé des affections terrestres.

Santerre le pressait, la foule attendait. Louis XVI entra encore une fois dans la tourelle où il avait coutume de chercher, de trouver la paix et la résignation. Il en sortit armé contre la mort, puis il dit : « Partons! »

Il traversa Paris dans le fond d'une voiture fermée, les yeux attachés sur les prières des agonisants et sur les psaumes. Le silence était profond autour de lui. On ne voyait que des haies de baïonnettes, comme si la ville se fût gardée elle-même contre ce mourant.

Quand il arriva au pied de l'échafaud, sa lecture n'était pas finie. Il l'acheva paisiblement sans se hâter; il ferma le livre, puis il descendit de voiture, s'abandonna au bourreau. Comme on s'apprêtait à lui lier les mains, le roi se retrouva dans Louis Capet et s'indigna. Il voulut résister ; mais, sur un signe de son confesseur, le roi céda ; il ne resta que le chrétien.

« Je pardonne à mes ennemis. » Tous les tambours de Santerre n'ont pu étouffer ces paroles ni les empêcher de retentir dans la postérité. Louis XVI, seul, a parlé de pardon, du haut de cet échafaud où tous les autres devaient apporter des pensées de vengeance ou de désespoir. Par là, il semble régner encore sur ceux qui vont le suivre dans la mort avec les passions et les fureurs de la terre. Lui seul paraît en être détaché, déjà posséder le ciel, quand les autres se disputent, jusque sous le couteau, des lambeaux de partis déchirés.

Sanson eut beau montrer au peuple la tête de Louis XVI, la tourner à tous les bouts de l'horizon ; il n'avait décapité qu'un homme, non un système ; et à qui devait profiter ce spectacle ? La monarchie y perdit moins que la République.

A quoi a servi le supplice de Louis XVI ? Les premiers résultats furent la guerre avec l'Angleterre, l'Espagne, la Hollande, c'est-à-dire avec l'Europe entière ; la Vendée soulevée et irréconciliable ; la France en péril de mort, la nécessité d'une énergie surhumaine, la Terreur suivie de l'épuisement de la Révolution, le royalisme renaissant, et déjà, chez quelques-uns, le despotisme acclamé au fond du cœur.

Le roi, mort en France, renaissait à Coblentz, dans le camp des émigrés. A Louis XVI succédait Louis XVII; quand l'orphelin du Temple, livré au cordonnier Simon, eut enfin trouvé le sommeil, la royauté ne fut pas atteinte; elle se réveilla avec Louis XVIII.

Qu'est-ce donc que les révolutionnaires gagnèrent à cette mort? Ils se donnèrent la joie de punir leurs anciens maîtres, dans la personne d'un seul; comme presque toujours, le châtiment tomba sur le plus débonnaire. Ils étonnèrent par leur inflexibilité; ils devaient étonner plus encore par leur prompt retour sous un joug semblable à celui qu'ils venaient de briser. Bientôt, de ce supplice, il ne devait rester, chez une nation mobile, qu'une immense pitié pour la victime et un reniement presque universel des justiciers.

Le seul avantage qu'ils retirèrent fut l'obligation de vaincre, puisqu'ils ne s'étaient laissé d'autre refuge contre le châtiment que la victoire. « Nous jetons à l'Europe, avait dit Danton, pour gant de bataille, la tête d'un roi. » Paroles plutôt faites pour l'épopée que pour l'histoire. Car il n'y eut d'engagés que les chefs; les autres devaient échapper par l'obscurité ou par le trop grand nombre. La guerre fut rendue plus implacable. On augmenta les forces de l'ennemi, en augmentant ses haines. On se créa de nouveaux dangers ; il fallut se créer de nouvelles forces ; armées, assignats, comité de salut public, tribunal révolutionnaire.

L'énergie s'accrut, le péril aussi, en sorte que le résultat fut ou nul ou funeste.

« Nous venons enfin d'aborder dans l'île de la liberté, et nous avons brûlé le vaisseau qui nous y a conduits. » Ce mot de Cambon ne s'est pas trouvé vrai.

On a refait bien vite un autre vaisseau des débris du premier.

Si Louis XVI eût été épargné par la Convention, l'eût-il été par le peuple ? Difficilement ; on a peine à se figurer le roi traversant en paix la Révolution à l'abri de la tour du Temple. Rien, ce semble, ne pouvait le sauver, pas même la clémence.

Tant que Louis XVI vécut, les partis rassemblèrent leur haine contre lui ; ils se réunirent au moins pour le craindre et l'accuser. Lorsqu'il eut disparu, ces mêmes partis ne s'entendirent plus sur rien ; il n'y eut plus entre eux un seul moment de trêve, il ne leur resta qu'à se détruire.

La suite des événements ne fit que confirmer les régicides dans leur système. Lorsque ceux qui survécurent trente ans après, entendirent raconter en 1823 les supplices de Riégo, de l'Empecinado, ordonnés par Ferdinand VII d'Espagne, ils virent là une nouvelle raison de ne point se repentir. C'était donc le sort qui leur était réservé, s'ils eussent été vaincus! On voyait assez, par ces exemples sanglants, qu'entre Louis XVI et ses juges il s'agissait d'une guerre à mort. Ils avaient su vaincre. Était-ce à eux de le regretter et de s'en accuser? Non pas, certes. Tel fut, jusqu'au bout, leur langage dans le pouvoir ou dans l'exil [1]. Tout enracina chez eux la conviction d'avoir bien fait.

La conscience humaine sera toujours mal à l'aise en face de Charles Ier ou de Louis XVI. Selon le droit nouveau des révolutions, ils ont pu être condamnés comme coupables de lèse-révolution. Mais on les avait laissés grandir dans le sentiment d'un autre droit public, où ils étaient irresponsables et infaillibles. C'est la seule légalité dont ils eussent conscience. En les faisant rentrer sous la coulpe commune, on les frappa d'une loi qui leur est étrangère. Aussi fussent-ils les plus coupables des hommes, il reste une inquiétude éternelle dans l'âme de la postérité, qui juge en dernier ressort la légitimité de l'échafaud.

[1] Mémoires inédits du conventionnel Baudot.

III

EFFET DE LA MORT DU ROI SUR LES PARTIS

Quand la monarchie eut disparu avec Louis XVI, les colères ne furent pas apaisées un seul jour par cette immolation. Le roi mort, on crut voir partout renaître la royauté ; chacun la portait en lui-même. Une si longue habitude de servir fit qu'on craignit le maître longtemps après qu'il eut cessé de vivre.

D'abord on s'imagina revoir la monarchie dans un enfant à la *tour du Temple*, puis dans les chefs de parti, puis dans les partis eux-mêmes ; et toujours poursuivant le Revenant, on se menaçait des yeux ; on s'apprêtait à s'exterminer mutuellement pour atteindre ce fantôme de royauté renaissante que l'on cherchait au fond des âmes.

Il arrivait aux Français ce qui arrive à un homme dont un membre a été amputé ; il le sent encore à chaque mouvement. La France sentait en toutes choses la royauté longtemps après qu'elle avait été retranchée.

Dès lors les partis prirent l'humeur ombrageuse

d'un tyran ; l'âme politique de l'ancien régime sembla revivre en eux ; car ce qui les divisait le plus alors, ce n'étaient pas des principes, c'était le désir de dominer. Chacun se forgea un spectre et se résolut à y tout sacrifier. Des mots qui n'étaient dans le cœur de personne : royalisme, fédéralisme, parurent des réalités au plus grand nombre ; on immola ses adversaires à des visions. Si l'on avait pu oublier le passé de la France, peut-être l'imagination, le soupçon n'auraient pas suffi à troubler les intelligences. Mais « ces siècles de crimes, » comme on les appelait, on s'attendait toujours à les voir renaître. On ne pouvait croire qu'ils fussent extirpés ; les yeux cherchaient de tous côtés par où ils essayeraient de reparaître au jour.

Il y eut comme une impossibilité de se fier à la victoire des choses nouvelles ; elles n'étaient nées que de hier. Elles surprenaient par leur nouveauté ceux mêmes qui les avaient le plus désirées. De là une émulation de fureur à se soupçonner mutuellement ; toute nuance de langage tenue pour une hostilité irréconciliable. On s'accusait des deux côtés de recéler la vieille France sous des visages nouveaux.

Quelqu'un qui serait entré subitement dans l'Assemblée eût cru voir aux prises, non pas seulement deux factions, mais deux nations opposées qui, chose inconcevable, se chargent l'une l'autre du même crime imaginaire. Si les Montagnards reprochent à la Gironde sa complicité avec Dumouriez, la Gironde reproche aux Montagnards d'avoir dans ses rangs Philippe-Égalité. Sans doute le prince n'est chez eux qu'une promesse de restauration ; les Dantonistes courtisent d'avance en lui la monarchie future. Conspirer contre la République, voilà le crime que Brissot impute à Robespierre et Robespierre à Brissot ; et tous s'apprêtent à s'entre-tuer pour un projet qui n'est dans la pensée d'aucun d'eux. Soupçons, visions, imaginations, c'est pour cela que les échafauds allaient être dressés.

Si le projet eût été réel, il eût jeté moins de trouble dans les esprits. On eût pu le saisir, et la haine se fût concentrée sur les coupables. Mais comme il n'existait que dans les imaginations ombrageuses et qu'on se renvoyait le crime les uns aux autres, il fut impossible d'atteindre le fantôme. Il grandit par la contagion jusqu'à ce qu'il eût rempli toutes les intelligences.

D'abord les deux grands partis de la Convention se rejettent l'un à l'autre cet épouvantail ; quand l'un des partis fut accablé, l'autre commença à s'observer lui-même et se retrouva dans l'impuissance extraordinaire de jouir de sa victoire. Ceux qui survivaient commencèrent à s'accuser de cette même conspiration contre la République ; le soupçon s'augmenta de l'incapacité même où l'on était de mettre la main sur le monstre. Chacun fut saisi de ce mal étrange qui consiste à ne pouvoir croire à ce qu'on possède. Après s'être défié des partis, on arrivera à se défier de chaque individu; alors on fera à un homme un crime de ses regards, de son geste, de sa pâleur. On cherchait un crime qui n'existait pas. A force de le punir sans cause, on finit par lui donner l'occasion de naître. Ainsi, les révolutionnaires se détruisaient d'avance par la crainte imaginaire qu'ils avaient les uns des autres.

Mais, dans cette fausse imagination, il y avait pourtant un instinct réel que la victoire n'était pas assurée ; et je ne sais ce qui l'emportait en eux, ou le souvenir ombrageux du passé, ou le juste pressentiment de l'avenir. A aucun moment ils ne sentirent la Révolution assise ; voilà ce qui troubla leurs esprits et les poussa jusqu'au délire. Ils étaient les maîtres absolus; cependant ils sentaient leur règne passer. Cela fait que leur domination tenait du désespoir, et ce désespoir leur ôta toute pitié les uns pour les autres. Quelquefois on vit des juges assis pour condamner à mort les accusés, s'interrompre en pleurant, demander à leurs victimes en se cachant du bourreau : « Combien cela durera-t-il encore [1] ? »

[1] Mémoires de Garat.

Ainsi furent occupés les esprits depuis le 21 janvier 1793. Les deux partis disputaient de haine, chacun jugeant l'autre capable de tous les crimes. Mais si la haine était semblable, la force était toute d'un côté et la faiblesse de l'autre. Les Girondins, maîtres de la majorité dans l'Assemblée, ayant le droit et la légalité pour eux, commirent cette erreur propre aux hommes de théorie, de croire que le droit leur donnerait la force, qu'ils ne pouvaient périr, que c'était là une égide invincible.

Armés de cette sublime chimère, ceints de cette épée invisible, sans aucune puissance réelle pour les protéger, seuls, perdus dans une population immense et hostile, sans autorité, sans appui, s'étant eux-mêmes dépouillés du droit de requérir la force publique au profit de leur cause, n'ayant pour eux que l'éloquence et la foi dans la justice, ils entreprirent une lutte à mort contre ceux qui avaient tout pour eux : le peuple, les armes, les clameurs de la foule, la Commune, les sections, les tocsins, les canons d'alarme, les clubs souverains, les forêts de piques dont ils étaient déjà à demi environnés. Ils crurent, comme tous les hommes de la Révolution, à certains moments de crise, qu'un discours, une parole de justice était capable de faire rentrer les tempêtes dans leur antre. La poitrine nue, certains de vaincre tant que le génie serait respecté, ils voulurent tenir tête aux fureurs et réprimer, par la pensée toute seule, les débordements de la nature aveugle. Ils se crurent la force de Dieu, pour dire à l'océan mutiné : Tu n'iras pas plus loin! Cette foi dans la puissance de l'âme les perdit, et il semble que cette défaite de l'esprit ait détruit en France la confiance dans le droit, car c'est à peine si on l'a revue à de courts intervalles depuis les Girondins. Mais que cette chute fut grande! Jamais hommes ne tombèrent de si haut.

IV

ON NE TIENT PAS COMPTE AUX GIRONDINS DE LEURS CRÉATIONS. INSTITUTIONS RÉVOLUTIONNAIRES EN GERME

Aux premières nouvelles de la retraite des armées devant l'ennemi, de la Vendée soulevée, de Lyon agité et déjà menaçant, la Gironde laisse prendre à la Montagne l'initiative de l'indignation. C'est la Montagne qui propose de proclamer la patrie en danger; même sous le gouvernement des Girondins, c'est elle seule qui semble agir : levée de trois cent mille hommes, défense de faire quartier aux Anglais, tribunal extraordinaire pour juger les traîtres, cartes de civisme, maximum pour les grains, comité de défense, comité de sûreté générale, comité de salut public, comité révolutionnaire aux quarante-quatre mille têtes, tout sort de terre et tout semble se dresser à la seule voix de Danton.

Les Girondins approuvent, décident; mais ils font violence à leur nature. On ne croit pas à leur colère, même quand ils touchent à la hache. Dans ces mois de mars et d'avril 1793, ils ordonnent, ils décrètent; leurs adversaires seuls ont le mérite des œuvres, tant les oreilles sont encore pleines de discours cicéroniens. On se refuse à penser que ceux qui parlent si bien sachent agir. Vergniaud a beau parler éloquemment, il ne pourra convaincre de sa furie.

Ces institutions formidables, le tribunal extraordinaire, le comité de salut public, ne sont encore que des germes, des commencements qui ne pourront grandir au souffle modéré de la Gironde. Semences de colère pour lesquelles il est besoin d'un autre tempérament. Cambacérès a créé le tribunal révolutionnaire. Mais est-ce lui qui fera sortir de sa création tout ce qu'elle contient de supplices? Vergniaud, Brissot et leurs amis, bons pour menacer, ne valent rien pour frapper ; ils ne sauront pas tirer de ces prémisses ce qui y est renfermé. Pour ces armes nouvelles, trop pesantes pour eux, il faudra d'autres hommes. La Gironde laisserait le comité de salut public dans son état d'embryon. Elle n'oserait en faire sortir le grand, l'invincible comité de la fin de 1793.

Voilà ce que pensaient les Montagnards ; ils se sentaient seuls capables de donner à la Terreur naissante ses proportions et son couronnement. C'est ainsi que même l'énergie que montrait la Gironde se retournait contre elle. En entrant dans la Terreur, elle parut entreprendre ce qu'elle serait incapable de conduire à son terme. Jusque dans les emportements de ses orateurs, il restait une sorte de convenance : cet équilibre démentait la *rage révolutionnaire.*

Ceci paraît montrer que lorsque des hommes tentent des choses qui ne sont pas dans leur tempérament, on refuse de croire à leur bonne foi. Leurs violences les plus sincères semblent un artifice. C'est ce qui arrivait perpétuellement aux Girondins. Jamais on ne leur fit honneur de leurs fureurs.

On ne voulut pas même croire à leurs dangers. Le complot formé contre eux dans la nuit du 9 au 10 mars put n'exister que dans l'esprit de quelques enfants perdus, avant-coureurs de la Terreur, Fournier, Lazowky, Varlet ; ils réussirent à lancer des bandes qui demandaient la tête de Brissot et de ses amis. Deux sections seulement entrèrent dans ce projet prématuré, Bonne-nouvelle et Poissonnière. Cet essai d'insurrection fut comme les lueurs qui précèdent un grand incendie, mais qui, s'éteignant brusquement, font croire que le danger n'existe pas. Le reniement des meneurs, le blâme porté contre eux par les Jacobins et les Cordeliers, indignés d'avoir été compromis, rassurèrent ceux qui ne demandaient qu'à se rendormir et à laisser grandir l'occasion. On ne se contenta pas de se rassurer. Bientôt ces cris de mort, ces essais de tocsins interrompus, ces bandes aux portes de l'Assemblée, ces motions de fermer les barrières comme au 2 septembre, furent reprochés aux Girondins comme autant de visions de la peur.

Il est vrai que la pensée de se défaire d'eux par la force n'était encore entrée systématiquement dans l'esprit d'aucun membre de la Convention.

En mars, les Montagnards voient avec horreur ce qu'ils feront en mai. Marat lui-même soupçonne que livrer les Girondins serait la perte de la Révolution. Il le dit. Tous pensent sur ce point comme lui. Cependant, à la première sommation de la foule, les Girondins seront livrés; preuve que les actes les plus décisifs n'étaient point engendrés par une pensée supérieure des chefs de parti, un calcul de génie, une véritable raison d'État, mais emportés par un transport, une ivresse, une saillie de tempérament dont on n'est plus maître et que l'on appellera plus tard nécessité! Comme les actes étaient peu préparés, ils ne devaient pas entraîner après eux des résultats irrévocables. Dans cette voie, de gigantesques efforts pourront aboutir à de gigantesques mécomptes.

V

IMPOSSIBILITÉ DE CROIRE

C'est la première fois que l'on a vu dans le monde deux partis également sincères, voulant au fond la même chose, prenant à témoin l'univers entier, et incapables de se convaincre mutuellement un seul instant de leur sincérité. Instruit par l'événement, l'historien voudrait leur crier : « Vous vous déchirez, et vous ne faites qu'un ! » En effet, dans ces terribles luttes des premiers jours de 1793, ce ne furent pas les nuances que l'on mit en question ; il ne s'agit d'abord que de la République, et il est incontestable pour la postérité qu'ils la voulaient avec la même passion.

Pourquoi donc ne purent-ils s'entendre ? J'ai peine à croire que, s'ils eussent eu une religion commune, l'accord ne se fût pas rétabli au moins par intervalle. Ils n'eussent pas nourri les uns contre les autres cette horreur qui ne souffrit pas un moment de relâche. Les vainqueurs n'auraient pas montré envers les vaincus tant d'inhumanité. Mais leur exemple confirme ce qui a été dit sur l'impossibilité de créer une société sans une religion ancienne ou nouvelle. Car elle seule peut donner cette base où les esprits les plus divisés se sentent néanmoins de la même famille. La religion nationale n'ayant pu fournir cette arche d'alliance, et l'idée n'étant venue à personne de recourir à une autre, il leur fut impossible de trouver un signe, un témoignage qui emportât avec lui la conviction et ralliât les intelligences.

Ils avaient beau jurer qu'ils disaient vrai. A leurs serments manquait le grand témoin. Leur assertion ne trouvait pas d'écho dans la conscience d'autrui. On eût dit qu'il manquait entre eux le Dieu qui, chez tous les autres peuples, avait donné la force, l'autorité, la sanction à la parole humaine.

Leurs discours, leurs adjurations rencontraient des cœurs d'airain. Personne d'entre eux ne mentait ; la passion toute seule, sans masque, parlait dans leur bouche. Ils avaient même but, même intérêt, mêmes ennemis, mêmes périls ; pourtant ils ne purent un seul moment se convaincre ni se reconnaître.

Extrême malheur et le plus extraordinaire de la Révolution.

Ce n'était pas encore la Terreur ; les choses n'en étaient que plus tragiques, car on la pressentait de toutes parts.

A ce moment, la légèreté de Camille Desmoulins

n'a d'égal que sa crédulité. Tout ce qu'il amasse de présomptions contre les Girondins, il le donne pour une certitude. Ses amis de la veille, il les dénonce en riant. Il y a chez lui la cruauté de l'enfant. Il ne connaît pas la douleur, et il en est prodigue. Plus tard il croira pouvoir renverser l'échafaud, comme il l'a élevé, avec frivolité. A peine si la mort rendra le sérieux au « procureur de la lanterne. »

La Convention était complète, les bancs remplis; la mort n'y avait fait aucun vide. Cependant chacun, sentant un glaive sur sa tête, se demandait comment s'ouvrirait ce règne de terreur qui n'avait pas encore de nom, mais qui déjà frappait à la porte.

Dans la fureur des partis, n'oubliez pas qu'ils se coudoyaient pêle-mêle sur les bancs resserrés de la Convention comme dans un pandémonium ; souvent même des inconnus [1] se mêlaient aux députés pour les exciter, les aiguillonner de plus près. Peut-on se représenter ce qui s'engendre de colères, de haines, de secrets souhaits homicides, pendant ces longues heures où chacun doit soutenir de si près, en face, le regard, la voix, le geste, la menace de son plus grand ennemi? La différence entre la Convention et les autres assemblées révolutionnaires, c'est que les haines prenaient

[1] Mémoires inédits de Baudot.

aussitôt un corps; les voix secrètes devenaient sur-le-champ des supplices.

Si les hommes disaient la vérité, on serait étonné combien il est arrivé souvent, dans une vaste assemblée, qu'une moitié ait exterminé l'autre de ses vœux, et combien de fois, chez ces figures placides, l'échafaud a été dressé au fond du cœur.

L'instinct de la bête se réveille alors dans l'homme avec une force incroyable. Si ses vœux instantanés étaient exaucés, le feu du ciel ne suffirait pas à son ardeur de venger ce qu'il appelle, en ces moments, la justice.

Le 10 mai, la Convention s'établit aux Tuileries; la haine en devint plus ardente. Dans cette salle étroite, on ne se mesurait plus seulement des yeux, on se touchait réellement; les adversaires avaient peine à n'en pas venir aux mains. Là, sur ce trône trop étroit pour elle, la nouvelle royauté aux sept cent quarante-neuf têtes cherchait d'avance celles qui tomberaient les premières :

— Qui va-t-on égorger?

— C'est nous, répondait la Gironde.

— C'est nous, répliquait la Montagne.

— Nous avons abattu la tyrannie.

— Vous avez voulu sauver le tyran.

— C'est vous qui appelez la guerre civile.

— C'est vous qui l'avez réalisée dans la Vendée.

Ce dialogue des Euménides continuait pendant

des journées entières. D'un côté, la fureur de Danton, l'ironie de Robespierre, le sifflement de Marat, tout cela déchaîné à la fois ; de l'autre, l'indignation de Pétion, la véhémence de Vergniaud, le désespoir de Buzot, la fougue de Barbaroux, les morsures de Guadet et de Gensonné. On vit une fois un des membres de la droite, Duperret, s'élancer l'épée nue contre la gauche : il allait frapper, quand il se réveilla comme d'un songe.

Au milieu de ces fureurs, un seul événement avait la puissance de rétablir soudain le calme. Une députation de sectionnaires entrait, se plaçait à la barre ; l'orateur s'adressait à l'Assemblée :

— « Répondez ! Qu'avez-vous fait ? Vous avez beaucoup promis, rien tenu. »

Redevenue muette devant le souverain, cette même Convention, si déchaînée, courbait la tête ; elle recevait la leçon en silence, après avoir accordé les honneurs de la séance à qui venait de la gourmander. Comme un enfant qui se tait subitement devant le maître, elle reprenait le travail interrompu de la Constitution ébauchée par Condorcet. Peut-être eût-on redouté les indignations, la colère de la Convention. Par sa complaisance ou son idolâtrie, elle corrompait le peuple ; elle lui enseignait à la fouler aux pieds.

VI

COMMENT
LES JUGEMENTS DES HOMMES DE LA RÉVOLUTION
ONT ÉTÉ MODIFIÉS PAR LE TEMPS

Quand les années eurent passé sur la Révolution, quel était le jugement que les Montagnards portaient sur leurs anciens adversaires? L'œuvre du **temps** se fit peu à peu chez ces hommes de bronze ; la vérité se glissa à travers leur aversion. L'incompatibilité de nature subsista ; il n'y eut entre eux, dans l'exil ou la vieillesse, aucune sorte de rapprochement ; pourtant les Jacobins ne purent fermer les yeux à l'évidence.

Ils reconnurent que les Girondins avaient voulu la République gouvernée par la bourgeoisie. Ils répétaient cette dernière accusation (celle-ci ne fit que s'invétérer par l'expérience), que la Gironde n'admettait hors d'elle ni talent, ni valeur, ni existence politique. Comptant pour rien tout ce qui n'était pas dans ses rangs, elle avait eu l'art de blesser jusqu'au cœur, sans tuer. Ces souvenirs haineux survécurent aux soupçons.

Comme ordinairement une moquerie est plus difficile à supporter qu'un dommage réel, et que les petites offenses comptent souvent plus que les grandes, les Montagnards n'oublièrent et ne pardonnèrent jamais les dédains, les sarcasmes, les railleries de Guadet ou de Gensonné. Un demi-siècle après, ils ruminaient encore l'allusion de Gensonné aux oies du Capitole ; ils se complaisaient à dire qu'au moins ce mot-là avait été payé cher. Au contraire, les grands coups passionnés, désespérés de Vergniaud, les offensèrent moins ; ils s'honoraient de ses foudres. En vieillissant, ils allèrent jusqu'à vanter son éloquence, tout en accusant sa statue d'avoir trouvé grâce dans le sénat conservateur de l'Empire. Quant à l'objet le plus ancien de leurs colères, Brissot, soit qu'ils lui eussent envié d'avoir conçu avant eux la République, soit qu'ils fussent importunés de sa modestie, de son désintéressement, de sa patience, et que Robespierre crût voir en lui un rival de probité, de sincérité ou de style, ils l'avaient grandi outre mesure, à force de le haïr. C'est à lui néanmoins qu'ils pardonnèrent le mieux, si j'en juge par le portrait suivant qu'en trace généreusement un de ses plus implacables ennemis.

« Brissot était un homme probe, bon citoyen, horriblement calomnié par Robespierre, et, pour prendre ma part du mal, injustement persécuté par la Montagne. Brissot avait une réputation si répandue d'intrigant, qu'il était difficile de se défendre d'en croire peu ou beaucoup. Toutes les fois qu'il paraissait à la tribune, je le voyais si simple dans ses manières, si naturel dans sa conviction, que je faisais une enquête en moi pour découvrir l'intrigue. Je ne l'ai jamais trouvée [1]. »

Il y a des hommes qui, dupes d'une fausse imagination, mettent la grandeur dans le nombre des morts. Ceux-là croiraient dépouiller la Révolution, s'ils y retranchaient un supplice. Qu'ils relisent les lignes précédentes ; c'est la voix de la justice qui crie sous la terre.

Les Montagnards qui pardonnèrent à Brissot ne revinrent jamais de leur haine contre madame Roland ; beaucoup regrettèrent son supplice, non leur aversion : celle-ci grandit avec la renommée de leur victime. Pour justifier leur haine, ils disaient que les femmes, ne portant pas le glaive, ne doivent pas se jeter dans les démêlés qui se tranchent par le glaive. Je pense, au contraire, que la plupart se ressentaient encore des blessures que madame Roland leur avait faites avec la seule arme de la parole ; ils s'indignaient d'avoir été si souvent vaincus par une femme.

[1] Mémoires inédits du conventionnel Baudot.

VII

DES TRAHISONS MILITAIRES. — DUMOURIEZ

Aux soupçons grandissant de jour en jour, il ne manquait plus qu'un événement intérieur qui vînt les confirmer. Le général Dumouriez va donner un corps à tous ces fantômes.

Il était parti de Paris, le 26 janvier 1793, résolu à tourner contre la Révolution les succès qu'il se promet de remporter.

Pour cela, il a besoin de frapper les imaginations par quelque grand coup aventureux ; c'est ainsi que s'explique ce plan de campagne qu'il appelle lui-même son rêve de Hollande.

La fantaisie de la fièvre semble, en effet, y avoir eu plus de part que la réflexion du général. Il s'engage avec dix-huit mille hommes seulement sur les plages de la Hollande pour en faire la conquête, tandis qu'il laisse sur ses flancs, bientôt sur ses derrières, les armées autrichiennes et prussiennes de Clairfayt et de Brunswick. C'est merveille de le voir, dans sa correspondance avec Miranda, annoncer la réussite de cette aventure.

Tout lui cédera. Les peuples bataves ouvriront leurs portes. Brunswick, pour le laisser passer, se tiendra immobile derrière la Roër, et Clairfayt derrière la Meuse.

Au milieu de ce songe, la nouvelle lui arrive sur le Mœrdick que les Prussiens et les Autrichiens n'ont eu qu'un pas à faire pour le tourner à Aix-la-Chapelle ; déjà la retraite lui est à moitié fermée, de Liége à Tongres, à Diest. Dumouriez s'obstine à laisser son corps de dix-huit mille hommes s'égarer de plus en plus vers le Nord, à la poursuite de son fantôme de conquête. Cependant, de sa personne, il revient en Belgique. Vers Tirlemont, les Prussiens et les Autrichiens réunis, qui allaient le couper de la France, l'obligent enfin d'ouvrir les yeux.

Il livre la bataille de Neerwinden ; il la perd. Changeant aussitôt son rêve de Hollande contre une fumée (mais celle-ci criminelle autant qu'illusoire), il entreprend d'envahir et conquérir la France, de complicité avec ceux qui viennent de le battre. D'ennemis qu'ils étaient, Clairfayt, Brunswick deviendront ses alliés. Ils l'escorteront jusqu'à la frontière, et recevront en récompense la place de Guise. Appuyé ainsi de ses propres vainqueurs, il pénétrera dans Paris avec son armée échappée de Neerwinden ; il dispersera la Convention, ramènera la royauté, punira la Révolution ; il en sera le Monck, s'il se contente de ce rôle ; car dans un esprit ainsi emporté en dehors de toute raison, qui peut dire où s'arrêtera le vertige ?

On sait que la Convention eut la *férocité* de ne pas entrer dans ce piége. Elle envoie des commissaires déposer ce grand faiseur et défaiseur de rois. Le 2 avril 1793, il fait arrêter, par ses hussards de Berchini, les quatre représentants, Camus, Quinette, Lamarque, Bancal, le ministre de la guerre Beurnonville, et les livre aux Autrichiens. Il fallut que ses propres soldats ramenassent enfin à la raison cet esprit enivré qui tournait à la démence; chassé de leurs rangs, les volontaires le poursuivent à coups de fusil jusqu'au delà de l'Escaut, où il trouve enfin son refuge dans l'armée ennemie.

Ainsi tomba ce beau projet de tourner déjà contre la Révolution les soldats de la Révolution. Il devait être repris plus d'une fois.

Une chose ne pouvait manquer de le faire avorter à ce moment : Dumouriez prenait pour base la victoire de l'ennemi, et cela offusquait les plus simples. Ni les événements, ni les hommes n'étaient mûrs pour des entreprises pareilles ; il était insensé d'attendre des volontaires de 1792 ce qu'il n'eût pas même été possible d'obtenir des vétérans de 1799, si on leur eût montré la contre-révolution et l'étranger pour complices.

Dumouriez, en 1793, entrevit vaguement un 18 brumaire ; mais son plan n'avait aucune profondeur. Il eut tout au plus le mérite de pressentir que l'armée, rassasiée de gloire, serait un jour un bon instrument aveugle d'asservissement à l'intérieur, et que par elle périrait la liberté. En cela, il vit juste. Dans le reste il se trompa, sur les temps, sur les choses, sur les hommes.

Vision d'un fiévreux qui mêle des pressentiments véritables à un fond impossible. Il était trop tôt, au moins de dix ans, pour écraser sous le militarisme la liberté naissante. Mais cette idée dont Dumouriez a eu les prémices, reparaîtra sous d'autres formes. Ce qui, chez lui, n'a été qu'un goût d'aventure, dépouillé de la complicité avec l'étranger, sera compté pour d'autres à titre de génie.

D'ailleurs cette trahison eut un effet qui lui survécut. Elle autorisa, légitima partout la méfiance; elle ajouta un degré nouveau au tempérament soupçonneux des hommes de la Révolution.

Comment, après cette expérience, les accuser d'avoir tenu les généraux sous l'œil et sous la main des commissaires de la Convention ? A qui se fier désormais ? L'épée pouvait donc tromper aussi bien que la parole ? Il fallait s'armer contre ceux qu'on avait portés jusqu'aux nues ! C'est d'eux qu'il fallait craindre le coup fatal.

Mirabeau avait autorisé le soupçon dans la vie politique, Dumouriez l'autorisa dans la vie militaire. On entrait ainsi par toutes les voies dans la défiance. La perfidie du grand orateur avait rendu suspect le génie de l'éloquence. La perfidie du vainqueur de Jemmapes obligea de suspecter le bras dont on se servait. Dumouriez, en trahissant, fit croire à la trahison de quiconque n'était que malhabile. Il se sauva, mais il perdit Custine, Biron, Houchard, Beauharnais et tant d'autres. Surtout il perdit les Girondins, coupables d'avoir cru un moment à sa fidélité.

VIII

MARAT.
A QUI APPARTIENDRA LE RÈGNE DE LA TERREUR?

Las de soupçons, de provocations, de menaces, d'injures qui n'étaient pas encore armées de supplices, les Girondins se donnent enfin le plaisir de prendre corps à corps un adversaire et de le dénoncer formellement. Ils commencent ainsi, les premiers, la guerre d'échafaud ; il est vrai que ce fut contre Marat.

A une époque où tout était extrême, Marat avait dépassé l'extrémité de toutes les colères : chez lui, l'espérance ne se distinguait pas de la fureur. Quand on croyait avoir atteint la limite de la Révolution, il allait porter plus loin ses menaces et son drapeau noir. Il entrait comme dans une terre inconnue, pleine de meurtres ; il la nommait la Justice et attirait dans ce désert d'épouvante tous ceux qui marchaient après lui. Cette impossibilité de l'atteindre jamais ni de « s'élever à sa hauteur » lui composa une figure monstrueuse, apocalyptique, qui dominait la foule. Dans cette région inaccessible, il semblait, comme le sphinx, broyer des ossements humains. Le front voilé, chevelu, la face cuivrée, l'œil tout grand ouvert au soupçon, sous d'épaisses arcades sourcilières, les narines dilatées, le nez massif, carnassier, mufle en quête de la proie, la bouche hurlante avec un ricanement de bête fauve mêlé de joie et de fureur, il prenait en pitié comme autant de pygmées Danton et Robespierre. Dans son extase de férocité, il se riait de leur mansuétude.

En Marat, ne cherchez ni lacune ni développement. Dès qu'il se montre en 1789, il est tout ce qu'il sera en 1793. Seul, il échappe à la condition de toute créature qui vient en ce monde : l'accroissement. Le meurtre, l'échafaud, l'extermination, voilà son cri dès qu'il vient au jour de l'histoire ; il naît armé de la hache. Dès le premier jour, le 14 juillet, il lui faut cinq mille têtes, le lendemain cinq cent mille. Sur le mur de sa chambre de bain, où il passe sa vie, est écrit, en grandes lettres : LA MORT ; réponse à toute question, remède à tous les maux. C'est la voix qui s'échappe d'un soupirail, la clameur délirante d'un monde de torture. Il sort des flancs d'un passé de mille ans d'esclavage : il en est le produit, la créature informe, le monstre, le rugissement, la torche. Comme ces taureaux que l'on irrite d'avance, dans un réduit caverneux, avant de les lancer tout fumants dans le cirque, Marat a été excité, préparé à la fureur pendant des siècles avant de se montrer à la lumière. Dès qu'il paraît, il crie vengeance !

D'où venait la force de ce « père du peuple ? » Il n'était pas la Terreur, mais il l'annonçait ; il la préparait, elle marchait derrière lui ; il en était le précurseur,

Ce « tribun militaire, » ce « dictateur » qu'il évoquait avec des cris de rage, si on le lui eût accordé, serait devenu inévitablement un César sans-culotte. L'idéal de Marat ramenait le monde à l'impérialisme de Caligula. Tout ce qui restait de plèbe antique dut se prendre à cette amorce. L'apothéose de Marat fera revivre l'ancien cri : « *Ave Cæsar !* »

Le voyant ainsi monstreux et hagard, les Girondins crurent qu'il serait une proie facile, que du moins ce serait agir habilement d'obliger leurs adversaires à s'identifier avec lui. Durant des mois entiers, Marat occupe la Convention ; il n'y a de place que pour lui dans les discours.

Comme les Montagnards confondaient tous les Girondins avec les Feuillants, les Girondins confondirent tous les Montagnards avec Marat. Dès lors, plus de réconciliation possible ; on s'aveugle à plaisir pour s'entre-tuer dans la nuit.

Obliger les Jacobins de prendre Marat pour drapeau était une tactique habile ; mais Buzot,

Barbaroux, Isnard, Guadet, ne surent jamais se contenir ni dans la défaite ni dans la victoire ; leur génie méridional les emporta toujours. Ils parurent trop prendre plaisir à châtier Paris dans « l'ami du peuple. » Sans doute, après avoir détruit Marat, ils voudraient se défaire d'autres chefs populaires ; et dans cette voie, où s'arrêter? Déjà le sage Pétion parle d'envoyer à l'échafaud Robespierre et les siens ; le premier qui succombera dans cette lutte ouvrira une brèche qui ne se fermera plus. Cette tête de moins, fût-elle odieuse, combien n'en entraînera-t-elle pas après elle? A qui appartiendra ce règne d'épouvante que chacun voit s'approcher?

Est-ce la Gironde ou la Montagne qui gagnera cette première partie où l'enjeu est Marat? Des deux côtés, on met la même ardeur à le perdre ou à le sauver. Exécrable à la plupart de ceux qui le défendent, plusieurs des Montagnards s'abstiennent, n'osant ni l'avouer ni le renier publiquement. Enfin, les Girondins ont gagné ; ils se donnent la joie de le décréter d'accusation.

Leur joie fut courte. Marat se dérobe au décret dans ses souterrains accoutumés. Le 24 avril, il en sort, il paraît devant le tribunal révolutionnaire. « On n'a pas trouvé de péché en cet homme. » Absous, il revient en triomphe, couronné de lauriers, déjà à demi divinisé, porté au milieu de la Convention dans les bras du peuple.

On dit que Robespierre en fut jaloux ce jour-là. Quel moment pour la Gironde! Marat monte à la tribune, comme au Capitole. Il est doux à ses ennemis, clément, protecteur ; il sourit. Que présage le sourire de Marat?

Le sort en est jeté ; le règne de la Terreur n'appartiendra pas aux Girondins. Qu'en eussent-ils fait?

Chez Vergniaud, Guadet, il y eut le sentiment persistant que les cruautés rendraient la liberté impossible. Ils eurent à cet égard un juste instinct de l'avenir. Même armés du tribunal révolutionnaire, ils hésitaient à en faire usage, méritant ce reproche que je trouve chez des historiens de nos jours, de n'avoir pas su verser le sang. Ils se gardèrent jusqu'au bout les mains nettes ; cela ne vint pas seulement d'un esprit naturel d'humanité, mais de cette pensée réfléchie, si bien confirmée par l'expérience, que les barbaries engendrent la servitude. « On cherche, disait Vergniaud, à consommer la Révolution par la terreur. J'aurais voulu la consommer par l'amour. »

Au contraire, il y avait dans le parti opposé, chez les Jacobins, une impatience irrésistible de supplices. Ils les pressaient, ils les hâtaient par leurs discours, leurs adresses, leurs reproches. Ce n'était pas seulement chez eux ardeur de vengeance. Ils semblaient croire qu'il y a une certaine vertu dans le sang versé de l'ennemi, et que les choses nouvelles s'engendrent sur les échafauds. La mort était pour beaucoup d'entre eux une idole aux mille bras, avec la puissance de tout réformer. Dans les deux partis, on se faisait de son tempérament naturel un système politique qui s'appelait chez les uns modération, chez les autres, inflexibilité.

Ainsi se résout la question souvent posée, si la Terreur eût été aussi sanglante entre les mains des Girondins qu'entre celles des Jacobins. Les premiers n'en eussent point fait un système ; cette conception ne fût jamais sortie de leur esprit. Qu'ils aient rêvé d'*épurer le côté gauche*, il y en a de grands indices. Mais il est certain que cette violence leur était impossible. Elle n'eût pas duré un moment sans les écraser eux-mêmes. Puisque l'arrestation d'Hébert et le projet d'enquête sur les troubles provoquèrent contre eux l'insurrection qui les anéantit, qu'eût-ce été s'ils avaient osé mettre la main sur les chefs révérés de la Montagne ?

Ils n'ont pu se soutenir, ayant le droit et la légalité pour eux. Que serait-il arrivé s'ils en fussent sortis? Toute la ville eût bondi, ils auraient disparu.

Malgré de si grands échecs, la Gironde compte encore sur la force abstraite du droit; elle établit sa commission des Douze pour rechercher les fauteurs de troubles. Elle a recours à la procédure; elle lance contre Varlet, contre Hébert, des mandats d'arrêt, comme si elle plaidait dans le palais de Bordeaux. Sur qui s'appuie-t-elle pour les faire exécuter? Où est son armée? où sont ses défenseurs? Dans le jardin national, elle n'a plus pour elle que mademoiselle Théroigne de Méricourt. Des fenêtres du palais, le côté droit a pu voir son amazone, fouettée par le peuple, devenir folle de colère et de honte. Triste présage, si on avait le temps d'y réfléchir.

Il faut avouer aussi qu'un signe fatal, chez les Girondins, fut d'en appeler de toutes les difficultés à une nouvelle élection. Quoi! des votes, des assemblées primaires, tout remis au hasard, quand les Autrichiens sont à Condé ou à Valenciennes! Se retirer à Bourges, comme le demandait Guadet! Cela suffirait à montrer qu'ils n'étaient pas faits pour commander dans la tourmente. Le péril croissant, le pouvoir revint aux plus audacieux.

Longtemps Danton n'opposa aux Girondins qu'une moquerie débonnaire, les montrant impuissants même au mal. « Ce sont, répétait-il aux siens [1], de beaux diseurs et gens de procédés. Mais ils n'ont jamais porté que la plume et le bâton d'huissier. » Ainsi, il les protégeait de son dédain; mais ils refusèrent de se sauver par cette voie; ils

[1] Mémoires inédits du conventionnel Baudot.

ne se lassèrent pas de menacer le seul homme qui eût pu ou voulu les défendre. « Votre Danton! » s'écrie Guadet. Danton répond : « Ah! tu m'accuses, moi! Tu ne connais pas ma force. » Lui seul retenait encore les colères amassées contre eux, et ils essayent de le déshonorer par les accusations de Lasource. La réponse de Danton fut le grondement du lion dans son antre. Avec lui se hérisse le Paris de la Révolution. Il se sent déchaîné, libre dans sa fureur. Celui qui le tenait en laisse vient de lui donner carrière.

Ce jour-là, les Girondins détruisirent de leurs mains le rempart qui les protégeait contre la foule. Chaque parti commet à un certain jour une faute impardonnable qui entraîne et explique sa chute.

IX

LA CENTRALISATION DANS LA RÉVOLUTION

Ce n'étaient pas seulement, comme dans d'autres histoires, le patricien et le plébéien, la bourgeoisie et le peuple, le riche et le pauvre, qui étaient en présence. C'étaient deux esprits sortis d'origines absolument différentes ; je voudrais les caractériser ici, avant d'arriver à la catastrophe.

Le fond des Girondins était de ne plus vouloir de maître à aucun prix.

L'âme des Jacobins était, ce semble, moins haute. Beaucoup d'entre eux eussent consenti à se refaire un maître, pourvu qu'il s'appelât dictateur.

Tout était nouveau chez les premiers, le moyen et le but. Car ils voulaient arriver à la liberté par la liberté ; ils rejetaient tout l'héritage de la France ancienne.

Il n'y avait de nouveau que le but chez les Jacobins. Quant au moyen, la contrainte et l'autorité, c'est ce que l'on avait toujours vu chez nous depuis des siècles.

Ainsi, ils se pliaient à l'ancienne tradition. Ils se

servaient du système politique de l'ancienne France pour la détruire, s'exposant par là à la refaire.

On comprend que le système jacobin pût renfermer l'ancien despotisme, le faire éclore de nouveau ; car ils étaient de même lignée, appartenaient au même *genre*, le pouvoir centralisé.

Par la loi que les naturalistes appellent *atavisme*, qui veut que le petit-fils rappelle la figure et le tempérament de son aïeul, la dictature jacobine pouvait ramener le tempérament de la monarchie pure, et les descendants de Robespierre retourner à Richelieu ou à César.

Cela n'était guère possible avec l'esprit de la Gironde. Entre son système et le despotisme, il n'y avait aucune parenté, aucune filiation naturelle ; ils se repoussaient l'un l'autre ; entre eux il y avait un hiatus.

En 1793, Napoléon était jacobin de l'école de Robespierre. Il n'eût pu être girondin sans se contredire d'avance et faire avorter, dans l'œuf, sa puissance absolue.

Suivez les effets de l'ancienne centralisation dans la Révolution française ; je crois comprendre que c'est le fil principal qui peut servir de guide dans ce sanglant labyrinthe. Quand on voit la centralisation non-seulement survivre à l'ancien régime, mais devenir le principal instrument des hommes nouveaux, il faut s'attendre à ce que cette arme des rois produise les résultats les plus extraordinaires dans les mains de la Révolution. C'est de là sans doute que lui vient en partie ce caractère qu'on ne trouve dans aucune autre ; j'entrevois qu'elle fera servir à propager l'esprit nouveau les armes forgées pour maintenir l'ancien. Le même ressort qui, dans les mains de la royauté, assurait partout l'obéissance, assurera partout la révolte.

La Révolution n'aura qu'à s'embarquer sur le fleuve qui fait tout dériver d'une seule source. Il portera la République en un instant aux extrémités de l'État, dans la moindre commune, comme il y portait la monarchie.

Ainsi, premier caractère : une facilité inouïe pour la rébellion, comme il y avait eu auparavant une facilité inouïe pour la servitude.

La prédominance absolue de Paris sur les provinces, qui a tant servi à armer la couronne, servira de même à la renverser.

Quand cette grande tête aura commandé, les membres dociles obéiront ; son commandement ira jusqu'au plus petit village. Quiconque tiendra cette tête dans ses mains conduira tout le reste. Mais aussi, malheur à qui la contrariera dans ses caprices, dans ses fureurs, ou seulement voudra la rabaisser d'un degré ! Celui-là se brisera contre le cours accumulé des siècles ; il aura à la fois contre lui et les forces de la monarchie et celles de la République.

Les Girondins en font la cruelle épreuve. Ils veulent décentraliser la France; par là ils eussent attaqué l'ancien régime à son foyer. Dans leur système éclate une réminiscence du gouvernement des pays d'États; ils croient que les provinces sont réellement émancipées, qu'ils pourront s'appuyer sur elles pour y trouver un terrain solide. Ils osent attaquer la domination absolue de la capitale; aussitôt toute leur force tombe, car celle qui leur vient des provinces est nulle. Ils apprennent trop tard que la Révolution et la France sont dans Paris.

Chose cruelle de voir les Girondins, se confiant à ce fantôme de liberté et de vie provinciale, harceler chaque jour, provoquer, menacer cette tête toute-puissante, et ne pas se douter que les membres ne sont rien! Le 31 mai approche; il sera la réponse de Paris ou de la Révolution centralisée à ces téméraires.

Odieux à Paris, que leur restera-t-il? Ceux d'entre eux qui échapperont s'en iront errant à travers les provinces, sans rencontrer nulle part cet état républicain qu'ils ont imaginé. Ils suivront un mirage dans un désert où tout les repousse. Abandonnées à elles seules, sans l'impulsion de Paris, les provinces n'avaient pas la force de se soutenir dans l'esprit nouveau ; elles retombaient de tout leur poids sous la monarchie. C'est ce que les Girondins purent voir dès qu'ils eurent rompu avec la capitale. Qu'ils aillent chercher la République dans la Normandie, ils y heurteront le royalisme avec Wimpfen. Qu'ils se tournent vers la Bretagne ou la Vendée, le royalisme les y a devancés. En appelleront-ils à Lyon ? là encore le royalisme leur répondra. Même mécompte à Toulon, à Marseille, dans le Midi. Nulle part un point solide, une barrière contre le passé. Il leur faudra revenir dans leur province natale, la Gironde. Loin d'y trouver la République désirée, ils ne pourront y trouver un refuge.

Ainsi, après avoir visité la France entière, ils se convaincront que la République s'était vraiment centralisée dans Paris, comme autrefois la monarchie, et qu'en se brouillant avec Paris ils se brouillaient avec la Révolution. Sans doute, c'est ce qui les jeta dans l'excès de désespoir qu'aucun parti n'a montré à ce degré. Il ne leur restait aucune issue, maudissant la domination de la capitale et trouvant les provinces impuissantes ou ennemies.

Les Jacobins firent absolument le contraire ; par où ils se rendirent quelque temps invincibles à la Révolution même. Elle parut tout dévorer, excepté eux.

Ils ne se trompèrent pas sur les points où était

la vraie force. A beaucoup d'égards, ils furent moins novateurs que les Girondins, puisqu'ils n'entreprirent pas de changer l'esprit de centralisation politique, génie de l'ancien régime. Mais ils s'en firent une arme; ayant pour eux la passion révolutionnaire et le cours ancien des choses né de la monarchie, comment ne l'eussent-ils pas emporté sur la Gironde? Leur système était plus simple; sans troubler tout ce qu'avait fait l'ancienne France, ils consentaient à en garder l'organisation et le tempérament, à savoir, une tête énorme et des membres débiles.

Tel était le tempérament des partis durant les premiers mois de 1793. L'événement qui va suivre est écrit dans le caractère de chacun d'eux. Ici se retrouve la règle invariable que j'ai déjà signalée dans notre histoire, toutes les fois qu'un parti puissant a voulu exterminer ses adversaires (Saint-Barthélemy, révocation de l'édit de Nantes, massacres du 2 septembre, etc.). Vers la fin de mai, le bruit se répand vaguement que ceux que l'on va détruire s'apprêtent en secret à détruire les autres, qu'il faut se hâter de s'en défaire, si l'on ne veut être leur victime. Qui sait jusqu'à quel point la peur réelle se mêla au calcul?

Il échappait aux Girondins de dire que l'herbe croîtrait dans les rues; ces prophéties oratoires étaient aussitôt retournées contre eux. Un jour, répondant à une députation, le plus inconsistant de tous, Isnard, s'écrie que l'on cherchera en vain Paris sur les bords de la Seine. Cette déclamation fut prise à la lettre. Il n'y avait plus qu'à en venir aux mains ; et comme les principaux Girondins s'étaient désignés à la vindicte publique par des paroles analogues, leur sort est décidé d'avance. Ils avaient voulu porter la vie dans toute la France, on les accuse d'avoir voulu la partager. La grande unité jacobine se soulève, avec le génie de notre ancienne histoire, contre ces audacieux ; les vrais novateurs politiques sont anéantis, au nom de la Révolution, par les Jacobins, qui se vengent et se perdent en même temps.

Une crainte imaginaire, une panique soulevée à dessein par les uns, éprouvée en réalité par les autres, prépara le soulèvement contre les Girondins, lequel, en écrasant tout un côté de l'Assemblée, inaugurera la Terreur, mettra l'Assemblée en tutelle, changera encore une fois le tempérament de la Révolution.

Le fort a peur du faible ; il l'anéantira. Mais dans cette extirpation du faible, combien l'autorité de la Convention est diminuée! La Révolution ne sera plus gouvernée par la tête. Décapitée, elle se cherchera son chef dans la Commune. Encore une fois, une immense consommation de forces, de colères, sans proportion avec le danger réel.

Arrêtons-nous un moment au point où nous sommes arrivés. Voilà une partie des maux que les Français ont endurés ou fait endurer pour s'assurer la vie publique à eux et à leur postérité. Nous ne sommes encore qu'au seuil de cette cité de Terreur, déjà apparaît l'une des différences essentielles entre les hommes de la Révolution et leurs descendants. Les premiers ne pouvaient croire à ce qu'ils possédaient ; les autres se vantent presque toujours de posséder ce qu'ils ont laissé périr. Il y avait chez les uns une fureur jalouse par laquelle ils s'accusaient réciproquement de détruire leur droit au moment où ils le pratiquaient. Chez les autres, la vanité croit conquérir ce qu'elle abandonne. Elle célèbre des victoires dont nous ne connaissons que les revers. Bientôt nous verrons les Français, après avoir perdu la liberté, se faire honneur de n'en garder aucun ressentiment, et l'oubli, cette première vertu de la servitude, passer pour la meilleure marque du bon goût.

LIVRE TREIZIÈME

GUERRE CIVILE

I

LE 31 MAI 1793

Jusqu'où peut aller l'aveuglement de parti quand on le porte dans l'histoire ! Nous nous refaisons à grand'peine, à la sueur de notre front, les passions des hommes de ce temps-là. Nous nous renfermons dans leur horizon, sans permettre que l'expérience qui a suivi nous éclaire d'un seul rayon ; et, du fond de ces ténèbres posthumes, nous admirons les principaux révolutionnaires de ce qu'ils se sont entre-tués les uns les autres.

S'ils pouvaient renaître, combien ils se verraient eux-mêmes avec d'autres yeux ! Qu'ils jugeraient différemment leurs actes ! Qu'ils apprendraient de choses en un jour, et combien le retour qu'ils feraient sur le passé serait instructif pour la postérité ! Et nous, qui sommes cette postérité, nous repoussons les dons de la vie, c'est-à-dire de l'expérience ; nous fermons les yeux au jour qui apporte son enseignement avec lui. Pour juger les morts, nous retournons à l'ignorance et aux ténèbres des morts, sans pouvoir obtenir leur paix.

Le 24 mai, la Commune, Pache en tête, se présente à la barre de la Convention : « — Pouvez-vous sauver la République, ou devons-nous nous en charger ? » — Le président Isnard répond. Mais les difficultés n'étaient plus de celles que la déclamation peut dénouer.

On revit, le 31, à l'Hôtel de Ville, contre l'Assemblée, ce qui s'était passé au 10 août contre la royauté. Même discipline, même invasion nocturne de l'Hôtel de Ville. Quatre-vingt-seize inconnus y pénètrent dans la nuit, sous les noms de commissaires des quarante-huit sections. Ils cassent le conseil général deux fois renouvelé depuis le 10 août et qui déjà n'est plus de son temps ; presque aussitôt, le trouvant obéissant, ils le rétablissent. Pache reprend le rôle de Pétion.

Cette révolution communale se fit avec une précision toute militaire. Chaque mouvement en avait été convenu d'avance. L'extrême passion se soumit à une règle d'un moment ; chacun consentit à obéir quelques heures pour se faire une longue domination absolue. Le tocsin de l'Hôtel de Ville, de Notre-Dame, fut d'abord le seul indice de bouleversement, car on n'avait pas réussi à tirer le canon d'alarme. Ainsi, cette révolution nouvelle, qui devait apporter tant de changements tragiques, se glisse dans les ténèbres. Quand le jour se leva le 31 mai, tout était consommé ; il ne restait plus à la Commune qu'à intimer ses ordres à la Convention.

Ce qui rendait, en général, les mouvements irrésistibles, c'est que la violence du peuple y était pour un moment soumise au calcul. Il y avait à la fois la préméditation d'un conseil secret et l'explosion de la colère publique. Coups d'état populaires, tels que n'en fournit aucune autre révolution ; médités dans la nuit, comme les piéges d'un usurpateur, exécutés le jour, par la main d'un peuple entier.

Le jour venu, tout Paris se trouva insurgé sans le savoir et sous les armes, les barrières fermées, n'attendant qu'un signal. Celles des sections qui d'abord avaient hésité, se ravisent ; elles envoient en toute hâte leur adhésion au plus fort.

Ce fut une bien autre fournaise qu'au 10 août : cent mille hommes amassés autour de l'Assemblée, et des réserves d'hommes à pique jusque dans le bois de Boulogne ; l'artillerie, mèche allumée, le tocsin, le canon d'alarme sur le Pont-Neuf, des convois de vivres préparés sur les places, distribués au peuple comme s'il s'agissait d'un siége en règle et d'affamer la Convention. Paris se fit, le

31 mai, une affaire personnelle de la querelle contre les Girondins. Aussi ne parut-il à aucune époque pareille unanimité. Ceux qui ne se déclaraient pas contre eux les accusaient au moins d'orgueil et de témérité. Se croyaient-ils donc capables de tenir tête à la capitale? Ils ne servaient qu'à compromettre les citoyens paisibles.

Pendant ce temps, que faisait la Convention? On avait vu auparavant un roi menacé dans son palais. Maintenant, c'est une Assemblée populaire assiégée par le peuple. D'abord, la majorité appartient incontestablement à ceux que la foule menace. Vergniaud fait décréter qu'Henriot, qui a tiré le canon d'alarme, sera mandé à la barre; tous jurent de mourir à leur poste. Danton veut que l'on sauve le peuple de sa propre furie, en lui abandonnant la commission des Douze. Aux cris des orateurs se mêlent les cris des tribunes et des sectionnaires qui imposent leurs pétitions à l'Assemblée. Des heures se passent pour donner ou ôter la parole, et l'on n'entend qu'une clameur formée de la clameur de tous. Dans ce chaos, la voix de Vergniaud perce encore une fois : il a recours à un stratagème désespéré; pour faire pencher les sections de son côté, il proclame qu'elles ont bien mérité de la patrie. Ruse impuissante de l'éloquence aux abois! Une voix répond; c'est celle du procureur général syndic Lhuillier. Le silence se fait ; c'est pour entendre la demande de mise en accusation de Vergniaud, Brissot, Guadet, Gensonné, Buzot, Barbaroux, Roland, Lebrun, Clavières. Les bancs de l'Assemblée sont envahis par la foule, qui ordonne aux représentants de délibérer. Vergniaud propose d'aller se placer sous la protection des baïonnettes sur la place publique. Il sort, suivi de quelques Girondins. Mais la place publique est aussi hostile que le palais ; il rentre presque aussitôt, le désespoir dans le cœur.

Alors, la grande autorité, Robespierre, se lève. Il promène la menace sur ses adversaires, déjà investis de tous côtés. — « Concluez donc, s'écrie Vergniaud. — Oui, je vais conclure, et contre vous. »

Cette froide parole a la puissance de ramener une sorte de calme. Aussi bien, le courage de l'Assemblée était à bout ; pour première concession à la menace, elle supprime la commission des Douze. Depuis six heures du matin jusqu'à neuf heures et demie du soir, toutes les fureurs avaient été déchaînées. Un immense accablement suivit. C'est sans doute pour ne pas donner de prise dans les ténèbres, qu'il n'y eut pas de séance de nuit. Le palais redevient désert. A peine quelques sentinelles çà et là ; le peuple et l'Assemblée se dispersent pleins de haines, que l'on se promet d'assouvir le lendemain. Madame Roland, seule,

vient frapper à la porte de la Convention absente!
Elle vient demander la mise en liberté de Roland,
réveiller les courages éteints, essayer l'éloquence
d'une femme au milieu de la panique. Il est trop
tard de quelques moments ; les murs seuls l'entendraient. Au milieu de la ville muette, elle rentre
chez elle. Des agents, membres du comité insurrecteur, frappent à sa porte. Ils l'arrêtent. Pauvre
Gironde! Celle qui en était l'âme est déjà entraînée
prisonnière à l'Abbaye, sous les barreaux de cette
même chambre qui sera celle de Brissot et de
Charlotte Corday.

Le second jour (1ᵉʳ juin) n'eut rien de décisif.
L'Assemblée crut éloigner le danger, au moins de
quelques heures, en évitant de se réunir officiellement avant le soir. D'autre part, Barrère, au nom
du Comité de salut public, fait une proclamation
qui atténue la portée de l'insurrection de la veille.
On espérait endormir le peuple par des louanges;
peut-être y eût-on réussi comme à l'ordinaire, si
ses chefs eussent omis de le réveiller. Mais ils ne
négligèrent rien pour empêcher sa colère de se
refroidir. Le tocsin recommence à sonner; la
Commune envoie son orateur, Hassenfratz, faire à
l'Assemblée une nouvelle sommation de livrer les
membres désignés par la haine publique.

Encore une fois, la Convention ne put se décider
à obéir ; elle décrète que l'affaire sera renvoyée à

trois jours ; décret qui ressemblait à une prière. Ces trois jours ne devaient pas lui être accordés. Ils paraissaient autant de siècles à la Commune insurgée, suspendue entre le crime et la légalité, tant qu'elle n'avait pas obtenu ses impérieuses requêtes.

Le 2 juin arrive, la Commune décide d'en finir. Dans toute la Révolution, il n'y eut guère de plus grand courage que celui de Lanjuinais, dénonçant et accusant du haut de la tribune asservie la Commune victorieuse et toute-puissante. Le boucher Legendre se jette sur lui et veut traquer ce taureau ; puis vient le coup d'assommoir de la foule contre les Girondins, la sommation suprême : « Sauvez le peuple, ou nous vous déclarons qu'il va se sauver lui-même. »

A ce moment, se montrent pour la première fois ceux que l'on devait appeler la *Plaine*. Comme dans tous les périls, ils se rangent du côté de la force. Seulement, à cette première défection éclatante, ils glorifient leur peur par un sophisme. C'est pour sauver leurs collègues qu'ils proposent de les arrêter provisoirement. Barrère et le Comité de salut public saisissent aux cheveux cette occasion, heureux de livrer leurs amis, sous prétexte de les protéger.

Comment ne pas accepter cette honorable transaction qui assure le salut de tous ? Il suffit que les Girondins consentent à se suspendre de leurs pouvoirs, à se désarmer de leur autorité devant la volonté de la foule. Qui pourra se refuser à une demande aussi modérée?

Déjà, le plus violent, le plus déclamateur, Isnard, entrait, tête baissée, dans ce compromis ; il obtenait le pardon de ses philippiques en se démettant. Mais un grand courage mit fin à ces condescendances. Ce fut encore Lanjuinais. En face d'une foule déchaînée, il ose se lever et dire : « J'ai, je crois, jusqu'ici montré quelque courage. N'attendez donc de moi ni démission, ni suspension. »

Dans une révolution, les hommes qui, portés par le flot, osent tenter des entreprises hardies, ne sont pas rares ; mais ceux qui, isolés avec ce qu'ils appellent le droit, osent tenir tête à la multitude, ont un génie plus fier. Seulement, comme ils n'ont pas le nombre avec eux, la gloire retentissante leur est refusée.

Au moment où elle allait se soumettre, la Convention, sur le conseil de Barrère, dont elle avait pris le tempérament, veut prouver qu'elle est libre. Elle descend en corps vers le Carrousel et se mêle, comme Louis XVI dans sa dernière revue, aux troupes qui la gardaient et la menaçaient tout ensemble.

Elle essaye de sortir du côté des cours : Henriot

à cheval lui ferme le passage ; il tourne contre elle les gueules de ses canons. Les représentants avaient la tête nue, le président Hérault de Séchelles seul était couvert. Repoussés malgré cette apparence suppliante, ils se présentent au jardin et réussissent à y entrer. Marat les suit de loin ; il les couvre d'invectives ; il somme « ces lâches de rentrer. » La Convention obéit.

Satisfaite de cette démonstration, affichant de se sentir libre au moment où elle se fait esclave, cachant ses peurs sous ses acclamations, confondant les menaces et les *vivats*, elle se hâte, à grands pas, vers la salle, pour y délibérer sous les épées et les fusils qui remplissent les tribunes.

Couthon lui vante l'indépendance dont elle jouit ; il l'engage à en profiter sur-le-champ, pour *déférer enfin aux vœux* d'un peuple respectueux. L'Assemblée, harassée, épuisée, décrète brusquement qu'elle met en état d'arrestation chez eux, sous la sauvegarde du peuple français, ceux que la haine lui a dénoncés. C'étaient vingt Girondins, dix membres de la commission des Douze, les ministres Clavières et Lebrun, c'est-à-dire tous ceux qui, le matin, étaient les hommes de son choix, les représentants de son esprit.

Les Girondins, qui se voyaient proscrits d'avance, s'étaient réunis à l'écart ; ils se concertaient en secret. D'autres, tels que Lanjuinais, Barbaroux, Gorsas, étaient venus affronter leurs ennemis. Louvet, Rabaud Saint-Etienne erraient çà et là, se répétant tout bas les mots funèbres: *Illa suprema dies!* Nous savons comment, en des circonstances de ce genre, poursuivis comme des bêtes fauves à travers une ville immense, il est difficile de se rejoindre, de se rencontrer, d'aviser en commun à une résolution désespérée. On se cherche sans se trouver; si quelques-uns réussissent à s'entendre, il est trop tard, on a déjà le couteau sous la gorge. C'est aussi ce qu'éprouvèrent les Girondins. Plusieurs, retenus par la crainte, ne furent aperçus nulle part. D'autres, que l'on nommait le Marais, se sentirent pour toujours vaincus par l'excès du péril. Ils se vouèrent désormais, pour le reste de leur vie, au culte de la force quelle qu'elle fût; et cette démission morale, ils devaient l'appeler un peu plus tard habileté ou fatalité. De ce jour-là, ils renoncent à parler. Se taire, s'enfuir au pied de la Montagne, devenir un instrument invisible entre les mains du vainqueur, un vote aveugle, ce fut leur suprême ambition. « Qu'avez-vous fait depuis ce temps? — J'ai vécu. » Cette réponse de Sieyès est celle de tout le Marais. La plupart s'apprêtent à sanctionner tout ce qui leur sera proposé, à la seule condition qu'on leur laisse la vie.

La plus grande puissance de changement chez les hommes est la peur ; elle est bien autrement forte que la haine, qui lui cède toujours. Quand elle a pénétré dans le cœur, elle y reste maîtresse, parce que les jours, les années, ne la vieillissent pas ; parce qu'elle est toujours nouvelle ; parce que le moindre incident, la moindre ombre la restaure, la réveille, lui rend sa première vigueur. C'est sans doute à cause de cette puissance infinie de renouvellement, que les anciens en faisaient une déesse. J'ai vu des hommes actifs, entreprenants, changés par elle en un clin d'œil, devenir, à son exemple, muets le reste de leurs jours jusqu'au tombeau.

Et qu'est-ce, lorsqu'au lieu d'un individu, c'est une génération entière, ou seulement une majorité d'Assemblée qui en est frappée ? On l'a vu le 31 mai 1793. La majorité de la Convention se soumit à la minorité, sauf à l'écraser dès que l'occasion commode s'en présenterait.

Combien, en effet, cette même puissance, la peur, est fantasque ! Malheur à qui se fie à l'amitié de cette déesse livide ! Comme elle aime à changer d'objet, de lieu, de parti, de bourreau, d'échafaud et de victimes ! Nulle faction ne peut se l'approprier. Son plaisir est de passer de l'un à l'autre, de tuer l'un par l'autre. Le 31 mai s'appuie sur elle. Fondements chimériques, puisque les vainqueurs sont certains d'être livrés sitôt que la force, ou la fortune, ou le peuple, ou la crainte fera mine de les abandonner.

Qui peut dire la mobilité, l'inconstance de ces grandes assemblées ? Souvent ceux qui y font le moins de bruit y décident, à l'improviste, de la destinée de tous. On s'accoutume à les prendre pour des choses, parce qu'ils sont comme elles dociles et muets. Mais le moment vient où ces choses redeviennent des hommes ; alors le calcul des plus habiles est aussitôt détruit. Les Girondins étaient maîtres absolus de l'Assemblée le 2 juin, au matin ; ils sont proscrits par elle avant le soir. Cette inconstance de la Convention n'instruira en rien les vainqueurs ; ils l'éprouveront à leur tour, sans que leur expérience profite à leurs descendants. Les rois et les princes seuls profiteront de ces leçons.

La veille du 31 mai, dans les conciliabules de la Commune, on avait revu chez quelques-uns la pensée des massacres de septembre. Ils proposaient de les recommencer. Le maire Pache et la Commune repoussèrent ces barbaries, qui s'appuyaient de l'exemple de la Saint-Barthélemy. Le tocsin de Charles IX résonnait encore aux oreilles des modernes ligueurs. « A minuit, s'écrie l'un d'eux, Coligny était à la cour ; à une heure, il avait cessé d'exister. » Par quelle aberration en venait-on à confondre le chef des hérétiques et les chefs des Girondins ? Sans doute, la haine allait chercher des encouragements dans le passé même que l'on détestait le plus.

Dans ces journées, l'autorité de Marat fut souveraine ; il éclipsa tout le monde. Les Jacobins les plus altiers sont à sa suite. Quand la Convention, intimidée, décrète les listes de proscription, c'est Marat qui les refait à son gré. Il use envers Ducos, Dussaulx et Lanthenas de la clémence d'Auguste ; il efface leurs noms de sa propre autorité royale, tout en insultant ceux qu'il protége. Mais, pour trois noms qu'il retranche, il en propose deux autres : Fermont et Valazé. Il sonne le tocsin de ces journées, et c'est lui aussi qui les expiera le premier. Déjà, dans la foule fascinée qui le suit, Charlotte Corday n'aperçoit de loin que Marat.

Des Girondins, mis en arrestation dans leurs domiciles, auraient pu s'échapper dans l'incertitude des premiers jours. Ils refusèrent de le tenter. Madame Roland en donne pour elle-même une raison qui s'applique à ses amis : ils croyaient que la vue de leur oppression soulèverait la conscience publique, et qu'ils serviraient mieux leur cause prisonniers que libres. Erreur que nous avons tous partagée, prisonniers, proscrits de tous les partis. Nous avons tous cru, à certains moments, que plus nous serions opprimés, plus cela exciterait l'indignation de la France. Nous nous sommes tous trompés ; la France ne s'indigne presque jamais contre le plus fort, de quelque prix qu'il faille payer la victoire. Nous ressemblons encore à nos ancêtres, qui se mirent à adorer César depuis qu'il leur eut coupé le poing droit. Quand on vit les Girondins désarmés, enfermés sous la garde de gendarmes, beaucoup de leurs plus zélés partisans commencèrent à les croire coupables de quelque crime inconnu.

II

EFFET DE LA CHUTE DES GIRONDINS

On avait vu à Rome les assemblées, les curies, les comices, le sénat, envahis par des bandes armées, délibérer sous les piques. Cette irruption de la force avait marqué les derniers jours des constitutions libres. La République française commence le 31 mai comme avait fini la République romaine, que l'on croyait imiter. Cette journée était-elle inévitable? Ce que je puis affirmer, après une expérience de quatre-vingts années, c'est que par ce chemin on va à l'esclavage.

Quand la Convention se réunit de nouveau, tout parut changé en elle. Il y eut encore quelques murmures dans le côté droit, au moment où il s'agit d'achever les proscrits; mais ces murmures, rares déjà, facilement couverts, cessèrent bientôt. On entre dans les régions du silence et de la mort; ils deviennent les deux gardiens de la félicité publique.

A peine investis de l'autorité, il est inconcevable avec quelle facilité les vainqueurs prirent et firent adopter le langage usité par tous ceux qui ont exercé chez nous le pouvoir absolu. « S'occuper des affaires » fut le prétexte pour repousser la plainte de ceux qu'on accablait. Valait-il donc la peine de songer à des individus ? Il ne fallait plus avoir des yeux et des oreilles que pour « l'intérêt général. » Comme si, dans cet intérêt, celui des personnes ne devait être compté pour rien !

Saint-Just entre véritablement en scène dans son rapport contre les Girondins. Il y avait entre eux et lui une haine de race, la guerre éternelle d'Athènes et de Sparte. Après les grands discours de la Constituante et des Girondins, quand vous rencontrez pour la première fois Saint-Just, il provoque la stupeur. Vous sentez un caractère de bronze, une volonté déjà toute forgée, avec une pensée souvent encore informe, qui se cherche pour s'imposer. Cet embryon d'idées déjà despotique, qui se donne pour un système immuable, souverain, ce balbutiement d'une bouche d'airain, cette adolescence qui se prolonge quand l'inquisiteur est déjà achevé et complet, forme comme la figure de la Terreur à ses commencements. Après tant d'alarmes, on porta aux nues sa modération, quand on vit qu'il qualifiait de traîtres ceux qui étaient en fuite, mais qu'il tenait les prisonniers seulement pour accusés. On ne savait pas encore combien les temps avaient mis peu de différences entre les uns et les autres. Une parole de Saint-Just éclaira soudainement les ténèbres dont il s'enveloppait : « Un individu ne doit être ni vertueux ni célèbre devant vous. Un peuple libre et une Assemblée nationale ne sont point faits pour admirer personne. La Révolution avait créé un patriciat de renommée. » Aucun de ceux qui écoutaient n'osa demander dans quelle région nouvelle on entrait, si ce qu'il fallait châtier, c'était la renommée, l'admiration, la vertu. Mais beaucoup, depuis ce temps-là, se vouèrent à l'éternel silence. Prodige d'épouvante! la tête de Méduse avait parlé.

Dans les séances qui suivirent, la Convention, décimée, muette, prit tout à coup un air de fête. Des femmes du peuple vinrent couvrir de fleurs les députés immobiles à leurs bancs. Des chanteurs, des musiciens, firent retentir les voûtes de couplets et de fanfares. Mais ces fanfares déguisèrent mal la tragédie qui venait de se jouer. Sous ces roses perçait trop visiblement la peur.

Le 24 juin, on se souvint de madame Roland Elle avait été mise en liberté le matin, par un scrupule de légalité. En vertu d'un autre scrupule, elle fut arrêtée de nouveau le soir, tant on avait la piété de la loi !

III

QUE LE PARTI GIRONDIN ÉTAIT UN ORGANE NÉCESSAIRE DE LA RÉPUBLIQUE

Après le 31 mai, on est replongé dans l'ancien tempérament politique de la France. Plus de tribune, plus de presse, le silence partout, excepté au tribunal révolutionnaire ; la Convention avait peine à se reconnaître. Plus de discussion sur aucun sujet, le côté droit dispersé, les Montagnards eux-mêmes frappés de stupeur. Ils avouaient qu'un pouvoir invisible arrêtait la parole sur leurs lèvres. Les vainqueurs semblaient aussi consternés que les vaincus.

Cette grande assemblée, réduite à un simulacre d'elle-même, subordonnée à la Commune, aux clubs, se prépara à obéir avec autant de violence qu'elle en avait mis à commander. Quelle souveraineté que celle qui consistait pour la majorité à craindre, à trembler, à se taire, à paraître ordonner ce qu'on redoutait le plus ! Maîtresse et esclave, hardie à accepter toutes les fantaisies d'abord de la foule, puis bientôt de quelques-uns, enfin d'un seul, elle abdique dans le Comité de salut public ;

mais c'est aux Jacobins que se préparent les décrets. La Convention les votait silencieusement, paraissant subir la loi plutôt que la dicter. Le peuple, qui a le sentiment vif de la force, comprit bien vite qu'elle avait passé tout entière à la Commune. C'est vers celle-ci qu'il se tourne aussitôt, la caressant ou la menaçant, suivant l'occasion, et laissant la Convention dans une solitude qui imitait le respect. Nul n'avait plus besoin de l'effrayer ou de la flatter, étant sûr désormais de son obéissance.

Ainsi, au 31 mai, il fut décidé que la régénération de la France ne se ferait pas par cette chose nouvelle, la liberté, mais bien par la méthode de l'ancien régime, la tyrannie. En reprenant les instruments du passé, on courait risque d'être ramené, sous d'autres formes politiques, à ce passé lui-même. Là était le péril, non moins grand que dans le soulèvement des provinces et dans l'invasion des frontières.

La liberté avait produit des orages dans la République naissante. En cette occasion, les Français firent ce qu'ils ont fait dans toutes les circonstances, sous tous les régimes. Ils extirpèrent ou laissèrent extirper la liberté, frappés de ses inconvénients plus que de ses avantages. Ils n'avaient pu la supporter dans son premier essor, et l'avaient étouffée, croyant aisé de la rétablir, sitôt qu'ils le voudraient. Ils se disaient que le jour où ils auraient de nouveau besoin d'elle, chassée, étouffée, proscrite, on la verrait sourire à leur premier appel.

Abolir la liberté, sous le prétexte qu'on l'établira plus tard, est le lieu commun de toute l'histoire de France. Ce fut aussi celui de la Révolution ; et il est certain qu'on s'épargnait une grande difficulté. Mais les temps ont prouvé que c'était ajourner la Révolution elle-même. Il nous appartient de le dire, cette voie était mauvaise, elle a préparé la servitude. La liberté, écrasée avec tant de fureur, ne devait plus reparaître que mutilée pour s'évanouir encore. Tel fut le principal, le plus incontestable résultat du 31 mai.

Le second fut de déchirer la France. Une partie des provinces cessèrent de voir dans la Convention décimée l'autorité suprême. Elles refusèrent de respecter l'assemblée qui n'avait pas su se respecter, et qui s'était livrée. D'où les révoltes du Calvados, de Lyon, de Marseille, de Bordeaux, de Toulon, la moitié du territoire soulevée contre l'autre. Pour ramener les provinces sous le joug, il fallut des forces immenses. On dompta, il est vrai, la révolte ; mais, dans cet effort prodigieux, la Révolution usa la Révolution.

Autre effet qui troubla les intelligences. Quand les Girondins furent mis sous le couteau, ils osèrent se défendre ; ils appelèrent aux armes le parti qui les soutenait. De ce qu'ils défendaient leur vie, on conclut qu'ils avaient conspiré de tout temps. On rechercha leurs origines ; dans chacune d'elles, on crut retrouver la révolte. Il n'y eut plus, dans le passé, un seul moment qui fût tenu pour innocent. Chacun se crut environné d'une conjuration perpétuelle au milieu de toute une nation de suspects.

Ce fut bien pis encore après la mort des Girondins. Les Jacobins avaient cru qu'elle marquerait la fin de tous les maux, qu'elle *assurerait le bonheur du peuple ;* car il n'avait jamais été tant question de bonheur que depuis qu'on touchait au désespoir. Lorsque les Jacobins s'aperçurent que la félicité s'éloignait toujours plus, que les remèdes n'apportaient que des maux plus violents, nul d'entre eux ne se dit que le remède faisait peut-être le mal. Au contraire, on s'obstina, on s'endurcit dans la même voie, marchant aveuglément, les yeux fermés, à grands pas, vers ce moment où, délivrés de Louis XVI, des Royalistes, des Feuillants, des Constitutionnels, des Fayettistes, des Girondins, on aspira à se délivrer de tout ce qui restait. Le système étant faux, l'obstacle se trouvait dans chaque homme et dans chaque chose.

En effet, les Girondins étaient un organe nécessaire de la République ; ils représentaient des choses, des idées, des intérêts sans lesquels une république, même jacobine, ne pouvait vivre. Quand on eut extirpé cet organe, on crut avoir obtenu la paix. Cette paix se trouva être la mort.

Le vide de la conception jacobine se montra alors dans tout son jour. Robespierre, Saint-Just, les Jacobins, voulaient une République dans laquelle il ne devait y avoir aucun parti, aucun dissentiment, aucune nuance ; toute dissidence étant à leurs yeux un crime qu'il fallait punir de mort. Cette conception est l'impossibilité même. Dans toute République, il y a au moins deux pôles, deux partis, puisque c'est de leur différence que se compose la vie publique. Les Girondins étaient un des côtés nécessaires de la République dont les Jacobins formaient l'autre.

Quand les premiers eurent été détruits, la vie publique chercha à continuer ; elle produisit des différences au moins de tempérament que l'on s'obstina à extirper. Par cette intolérance, la société jacobine fut conduite à s'anéantir elle-même, cherchant partout ce monstre, qui ne s'est vu et ne se verra nulle part, d'un État libre qui ne contienne aucune divergence d'opinion ou d'instinct. Représentez-vous une sphère dans laquelle un des pôles détruirait le pôle opposé à mesure qu'il se reformerait, voilà à quelle impossibilité radicale aspiraient les Jacobins. Leur idée étant fausse, ils auraient consumé l'univers entier sans la réaliser.

Mal orientée, la Révolution se crée d'immenses obstacles. Pour les vaincre, elle montre une immense énergie. Mais dans ce combat contre elle-même, elle dépense tant de forces qu'elle s'épuise en peu d'années.

Robespierre et les autres chefs jacobins prennent presque toujours leurs passions pour la raison d'État.

Pour montrer que les Girondins avaient été le seul obstacle à tous les désirs, on se hâta de faire la constitution en quelques jours. Elle était attendue comme la terre promise. Qui empêcha qu'on ne saisît cette félicité ? Le même sophisme qui l'avait empêchée de naître dans l'ancien régime. Les Jacobins supprimaient en fait la liberté, ils la couronnaient en théorie ; jeu cruel qui rendait la loi méprisable, puisqu'elle était donnée et retirée au même moment, et qu'il n'en restait qu'un mot, dont on allait faire un crime.

Publiée en pleine Terreur, et voilée aussitôt, la constitution de 1793 ne fit que perpétuer la contradiction qui s'était toujours vue en France entre les théories et les actions ; la liberté de Salente dans les maximes des écrivains, le despotisme dans la réalité et dans les mœurs. Depuis, Télémaque la

France n a jamais manqué de droits imaginaires, inscrits par les philosophes ou les romanciers au frontispice de leurs ouvrages ; ce qui ne servit qu'à rendre plus flagrant l'absolutisme de la vieille monarchie, ou peut-être à le faire tolérer par la liberté autorisée dans les rêves. Telle est la contradiction qu'il s'agissait de faire cesser en mettant enfin d'accord les principes et la vie. Mais, loin de là, en 1793, l'ancienne contradiction fut portée au comble. Non-seulement la liberté jacobine resta encore une fois une utopie, mais elle n'aboutit qu'à créer un crime et des accusés nouveaux. Le plus grand forfait auprès des auteurs de la constitution de 1793 sera d'en réclamer l'exécution. Demander que la loi qu'ils avaient faite fût appliquée, c'était, à leur sens, mériter pis que la mort.

Qu'est-ce qui rendait impraticable la constitution de 1793 ? Ce ne sont pas les vues sociales, mais les vues politiques. Ce n'est pas Morelly ou Mably, c'est Rousseau. Quand il fallait, pour chaque loi, assembler toute la nation française en de perpétuels champs de mai, il est évident que l'on ordonnait l'impossible. La fausse vue du *Contrat social*, que le peuple ne peut être représenté, se prenait à la lettre. Paradoxe dans un livre, calamité dans un peuple. Les circonstances, disait-on, exigeaient qu'on voilât la constitution. Ces circonstances eussent duré autant que la nation même.

IV

CHARLOTTE CORDAY.
QUE LA POÉSIE N'EST PAS TOUJOURS UNE FICTION

Pendant qu'une partie des Girondins fuyaient vers le Calvados, une jeune fille, noble d'origine, mademoiselle d'Armont, les attendait à Caen. On l'appelait plus familièrement Marie ou Charlotte Corday. Arrière-petite-nièce du grand Corneille, elle semblait une des créations du poëte réalisée par la Révolution. De grands yeux voilés, le nez aquilin, le front large et bombé, un teint éblouissant, la voix harmonieuse, enchanteresse, enfantine, le regard angélique, la taille haute, la tête un peu penchée en avant, voilà comment la dépeignent ceux qui vivaient alors dans son intimité. Sa beauté les ravissait.

Ordinairement silencieuse, elle sortait de ses rêveries par des éclats soudains de gaieté, déconcertant ceux qui auraient voulu pénétrer plus avant dans son âme. La grâce, l'enjouement qu'elle mêlait à toutes choses, arrêtaient les indiscrets. D'ailleurs, elle s'ignorait elle-même; son caractère n'avait eu qu'une seule occasion de se montrer. A un dîner de famille où l'on portait la santé du roi, pendant que tous se tenaient debout, on avait vu avec stupeur la belle Charlotte rester assise, immobile, la tête baissée, refusant de mêler ses vœux à ceux de sa famille. « Vous êtes donc républicaine ? » lui dit une de ses amies. — « Oui, si les Français étaient dignes de la République. » Cependant, quand elle apprit le supplice du roi, elle désespéra et ne vit plus la République que dans les nues, par delà le réel.

Son père, M. d'Armont, gentilhomme, n'avait aucune de ses opinions. Ses deux frères étaient émigrés et elle vivait chez une parente, madame de Breteville, que la peur seule empêchait de se dire royaliste. En réalité, la vraie vie de Marie ou Charlotte Corday se passe dans la compagnie des héroïnes de son aïeul. A force de communiquer avec ces âmes altières, elle a fini par retrouver en elles sa véritable famille par le cœur et par le sang. Elle-même se dit la fille d'Émilie et de Cinna. A ce fond romain, ajoutez les flammes soudaines de la Révolution française. Aux Horaces, mêlez les Girondins ; à Camille, madame Roland ; à Cinna, à Maxime, à Sertorius, Barbaroux, Buzot, Guadet ; au passage du Rubicon, joignez le 31 mai. Que ce qui était invention, fiction chez l'aïeul devienne vie, réalité chez la petite nièce ; que la poésie du chef de la famille passe dans le sang et dans les veines de Charlotte et y devienne foi, devoir, religion, fanatisme ; voyez ce qui va arriver.

Nous croyons trop facilement que la poésie est toujours un mensonge. Quelquefois elle se réalise. La foudre ne se contente pas toujours de gronder dans la nue, elle se précipite sur la terre, et le monde en reste stupéfait.

Pendant quelques jours, Charlotte Corday n'a pas été vue à Caen, ni à l'hôtel de l'Intendance. Comment s'en étonner ? Un petit service à rendre à une amie, mademoiselle de Forbin, l'appelle à Paris : car, au milieu des grandes pensées qui l'occupent, le soin d'obliger une amie tient encore chez elle une large place. Elle verra le ministre, elle obtiendra la petite rente due à mademoiselle de Forbin ; puis, satisfaite d'avoir accompli ce léger devoir, elle reviendra à Caen, à moins pourtant qu'elle ne passe en Angleterre. Voilà ce qu'elle a confié à Barbaroux ; et, sur cela, elle traverse une partie de la France au fond d'une diligence. Un de ses compagnons inconnus (c'étaient des Montagnards) s'éprend de sa beauté et lui offre, dit-elle, son cœur et sa main. Elle en rit et s'endort. Tel est le commencement de la tragédie. Paix, douceur, sérénité, enjouement ; avouons que ce ton manque à son aïeul, même à l'époque du Cid. La Chimène du premier acte ne vaut pas Charlotte, et garde moins bien son secret.

Charlotte est dans Paris, le 11 juillet, logée dans une petite chambre, hôtel de la Providence, rue des Vieux-Augustins, au quartier des affaires. Nulle curiosité, nul empressement intempestif. Déjà il est cinq heures du soir. Seulement une question indifférente au domestique qui la sert. « Que pense-t-on ici du petit Marat ? — Adoré des patriotes, exécré des aristocrates. » Mais qu'importe cette réponse ? Propos insignifiants tels qu'en échangent tous les voyageurs. C'est l'heure de se coucher et de dormir de ce bon sommeil de jeune fille, tranquille, uniforme, qu'aucune pensée ne trouble, à moins que ce ne soit une pensée d'amour. Dieu merci, jamais pensée de ce genre n'a approché du cœur de Charlotte. Si jamais son cœur brûle, ce ne sera pas d'une flamme vulgaire, terrestre ; et pourquoi devancer le temps ? Tout est calme, harmonieux chez elle. Mais ses rêves ? Peut-être une vision de Judith, plus sûrement de Porcie et de Cinna. D'ailleurs ils n'appartiennent pas à l'histoire. Respectons au moins les songes des vierges.

Le lendemain, il faut en finir avec cette grande affaire de mademoiselle de Forbin. Charlotte Corday fait visite au député Duperret. Il est à table avec des amis ; car, en ces temps terribles, on trouvait encore l'heure d'avoir des convives et de s'égayer dans des festins. Duperret offre à Charlotte de s'asseoir au banquet et de se réjouir avec ses amis et ses filles ; elle ne le peut en ce moment ; elle a quelque chose de particulier à dire au citoyen député.

Duperret la suit ; elle lui demande de l'accompagner chez le ministre de l'intérieur. Duperret le ferait volontiers à l'heure même. Mais ses convives, cette fête domestique, il ne peut en vérité s'en éloigner en ce moment. A demain les affaires ! « Quelle plaisante aventure ! » s'écrie-t-il en revoyant ses amis et en reprenant sa place à table. Il ne serait pas étonné que cette femme fût « une intrigante », selon le mot du temps. Du moins elle lui a paru extraordinaire ; il saura bientôt à quoi s'en tenir. Maintenant, que les verres se remplissent et qu'on laisse là les soucis.

A l'heure convenue, Duperret se rend chez l'étrangère et « s'amuse, dit-il, un quart d'heure à causer des affaires publiques ; » puis il l'accompagne au ministère de l'intérieur. Étrange mécompte ! Les députés ne peuvent être reçus que le soir de huit à dix heures. Les rois de la Convention sont soumis, eux aussi, à des règles vétilleuses comme dans les temps ordinaires. Duperret ne connaissait pas cette étiquette. Il reviendrait volontiers ; par malheur, dans la journée les scellés ont été mis sur ses papiers. Il est suspect : ne serait-il pas un solliciteur dangereux ? Charlotte en convient ; elle conseille à Duperret de quitter Paris et d'aller rejoindre ses amis à Caen ; c'est là qu'est le salut. Que du moins il ne cherche pas à la voir prochainement ; elle suppose qu'elle aura quelque affaire, et sans doute il ne la trouverait pas. Duperret la quitte et ne sait encore que penser. Jamais il n'a rien vu qui ressemble à cette contenance, à cette voix, à ce regard. Figurez-vous un homme de nos temps qui, sans le savoir, vivrait tout un jour dans la compagnie d'une dame romaine évoquée du temps des Gracques.

Deux jours sont passés, le jeudi et le vendredi, vides, inutiles pour l'action. Ce sont de ces moments prolongés par les poëtes, où l'âme se recueille avant d'exécuter ce qu'elle a entrepris. Il est temps que l'action commence. Voilà la matinée du samedi 13 juillet déjà écoulée, et ce jour doit compter dans les tragédies humaines. Charlotte Corday se fait conduire au Palais-Royal. Elle entre chez un coutelier et achète un couteau qu'elle prend tel que le marchand le lui choisit. Qu'y a-t-il là d'étonnant ? Tous les jours ne voit-on pas des emplettes de ce genre ? Mais, en se retirant, elle a caché dans son sein le couteau avec la gaîne sous son fichu ; sur la place des Victoires, elle monte dans un fiacre en disant : « Rue des Cordeliers, n° 20. » C'est là que demeure le citoyen Marat. Grande maison, porte cochère, cour intérieure ; on ne se représente pas ainsi la demeure de l'Ami du peuple, que l'imagination va chercher dans un antre. Au reste, il ne peut vivre toujours dans les souterrains ; pour le moment il a une habitation, un toit, comme le reste des hommes. Qui le croirait? Marat a une antichambre et un salon ! et une salle de bain ! et même une amie, Simonne Évrard.

Charlotte tient à la main un éventail, elle frappe à la porte. Catherine Évrard lui ouvre. Quel contre-temps ! le citoyen Marat n'est pas visible. Une fièvre ardente le dévore, la fièvre de la Révolution. Une lèpre couvre son corps. Il lui en coûte de ne pas admettre en sa présence tous les sans-culottes qui se présentent. Mais quoi ! il agit pour eux sans avoir besoin d'écouter leurs plaintes. Il les devine. La santé du Père du peuple est à ce prix. La porte se referme.

Charlotte Corday revient chez elle et écrit à Marat. Il s'agit des Girondins, de leurs complots qu'elle connaît tous, puisqu'elle arrive de Caen. Elle veut révéler ce que l'on ne pourrait savoir sans elle. C'est sur ce mot de complot qu'elle compte, comme sur l'amorce à laquelle Marat ne pourra résister. Ce moyen, a-t-elle dit plus tard, était perfide. Oui, mais la morale antique l'approuve en des cas semblables ; Brutus n'a-t-il pas aussi caressé César, et Cinna, Auguste?

Sa lettre la précède, elle en écrit une seconde

plus pressante. Le soir, à sept heures et demie, elle se retrouve à cette même porte qu'elle n'a pu franchir le matin. Comme la chaleur était très-forte, elle n'avait pas oublié son éventail, qu'elle agitait en marchant. Le même refus lui est opposé, cette fois avec une voix haute et impatiente. Charlotte répond sur le même ton. Les voix de Catherine et de Simonne Évrard arrivent jusqu'aux oreilles de Marat, qui était au bain. Charlotte entre et s'assied auprès de la baignoire. Dix minutes se passent, le temps nécessaire pour donner les noms des Girondins réunis à Caen, que Marat écrit, en s'appuyant sur une petite planche, placée en travers de la baignoire. « Je les ferai tous guillotiner, » dit-il avec cette extase de férocité qui était devenue le trait le plus constant de sa physionomie. A ces mots, la jeune fille se lève, tire un long couteau, et le lui plonge dans la poitrine, jusqu'au manche ; le coup fut porté d'une main si sûre que l'un des doigts entra dans la plaie jusqu'au poumon. En recevant le coup, Marat put encore crier : « A moi, ma chère amie ! » Son sang sortait à gros bouillons ; sa face cuivrée retombe sur le bord de la baignoire.

Au cri de Marat étaient accourus les femmes Évrard et un ouvrier qui pliait des journaux dans le vestibule ; ils voient Marat, les yeux fixes, dont la langue s'agitait sans pouvoir proférer aucun son, et l'étrangère debout vers les rideaux, immobile. L'ouvrier la frappe à la tête avec une chaise, et la renverse. Simonne Évrard la foule aux pieds. Elle se relève de sang-froid, s'assied et paraît attendre sa mort et celle de Marat. Pendant qu'on emportait Marat et que la maison se remplissait de gens qui venaient le secourir ou le venger, elle reste impassible comme la vierge de Tauride après le sacrifice ; elle sentit la paix entrer dans son cœur, puis elle s'étonna de vivre encore. Des hommes courageux la défendent et l'entraînent vivante vers un fiacre qui prend le chemin de l'Abbaye. Dès les premiers pas les hurlements de la foule commencent ; Charlotte Corday s'attendait à être mise en pièces ; un témoin oculaire ajoute qu'elle le désirait. Ses yeux se fermèrent ; elle parut s'abandonner aux coups. Mais les officiers municipaux haranguèrent le peuple et obtinrent de lui qu'il ne ferait pas d'avance l'œuvre de l'échafaud. L'autorité qu'exerçaient les chefs du peuple la remplit d'admiration. Lorsqu'elle entra à l'Abbaye et qu'elle n'y fut accueillie par aucune injure, sa surprise fut portée au comble de se trouver vivante et de se voir protégée.

Bientôt les injures de Chabot et de Legendre, qui assistent à l'interrogatoire de nuit, changent cette impression. L'impudeur de Chabot, qui porta la main sur elle, lui fit horreur. Il lui annonce la guillotine ; elle lui répond par un *sourire de mépris* dont elle s'arme depuis ce moment jusqu'à son dernier souffle. Le capucin Chabot lui parut fou ; il l'était en effet, de peur. Il se sentait d'avance tué par ce regard et cette main de marbre ; il court porter sa panique dans la Convention. Il raconte qu'il a vu un être en dehors de la nature humaine, que ce spectre, *à la taille et au port superbe*, en veut à toute la Montagne. Legendre se croit déjà assassiné. Une atmosphère de crainte se répand autour de la vierge d'airain.

Les jours suivants, deux gendarmes restèrent constamment dans sa chambre, sans doute, disait-elle en riant, pour la préserver de l'ennui. Elle demanda que la nuit il en fût autrement, et ne put l'obtenir. Au reste, il n'y avait rien chez elle de la roideur cornélienne. L'enjouement de la jeune demoiselle de Caen succéda sans presque aucun intervalle, après le meurtre, aux scènes tragiques. Elle passait une partie de son temps à copier des chansons politiques de Valadé ; elle écrivait à Barbaroux en datant du second jour de la *préparation* de la paix. Bientôt elle s'occupera de son portrait et badinera avec le peintre ; elle demande grâce, en plaisantant, pour la légèreté de son caractère. Le sacrifice de sa vie était si entier qu'elle habitait d'avance dans les Champs-Élysées et jouait avec Brutus et quelques anciens ; « car les modernes, ajoutait-elle, ne me tentent pas ! Ils sont si vils ! »

On trouva sur elle une adresse aux Français. Que voulait-elle dire par ces mots : « Français, vous connaissez vos ennemis. Je vous ai montré le chemin. Levez-vous ! Marchez et frappez ! » Elle espérait qu'elle serait déchirée par les Maratistes, mais que sa tête, portée au haut d'une pique, soulèverait le vrai peuple contre les Montagnards, et servirait d'étendard contre eux. Elle se plaisait dans cette image de « sa tête portée dans Paris »; elle accoutumait d'avance ses yeux à soutenir cette dernière scène ; une vision si terrible n'ôta rien à sa grâce et à sa sérénité.

Le procès ne fut jugé que le 17 juillet. Il n'y avait pas alors l'impatience que l'on vit bientôt quand les supplices eurent allumé la soif des supplices. On interrogeait encore, et la mort ne devançait pas les réponses. L'âme de Corneille était sur les lèvres de Charlotte, sans qu'elle le sût.

Fouquier-Tinville lui demande qui l'a portée à tuer Marat.

— Que haïssiez-vous dans sa personne?

— Ses crimes.

— Croyez-vous avoir assassiné tous les Marats?

— Celui-là mort, les autres auront peur peut-être.

— Qu'entendez-vous par énergie?

— Mettre son intérêt particulier de côté et se sacrifier pour sauver la patrie.

— Qui vous a conseillée?

— On exécute mal ce qu'on n'a pas conçu soi-même!

— Pourquoi avez-vous tué Marat?

— J'ai tué un homme pour en sauver cent mille.

— Qu'avez-vous à répondre?

— Rien, sinon que j'ai réussi.

Mettez une rime à ces mots, vous avez un dialogue des Horaces. Elle aussi aurait pu ajouter :

> — A quoi bon me défendre?
> Vous savez l'action ; vous la venez d'entendre

L'auditoire frémissait d'une émotion que l'on n'avait pas vue encore au tribunal révolutionnaire. Quelqu'un dessinait le portrait de Charlotte Corday; elle se tourna du côté du peintre, avec le même calme que dans un jour ordinaire. Son défenseur, Chauveau-Lagarde, osa parler de cette « abnégation sublime »; aucune voix ne s'éleva contre lui. Elle le remercia, à la manière antique, en lui désignant ses dettes de prison, puisque ses biens venaient d'être confisqués.

Un peu avant le jugement, on lut sa longue lettre à Barbaroux, dans laquelle se mêlent, d'une manière si étrange, la plaisanterie d'une jeune fille et le stoïcisme d'un conspirateur antique. « Demain, à midi, j'aurai vécu, pour parler le langage romain. » Elle prend congé de son père, et se met sous la protection de Thomas Corneille :

Le crime fait la honte et non pas l'échafaud.

Le bourreau vint la chercher, qu'elle écrivait encore un billet à Pontécoulant. Elle pria d'attendre que sa lettre fût cachetée. Le bourreau tient la chemise rouge et des ciseaux. Elle prend les ciseaux, coupe une mèche de ses cheveux, la donne au peintre Hauer, qui achève le portrait. On voulut lui attacher les mains ; elle demanda de garder ses gants, ce qu'on lui refusa ; elle tendit alors ses mains nues, et reçut sur ses épaules le manteau rouge.

Quand Charlotte Corday parut sur le tombereau, si belle, si impassible, au milieu de la ville terrifiée, des bravos meurtriers l'accueillirent et l'accompagnèrent jusqu'à l'échafaud. La voiture marchait lentement. « Vous trouvez, lui dit le bourreau, que cela est bien long ? — Bah ! nous sommes toujours sûrs d'arriver. » Dans ce long trajet, on ne surprit sur son visage que ce même sourire qui avait glacé ses juges. C'était à la fois la joie du sacrifice et le mépris de tout ce qui l'entourait. Seulement, on ne sait si dans ce mépris elle comprenait le lointain avenir. Les exécuteurs s'approchèrent pour lui lier les pieds. Elle crut à un outrage, et fit résistance. Quand elle sut que cela aussi faisait partie du supplice, elle céda et s'excusa. Au dernier instant, le bourreau arracha le fichu qui lui couvrait la poitrine, elle rougit. Sa tête tomba. Le valet du bourreau la ramassa tout émue encore de pudeur virginale. Il la montra au peuple et la souffleta. Un long murmure s'éleva de la foule ; la nature osa se montrer un moment. Après la mort, la haine et la curiosité se prirent encore au cadavre ; elles ne purent découvrir que la vierge de Tauride.

Un jeune Allemand de Mayence, Adam Lux, qui l'avait vue passer sur la charrette, s'éprit subitement d'amour pour elle. Il osa publier l'éloge de Charlotte Corday, « plus grande que Brutus », et réussit par là à mourir de la même mort qu'elle. Ce n'est pas d'un amour romanesque que voulait être aimée Charlotte Corday. Elle n'était pas de la famille de Charlotte de Werther.

Et toi, grand Corneille, es-tu content de ta petite-nièce et connais-tu ton sang? La tragédie a-t-elle été bien conduite? Est-il un seul de tes Romains qui ait eu l'âme plus romaine? Que tes conspirateurs, Maxime, Cinna, pâlissent à côté de mademoiselle d'Armont! Quelle prudence pusillanime chez eux! Que de soins pour se cacher! S'ils le pouvaient, ils feraient leurs trames sous la terre!

Chez elle, au contraire, quel oubli entier de soi-même ! quel manque absolu de sollicitude ! Il faudrait un miracle pour la sauver. Elle porte sur elle son extrait de baptême pour s'ôter toute chance de déguisement et d'évasion. Camille, Sabine, Cornélie revivent dans Charlotte Corday ; mais la réalité s'est trouvée plus haute et plus fière que le poëme.

Charlotte Corday est une compatriote et une contemporaine des Anciens vers lesquels elle tend les bras. Qu'ils la jugent ! l'affaire est trop pesante pour nous ; elle ne nous appartient pas.

Il est donc vrai que la poésie n'est pas toujours une fiction, un mensonge comme on le répète. Quelquefois la pensée d'un homme se réalise dans l'un de ses descendants. Ce qui n'était que drame s'incarne et prend chair ; alors le monde s'étonne et tombe dans une stupeur inexplicable ; il ne se doutait pas que les vers fussent chose sérieuse et que cela dût jamais tirer à conséquence.

Qui sait si certaines dispositions qui ne sont encore que lueurs, pressentiments, poésie, imagination, rêveries à l'origine, ne prennent pas, de génération en génération, une consistance réelle et ne finissent pas, au dernier anneau de la chaîne, par passer dans les veines et dans le sang du dernier descendant pour s'y changer en caractère et en actions ? Il se voit des choses plus extraordinaires dans la nature; c'est peut-être là *toute une physiologie nouvelle*.

Hébert a déjà demandé à la Commune, pour Marat, les *honneurs de l'apothéose*. La demande a été renvoyée aux conventionnels, qui seuls ont le pouvoir d'ouvrir les cieux. Mais comment douter que la requête ne soit accordée? Le grand homme est déjà sacré, demain il sera divinisé. — « Que penses-tu de Marat? » Voilà le premier mot du nouveau catéchisme politique. La réponse sera la pierre de touche des sans-culottes de 1793. On fera pour Marat une liturgie mêlée d'encens et de prières. Efforts impuissants! deuil inutile! Les hommes auront beau se frapper la poitrine, l'encens montera en vain vers le ciel. Rien ne fera revivre « le sauveur, le père du peuple »; il ne sera remplacé par personne.

Si Marat eût vécu, la Terreur ne l'eût pas satisfait; il l'eût voulue plus terrible. Prenant en pitié l'étroit échafaud de 93, il aurait aspiré à mieux; il aurait découvert, par delà 93, de nouvelles cimes dans un horizon de sang.

Ce « tribun militaire, ce dictateur » qu'il cherchait, ce maître absolu de toutes les têtes, contenait en germe, nous l'avons vu plus haut, un nouveau césarisme. Marat est mort sans avoir pu le couronner.

Le césarisme sans-culotte tombe sous le couteau

de Brutus ramassé par Charlotte Corday. La républicaine de la Gironde tue l'impérialisme inconscient de Marat.

Plusieurs voudront le remplacer ou le faire revivre. Les qualités du « tribun militaire » ne se trouveront pas. Ce sera un *desideratum* qui ne pourra être comblé dans le plan du « Père du peuple » ; nul ne prendra sa succession. Qu'est-ce que Hébert, Roux. Momoro, pour y prétendre? Malheur à eux d'avoir voulu l'égaler! La citoyenne Simonne Évrard, qu'on appelle sa veuve, s'indignera de ces imitations de pygmées. Marat régnait sur l'imagination des foules. Son règne est vacant. Robespierre lui-même ne pourra occuper, à lui seul, le royaume de l'épouvante.

V

UNE GUERRE DE RELIGION.
LA VENDÉE.
EN QUOI DIFFÉRAIENT LES DEUX FANATISMES

Les soulèvements de Lyon, Marseille, Toulon, avaient été purement politiques; la révolte de la Vendée fut religieuse, et la différence ne tarda pas à se montrer. Lyon, une fois bloqué, le 25 août, cessa d'être redoutable. L'insurrection n'avait qu'une tête, et la Convention put la saisir; la ville se rendit le 9 octobre. Marseille avait été prise le 23 août. A Toulon, quand le jeune commandant d'artillerie Bonaparte eut mis le doigt sur la carte, au point d'attaque, la ville tomba; le fantôme de la royauté du Midi disparut. Les mitraillades de Fouché, Collot-d'Herbois, Fréron, Barras, vinrent après le péril et le firent paraître plus grand.

Tout est différent en Vendée : la guerre n'y est pas renfermée en des murailles; elle n'a pas une capitale; au contraire, elle est partout ailleurs que dans les villes. Où est un Vendéen, enfant, homme, vieillard, là est un soldat, un ennemi. Aucune des règles de l'ancien art militaire ne s'applique à cette guerre nouvelle; car les armes principales sont des prières dans les églises écartées, des chapelets à la boutonnière, des sacrés-cœurs cousus aux habits; ce sont encore des processions nocturnes, des rassemblements dans les bois, des serments de ne plus obéir au recrutement, des récits de miracles, des voix secrètes d'en haut qui appellent toute une population à se lever, des conspirations cachées derrière l'autel de chaque hameau. Les prêtres officient, en plein air, dans les bruyères ou les marais. Vous diriez un soulèvement d'anciens Gaulois à la voix des druides.

Les paysans s'arment les premiers. La noblesse était encore incertaine dans ses châteaux, quand ils vinrent la sommer de se déclarer. Ce sont des villageois qui entraînent les Lescure, les Larochejacquelein, les Bonchamp, les d'Elbée, les Charrette. Contraste digne de remarque : du côté des révolutionnaires, les classes supérieures avaient poussé le peuple; chez les Vendéens, c'est le peuple qui pousse les classes supérieures.

Napoléon préféra donner sa démission plutôt que de faire la guerre en Vendée. Pourquoi? Il ne voyait point dans ces guerres la possibilité de développer la grande stratégie, la géométrie militaire qui fermentait dans sa tête. C'était un cas particulier qui pouvait déconcerter l'art nouveau. Dans cette Iliade rustique, bocagère, pleine d'embûches, toujours ramenée aux mêmes villages, tournant dans le cercle des mêmes horizons, entre Machecoul, Montaigu, Chollet, Châtillon, Fontenay, il y avait des piéges pour la gloire. Que serait-il arrivé si celle de Napoléon Bonaparte eût trébuché dès les premiers pas entre deux haies, dans les sabots sanglants d'un paysan de Vendée?

Le plus pieux, le plus humble, est leur premier général. C'est le voiturier colporteur Cathelineau, le saint d'Anjou. Il pétrissait son pain quand il prit le commandement. Du 10 au 14 mars, il s'empare de Saint-Florent, de Chemillé. Un garde-chasse, Stofflet, lui amène deux mille paysans; Foret, ancien domestique, sept cents. A la tête de cette foule, armée de faux, de faucilles, de bâtons et de quelques fusils, Cathelineau marche sur Chollet, la première ville du Bocage. Il l'attaque; les femmes tombent à genoux et prient au loin dans les champs, dans les bois, pendant les combats. De chaque partie du territoire s'élève un vœu, un cri de haine.

Cathelineau a trouvé dans Chollet, un canon ciselé; les paysans le baptisent du nom de Marie-Jeanne, le couvrent de rubans et de fleurs. Ce sera pour eux une relique sacrée, gage de la victoire. Autour de ce palladium sont réunis déjà plus de vingt mille combattants, ce qu'on appellera la grande armée. Le lendemain tout a disparu. Chacun a regagné sa chaumière, car la semaine de

Pâques est arrivée; il n'est pas un seul de ces soldats qui ne veuille aller communier dans son église natale.

La piété fait ainsi la meilleure partie de leur tactique. Si leurs adversaires, les Bleus, viennent pour les cerner, ils ne trouveront personne. Chacun, par d'étroites clairières, aura regagné sa métairie; mais dans une campagne de trois jours les paysans ont eu le sentiment de leur force. Il ne faut qu'un signal porté en secret par un enfant, une femme, pour qu'ils se réunissent de nouveau en plus grand nombre. Ainsi, la grande armée, comme au temps de la Ligue, se forme, marche, combat, s'évanouit pour reparaître en moins d'une semaine.

Que peuvent contre elle toutes les combinaisons de la stratégie? Cette armée n'a pas besoin de magasins; chaque soldat a près de lui son approvisionnement dans son gîte. Elle n'a pas besoin de se ménager des lignes de retraite. Son moyen le plus sûr est de se disperser volontairement; les sentiers les plus opposés la conduisent à son but. Point d'hôpitaux; toutes les chaumières en tiennent lieu.

Lorsqu'il faut combattre, ils y sont préparés; car il est impossible de les y forcer. Alors la contrée entière combat avec eux, naturellement retranchés derrière des larges fossés, d'épaisses haies d'où ils font un feu plongeant et sûr ; ils précèdent chaque coup de fusil d'un signe de croix. Dans le bas Poitou et le Marais, de nombreux canaux les protégent. Appuyés sur une longue perche, ils s'élancent d'un bord à l'autre, ou ils se dérobent dans leurs ioles.

Qu'on se représente au milieu de cette contrée soulevée quinze mille soldats républicains dispersés par petits détachements. Pour eux tout est surprise : tant de haines imprévues, une manière de combattre si nouvelle, un acharnement si inconcevable à repousser leurs bienfaits! Aucun d'eux n'avait supposé qu'une ancienne religion, tenue pour surannée, eût une telle puissance. La Convention elle-même ne l'avait pas imaginé. Toute la France fut lente à croire qu'une guerre religieuse fût encore possible au dix-huitième siècle ; aussi les secours arrivèrent-ils trop tard. Cependant les républicains ne s'effrayèrent pas de leur petit nombre. Aux invocations des saints, aux rites, aux offices dans les bois, aux sermons nocturnes entremêlés de fusillades, au tocsin, au *Te Deum*, ils opposent *la Marseillaise*.

On vit ainsi deux fanatismes aux prises, dont l'un renfermait une religion antique et l'autre une idole de liberté qui attendait tout de l'avenir.

Dans cette guerre religieuse, les républicains ne songeaient point à arracher aux Vendéens leur religion; et ils leur faisaient autant de mal que s'ils eussent voulu la leur ôter.

D'autre part, les Vendéens n'étaient point ennemis de l'égalité civile des républicains; pourtant ils les exécraient comme s'ils eussent différé en toutes choses.

Rien ne fut capable d'arrêter le premier élan de cette armée de paysans commandée par un paysan. Les campagnes leur appartenaient; ils s'emparent des villes. Quoique gagnées à la Révolution, elles n'allèrent pas jusqu'à résister à outrance à l'armée catholique. Les paysans entrent dans Thouars, Parthenay, Fontenay, Vihiers, Doué, Montreuil; ils prirent même Saumur et Angers. Napoléon a écrit que si les Vendéens, à ce moment, eussent marché sur Paris, la République eût été perdue. J'ai bien de la peine à le croire. Dans leur propre pays, ils n'enlevaient que des villes qui ne faisaient point de défense; encore, dans chacune d'elles, étaient-ils abandonnés par une partie des leurs, impatients de retourner au village. Comment supposer qu'après une longue marche à travers les départements où tout leur eût été hostile, ils se fussent si aisément emparés de la capitale?

Jusque-là, cette armée, comme un essaim, avait tourbillonné sur elle-même. Soudain, elle se dirige sur Nantes. C'était d'un seul coup tendre la main à l'Angleterre, porter la Vendée sans la quitter dans le nord de la France. L'insurrection, en gardant ses racines innombrables, aurait eu une tête puissante, il est difficile de dire combien la guerre eût été plus redoutable à la Révolution. Charrette attaque par la rive gauche de la Loire, Cathelineau par la rive droite; il arrivait déjà sur la place Viarme quand il a le bras cassé d'une balle. Les paysans voyant couler le sang du saint d'Anjou, désespèrent de la victoire. Sans doute aussi les bonnes dispositions du chef des républicains, le général Canclaux, et le courage des troupes contribuèrent à la fuite de l'armée catholique. Nantes est sauvée; une occasion si grande pour les Vendéens ne se retrouvera plus. Ils auront des armées plus nombreuses, les esprits seront plus acharnés, le sang coulera avec plus de fureur; mais le terrain manquera à la conquête, la victoire ne saura où se poser. Les Vendéens rentrent dans leurs repaires du Bocage et du Marais; ils y commencent la guerre de partisans.

Cependant la Convention a compris ce qu'il en coûte d'avoir une religion pour ennemie. Les renforts arrivent de tous côtés aux républicains. Rendue libre par la capitulation de juillet, cette fameuse garnison de Mayence, d'abord honnie, puis exaltée par les clubs, accourt en poste. Déjà la Convention avait eu l'idée d'opposer aux généraux paysans de la Vendée, à Cathelineau, Stofflet, Forestier, des généraux républicains pris dans le peuple, Rossignol, Santerre et bientôt Léchelle. Mais cette égalité militaire que les royalistes acceptaient dans leurs rangs, fut repoussée des républicains comme un scandale et une indiscipline. Les généraux improvisés, au lieu de recevoir l'appui des autres chefs, ne recueillirent que soupçons ou injures. Cette contradiction entre l'esprit d'égalité dans les rangs des Vendéens et la susceptibilité hautaine dans ceux des républicains, n'est pas un des moindres sujets d'étonnement dans cette guerre qui en a fait voir tant d'autres.

Singulière surprise pour les soldats de fer de Mayence que de se voir arrêtés dès le commencement à Mortagne, à Torfou, par les paysans de Stofflet et d'Elbée! Le grand Kléber surtout s'en indigna; il rejeta sa défaite sur Rossignol et Santerre. Il est probable que même ces invincibles Mayençais eurent besoin de faire quelque apprentissage d'une guerre si nouvelle. Le vaste plan qui consistait à prendre les Vendéens entre les deux armées sorties l'une de Nantes et l'autre de Saumur, était en soi trop difficile, trop étranger aux conditions de la Vendée, pour qu'il soit besoin d'expliquer les premiers échecs par la trahison ou la lâcheté. Mais les incidents de la guerre se reproduisaient dans la Convention; chaque défaite est reprochée à chaque parti, suivant le général qui commande. Après les morts, ce sont les factions qui combattent.

Dans les guerres les plus célèbres, il y a une direction pour les armées ; victorieuses où vaincues, elles avancent ou reculent, et le récit marche avec elles. Ici, c'est une mêlée qui dure non pas un jour, mais des années ; dans cette mêlée ce ne sont pas seulement des individus, comme dans Homère, ce sont des armées qui se prennent corps à corps ; elles périssent pour renaître toujours à la même place ; la même bataille perdue la veille est regagnée le lendemain. Point de droite ou de gauche. La Vendée est un vaste cercle qui fait face partout. A certains jours les Mayençais ouvrent une trouée au milieu de l'incendie et du carnage ; puis le cercle se reforme, les républicains sont rejetés. Ni victoire, ni défaite n'est durable, l'atrocité de la lutte persiste seule. Les fuyards, les blessés sont assommés par les femmes, les enfants. Le plus élégant des gentilshommes, le plus gracieux, M. de Marigny, égorge de sa main les prisonniers. Pendant six mois, dans cette enceinte de l'Anjou et du haut Poitou, les Français, impuissants contre des Français, ne purent que s'entre-tuer, tant le courage, l'instinct naturel de la guerre, et même le fanatisme sont égaux des deux côtés.

Chez les Vendéens, les prêtres vouent leurs fuyards à l'enfer; chez les républicains, la Convention voue les siens à l'échafaud. Santerre est défait à Coron; Kléber à Torfou. Cent cinquante mille républicains se fondent dans cette bataille de six mois, et il n'y a encore pour personne un pouce de terrain assuré. Au milieu de ce tourbillon s'élèvent les figures de Kléber, de Marceau, d'Aubert-Dubayet. Merlin de Thionville arrive presque à leur hauteur. Parmi les Vendéens, le jeune Henri de la Rochejacquelein, Lescure, d'Elbée, Stofflet, Bonchamp; au loin dans le bas Poitou, Charrette, auquel on a refusé une part de butin (quelques centaines de souliers), se venge en se tenant à l'écart. Il semble trahir la cause pour laquelle il se bat avec acharnement; car il hait tous ceux auxquels il ne commande pas.

Dans cette confusion inextricable, si vous cherchez un plan militaire, quelque chose de semblable à la stratégie moderne, voici ce que vous finissez par apercevoir : c'est une espèce de battue à travers les bois, qui refoule devant elle tout ce qui a vie. Par deux côtés principaux, par Nantes et par Saumur, les Vendéens sont rejetés les uns sur les autres; au midi, vers Niort, Westermann les empêche de sortir de l'enceinte de fer et de feu. Souvent cette stratégie est renversée; il ne reste alors que les traces du carnage, les villes, les villages en flammes, et le désir mutuel d'extermination.

Cependant la grande armée royale est réunie à Chollet ; enveloppée, elle y combat deux jours avec désespoir. Ses principaux chefs, Lescure, Bonchamp, d'Elbée, sont blessés mortellement. Une seule issue reste pour la retraite, la Loire. Tous s'y précipitent par une marche de nuit. Kléber, Marceau, n'avaient qu'à étendre la main pour les noyer dans le fleuve. Mais les républicains ont eux-mêmes à panser leurs blessures. Chose extraordinaire, s'il pouvait y avoir matière à s'étonner dans une guerre où tout est surprise, ils laissent trois jours aux Vendéens pour se transporter sur l'autre rive. Peut-être craignirent-ils l'effet du désespoir chez des hommes qu'ils apprenaient enfin à connaître. Peut-être aussi jugèrent-ils que c'était une victoire suffisante d'avoir ôté la Vendée aux Vendéens.

En effet, rien de plus lamentable que le passage de la Loire par ce peuple qui a été comparé aux Hébreux chassés d'Égypte. Depuis le temps des migrations des barbares, pareil spectacle ne s'était pas présenté en Europe. Les femmes, les enfants, même les troupeaux mêlés aux combattants, sur une ligne de quatre lieues de long ; une multitude éperdue, sanglante, assise sur les deux rives et poussant des cris de douleur ou de joie, suivant qu'ils avaient perdu ou qu'ils retrouvaient leur famille ou leurs compagnons ; les lamentations des blessés, les prières des agonisants, les sermons des prêtres mêlés à la fusillade lointaine, aux cris des rameurs, au murmure du fleuve autour des îles, tout cela, dit un survivant de cette scène, nous reportait en esprit au jour du jugement dernier. Des paroisses entières fuyaient ; et pour cette multitude de quatre-vingt mille hommes, il n'y avait qu'une vingtaine de petites barques. On s'attendait, à chaque minute, à voir déboucher les Bleus. Bonchamp expire en touchant l'autre bord. Lescure, porté sur un fauteuil de paille, est mourant ; Henri de la Rochejacquelein le remplace dans le commandement.

La véritable raison qui porta l'armée vendéenne à passer la Loire fut la nécessité. Il fallait mettre le fleuve entre elle et des vainqueurs impitoyables ; mouvement naturel d'une armée cernée qui s'échappe par la seule issue restée ouverte. Mais les chefs qui survivaient trouvèrent promptement dans ce désastre un motif d'espérer. Ils disaient que l'on quittait un pays épuisé de batailles, que l'on toucherait sur l'autre bord une terre neuve encore pour la guerre civile. La Bretagne surtout n'attendait que le signal. On y trouverait une seconde Vendée, qui profiterait des victoires et des revers de la première ; il y en avait même, comme le prince de Talmont, qui pensaient que c'était là le chemin de Paris. On laissait aux armées de Kléber, de Marceau, les villes et les villages en cendre du Poitou, de l'Anjou. Et quelle joie de se venger de tant d'incendies et de meurtres par l'incendie de la capitale et le meurtre de la Convention !

Personne ne prononçait le nom de retraite ; on allait chercher un plus grand champ de bataille. Dans les premiers jours, on ne savait encore si c'était aux Bas-Bretons ou aux Anglais que l'on tendrait d'abord la main. C'est aux Anglais que la préférence fut donnée. Les Vendéens se hâtent vers Granville. Ils devaient y trouver avec un port de mer un abri pour les femmes, les blessés, et la main puissante de l'Angleterre. Dès lors la Vendée se transforme. Jusque-là elle était restée française en déchirant la France ; elle devient anglaise de cœur en pleine sécurité de conscience. Aucun scrupule ne se montra ni dans les chefs ni dans l'armée ; l'idée vivante de patrie n'existait que parmi les révolutionnaires. L'ancien régime ne voyant la France que dans le roi, livrait sans remords une patrie qu'il ne reconnaissait plus : la haine était si aveugle que la cause catholique cherche son salut dans le peuple qui personnifie l'hérésie.

L'espoir d'attirer à eux l'Angleterre donne des

ailes aux Vendéens ; ils courent on ne sait à quelle conquête. Les républicains les atteignent dans Laval ; ils croyaient avoir affaire à des fuyards. Les Vendéens se retournent contre les républicains, et les mènent tambour battant jusqu'à Château-Gonthier. C'est là que sont écrasés les Mayençais qui déjà s'étaient relevés, plus forts, de tant de désastres ; mais cette fois ils achèvent de disparaître. La Convention profite de leur petit nombre pour leur ôter leur nom et les fondre dans d'autres corps d'armée ; on craignait que, chez eux, le soldat ne primât déjà le citoyen.

Débarrassée de ses plus terribles adversaires, l'armée vendéenne prend neuf jours de repos dans Laval ; puis, comme si elle était maîtresse de la France, elle court vers la basse Normandie. Elle traverse sans combats Mayenne, Fougères, Dol, et se jette enfin sur Granville. Une mer déserte, pas une voile à l'horizon, ce spectacle fut le premier châtiment de l'armée qui avait mis tout son espoir dans la flotte anglaise. Mais le caractère des Vendéens était de ne montrer jamais plus d'audace que lorsque tout semblait perdu.

Ils étaient encore trente mille. Armés de quelques échelles, les paysans tentent l'escalade avec fureur. Ils pénètrent dans les faubourgs, y mettent le feu ; le jour et la nuit qui suivent, l'attaque continue ; les regards se reportaient de l'assaut des murailles sur la haute mer, pour y chercher les secours attendus. Ces secours ne vinrent pas. Alors il fallut se retirer et reprendre cette même route que l'on venait de suivre.

Dans une situation aussi désastreuse, le découragement ne se montra encore nulle part. Les Vendéens étaient soutenus par l'espoir de revenir à la Loire, comme ils avaient été soutenus précédemment par celui d'atteindre la mer. A Dol, la retraite est fermée par les républicains. Les paysans errants, affamés, passent sur le corps des Bleus, en font un grand carnage, et vont chanter un *Te Deum* à Fougères. Partout, sur leur chemin, ils apprennent que les malades, les blessés qu'ils ont laissés après eux ont été fusillés. La nécessité de vaincre entre dans tous les cœurs. Enfin ils sont au terme de leurs vœux : ils ont atteint la Loire aux environs d'Angers, et de l'autre côté est la patrie vendéenne.

Mais c'est là que l'illusion tombe. L'impossibilité d'emporter des murailles se retrouve à Angers comme à Granville. Après un assaut de trente heures, il faut se retirer sans savoir où. Cette armée qui tourne sur elle-même, sans direction, dans un pays où tout reste neutre ou ennemi, était frappée à la tête ; il ne s'agissait plus que de décider où elle devait périr. Elle marche sur le Mans, et semble encore, en fuyant, menacer Paris; ce fut son dernier jour de témérité.

Marceau l'atteint au Mans ; il lui tue quinze mille hommes. Qui n'eût cru que les restes allaient se débander? Mais non ! comme si elle n'eût pu mourir, elle se relève pour marcher sur Laval ; elle y rentre et va une dernière fois tenter de repasser la Loire. A Ancenis, elle revoit son fleuve sauveur. Ses deux chefs, Henri de Larochejacquelein et Stofflet, se jettent dans une barque et atteignent l'autre rive; ils ne peuvent revenir.

L'armée errante, privée de ses généraux, réduite à dix mille hommes, traquée de tous côtés, marche sur Blain ; elle arrive à Savenay. C'est encore Marceau qui la suit. Elle périt enfin sous cette grande épée, mais d'un seul coup et tout entière comme un seul homme. Les bois, les fermes éloignées recueillent quelques femmes traînant après elles leurs enfants, reste des quatre-vingt mille Vendéens qui, le 17 octobre, avaient passé la Loire.

Qui ne croirait que c'est fait pour toujours de la *révolte de l'Ouest?* mais que dire, au contraire, d'une guerre dans laquelle, après de semblables victoires, tout est à recommencer ?

Après Savenay, la France crut qu'il n'y avait plus de Vendée. Le général Turreau remplace

Marceau, et trouve que rien n'est fait. Il organise ses douze colonnes infernales ; il les lance à travers l'Anjou, le Poitou, pour extirper ce qui a échappé à la guerre précédente. Sur cette terre nue d'habitants, on trouve encore, jusqu'en mai 1794, à livrer dix affaires générales, soixante combats. Pendant que Turreau établit ses camps retranchés, les représentants du peuple décrètent « que tous les habitants de la Vendée quitteront le pays. » Carrier est à Nantes ; il invente les noyades. La Convention le met à l'aise ; c'est l'extermination qu'elle ordonne.

Après ces fureurs, Turreau déclare que les moyens militaires ne suffisent plus, que « la *régénération* morale serait à désirer, » qu'elle seule pourrait exécuter ce que le sabre et le fusil ne peuvent faire, qu'il faudrait, après tout, essayer de la « douceur ».

L'épée s'est usée ; elle demande grâce. Quelle chose incroyable ! La contrée est déserte, et il se trouve toujours des armées de paysans, des gens « étrangers au métier, des hordes impétueuses » pour livrer bataille et écraser les meilleurs militaires. Cette guerre est, pour eux, « l'écueil des talents et de la gloire ». Voilà ce que confesse Turreau. La conséquence qui nous reste à en tirer, c'est qu'une religion ne peut être extirpée que par une autre religion.

De nos jours, dans une guerre de même nature, le czar de Russie a employé un moyen bien puissant : il donne aux paysans de Pologne les terres des nobles, et personne ne réclame. Qu'eût-on dit si la Convention, usant d'un moyen de ce genre, eût distribué aux soldats vendéens rentrés en grâce les domaines de la noblesse vendéenne? Quels cris de malédiction en Europe contre les conventionnels! C'est alors qu'on les eût accusés de tous les crimes. L'idée ne leur vint pas de ce partage, qui seul peut-être eût résolu la question de la Vendée; mais ce qui est licite et glorieux dans un czar eût été le dernier des forfaits chez des hommes de révolution.

Il arriva ainsi que l'on ne prit, ni dans la religion, ni dans la propriété, aucune mesure profonde, irrévocable. On fit des actions glorieuses, héroïques; on les fit avec des pensées timides. De là, l'historien Niebuhr [1] remarquait déjà avec étonnement qu'en dépit des confiscations et des guerres civiles, la noblesse française a conservé la plus grande partie de ses terres ; un autre écrivain non moins autorisé ajoute qu'elle est aujourd'hui plus riche qu'en 89.

[1] *Histoire romaine*, t. III, p. 374.

VI

QU'UNE RELIGION PEUT SEULE VAINCRE UNE RELIGION
LES VAINQUEURS
REVIENNENT A CELLE DES VAINCUS

Ainsi se confirment, avec évidence, les idées contenues dans cet ouvrage.

La guerre de Vendée fut une guerre religieuse dans laquelle la religion positive n'était que d'un côté. Cela donna un tel désavantage aux républicains, qu'en dépit de leur héroïsme, ils arrivèrent à ce dénoûment étrange : tout vainqueurs qu'ils étaient, ils revinrent à la religion des vaincus ; c'est ce qu'ils furent obligés d'appeler triomphe et pacification.

On vit là que des idées vagues n'ont aucune prise sur des peuples liés à une foi positive. Vous pouvez les anéantir, mais non les convertir à la vérité nue.

D'ailleurs, l'extermination suppose, dans celui qui l'exerce, un principe absolu de croyance.

Quand Mahomet frappait du glaive, il présentait le Coran. Quand le duc d'Albe exterminait les Pays-Bas, certain de n'être renié dans aucune de ses cruautés, il avait le pape derrière lui. Mais où était le Coran de Carrier? où était son pape? Il avait beau exterminer les prêtres; derrière lui, Danton se mariait devant un prêtre insermenté. Robespierre soutenait le bas clergé. La Convention proclamait en principe la liberté de ceux qu'elle faisait égorger. Une telle contradiction, si monstrueuse, eût pu durer des siècles sans rien produire. Que l'on remplisse d'eau ou de sang le tonneau des Danaïdes, qu'importe? c'est le même enfer du vide.

Carrier reste exécrable et il a laissé debout tout ce qu'il a cru engloutir. En dépit de ses noyades, combien il est loin de la vertu des cent mille échafauds du duc d'Albe!

En résumé, qui a vaincu? Est-ce la Vendée? Est-ce la Révolution? Cette question étonne. La surprise augmente quand on voit quelle réponse elle appelle.

La Terreur n'a pu réduire les Vendéens; elle n'a pas même obtenu de trêve. La pacification n'est devenue réelle que lorsqu'on a accordé aux Vendéens et aux Chouans ce qu'ils demandaient, l'ancien régime dans la religion. Les prêtres réfractaires, en pleine révolte avec les choses nouvelles, ont dû être laissés pour guides et tuteurs du peuple.

Hoche engage les généraux et les soldats de la Révolution à assister aux offices de ces mêmes prêtres qui avaient juré haine éternelle aux hommes et aux choses de 89. Par là, il est vrai, on obtint la paix ; ce moyen, sinon le plus honorable, fut au moins le plus politique et le seul efficace. Mais dans la réalité, où étaient les vainqueurs ?

Les révolutionnaires n'obtinrent un triomphe apparent qu'en renonçant à leurs propres idées pour se plier à celles de leurs adversaires ; ce qui semble marquer que le catholicisme n'aurait pu être vaincu que par une autre forme du christianisme.

La Révolution n'aurait pu entamer l'ancienne religion qu'en lui opposant une autre foi positive. Mais cela étant impossible, tous les efforts de la France moderne et un demi-million d'hommes se consumèrent en vain ; ils ne réussirent qu'à montrer leur impuissance dans l'ordre des choses fondamentales.

Le sang des Cathelineau, des Stofflet n'a pas été versé inutilement ; les paysans de Vendée ont obtenu ce qui leur mit les armes à la main. Ils ont gagné pour leur postérité la suprématie, en fait, de leur religion, la domination réelle de leurs prêtres, de leurs autels ; ils les ont rétablis, non-seulement pour eux, mais pour toute la France.

Au contraire, la religion de liberté de leurs adversaires républicains, les Kléber, les Marceau, les Quetineau, les Merlin de Thionville, les Philippeaux, où est-elle? Où sont ses rites? Où sont ses autels, ses trophées? Elle a disparu des âmes plus encore que des choses.

Par là, l'historien peut être entraîné à dire, s'il s'arrête aux apparences, que ce sont les Vendéens qui ont vaincu, puisqu'ils ont sauvé ce qu'ils mettaient au-dessus de tout, et qu'au contraire leurs adversaires ont perdu la chose même pour laquelle ils combattaient.

Ce ne serait pas, en effet, répondre à la question posée plus haut de dire que les Bleus l'ont emporté puisqu'ils ont imposé l'égalité du Code civil; car il n'est pas un article de ces lois qui ait été une cause de guerre entre les uns et les autres.

Est-ce contre les principes du Code civil ou pénal, ou de commerce, ou de procédure que s'insurgeaient les paysans de Vendée? Nullement. Eux aussi étaient amoureux de l'égalité. Tels de leurs chefs, comme Jolly, détestait la noblesse. Charette ne reconnaissait d'autre hiérarchie que sa volonté; il tenait à l'écart, dans l'antichambre, Larochejacquelein vaincu et errant. « Nous voilà maintenant tous frères et sœurs, » disaient les paysans à madame de Lescure.

Pour ménager cet esprit d'égalité, les Vendéens

furent longtemps commandés par des hommes du peuple, ce qu'il fut presque impossible à la Convention d'obtenir de ses armées.

On vit ainsi cette contradiction : des armées royales obéissant à de simples paysans, vêtus encore de leurs costumes de labour, et des officiers républicains presque soulevés à la pensée d'avoir pour chefs un Santerre, un Rossignol, un Léchelle, qui, hier encore, n'avaient pas d'épaulettes ; car c'est ce qu'on leur reprochait autant que leur incapacité. Il y avait loin de là aux Romains consolant l'imbécile Varron de sa défaite.

C'étaient de pauvres généraux ; qui en doute ? Mais ils eussent eu toutes les qualités nécessaires, l'emploi leur en eût été rendu presque impossible. Kléber, au lieu de les encourager, le prit sur eux avec une telle hauteur, que des hommes de génie même en eussent été embarrassés. Aucun mérite dans un chef civil ne trouvait grâce devant ce commencement de morgue militaire ; par où l'on peut croire que Kléber et Marceau sont morts à temps pour leur gloire ; ils sont restés les héros incomparables, étrangers à tous les jougs. Qui voudrait soutenir l'idée d'un Kléber et d'un Marceau maréchaux d'empire ?

Il est bien visible aujourd'hui qu'aucune république n'est possible, ni même aucune liberté durable, avec une grande armée permanente où le civil est tenu en mépris. A ce point de vue, les Vendéens en prenant tous leurs chefs dans le civil étaient dans le plan d'une république; leur armée a montré que, si elle ne valait rien pour la conquête, elle était admirable pour la défense de son territoire. L'armée républicaine contenait déjà les germes du militarisme qui a été le fléau caché dans toutes nos gloires. Mais le bras de fer de la Convention se leva à temps; il empêcha ces germes d'éclore.

LIVRE QUATORZIÈME

LES SUPPLICES

I

PROCÈS ET MORT DES GIRONDINS

Louis XVI n'est plus ; les Girondins sont emprisonnés ou en fuite, et pourtant le *bonheur du peuple* est plus loin que jamais. Il a faim. Le pain lui manque. Quelle est donc cette conspiration qui part de toute chose ? Le vertige commence à s'emparer des révolutionnaires. Royer, Hébert, Chaumette, sont saisis les premiers de ce vertige ; bientôt on prendra leur fureur pour une preuve de trahison. Les aristocrates ne sont plus maintenant les Montmorency et les Noailles ; ce sont les commis-marchands, les clercs de procureur et de notaire. Contre ce patriciat nouveau il faut une révolution nouvelle.

Pendant la nuit, les habitants se pressent debout à la porte des boulangers ; dans ces interminables veillées, quelles pensées remplissaient les esprits? L'imagination de la famine, le spectre des spectres. Au sortir de là, imaginez ce qu'un homme tel que Robespierre faisait entrer de soupçons, de haines, dans ces clubs ambulants d'affamés.

Ils n'ont plus d'ennemis devant eux ; leur imagination n'en est que plus déchaînée. Car cet ennemi qu'ils ne voient pas, ils se figurent le rencontrer partout. Une multitude est saisie de la manie de soupçons de Robespierre.

Le 5 septembre 1793 fut le *Dies iræ* du peuple, journée où l'initiative partit le plus immédiatement de la foule. On n'en connaît pas les auteurs. Ce fut l'inspiration de la famine. La veille, le rassemblement se porte à la Commune, car c'est elle qui règne : « Du pain! du pain! » Chaumette court à la Convention ; il en rapporte le décret du maximum. Il revient triomphant à l'Hôtel de Ville. « Du pain! du pain! et tout de suite! » rugit la foule. Hébert requiert « que le peuple se porte en masse dès demain à l'Assemblée, qu'il l'entoure comme il l'a fait le 10 août, le 2 septembre, le 31 mai. » Le peuple suit, le 5, Hébert et Chaumette devant la Convention. Leurs demandes, amplifiées par quelques orateurs qui retrouvent à ce moment la parole, sont changées en décret ; l'immense défilé achève la séance. Ce que ce jour produisit fut l'armée révolutionnaire, que suivent le tribunal et la guillotine.

Jusqu'ici, la Terreur avait été le secret d'État d'un petit nombre : ce jour, elle est intronisée sur le pavois par l'acclamation du désespoir. Elle reçoit de lui son sacre, elle est populaire, elle règne.

L'impatience ne permit pas de différer plus longtemps la mort de Marie-Antoinette. Son procès, commencé le 14 octobre, fut terminé le lendemain. Marie-Antoinette ne réussit pas à cacher ses dédains pour ses juges. Elle savait, en marchant au supplice, qu'elle entraînait après elle les Girondins, marqués pour une fin semblable. Cela dut lui paraître un commencement de justice. Elle eût pu voir, en se retournant, tous les principaux de la Révolution monter après elle ces mêmes degrés sanglants de ce même échafaud.

Sa mort en fut plus sereine, n'ayant pas à se défendre du désir de vengeance ; car déjà ses ennemis avaient pris soin de la venger de ses ennemis.

Une seule chose étonna la reine, quand il lui fallut monter sur la charrette. Elle s'attendait à être conduite dans une voiture fermée comme Louis XVI, ne sachant pas encore combien la mort était devenue niveleuse depuis le 21 janvier.

Pourquoi la Révolution a-t-elle été si implacable contre les femmes? On ne les avait pas revues en si grand nombre, mêlées aux échafauds depuis les temps du Cirque. Rien assurément ne fut moins politique, sans parler de la justice. Mais la Révolution amenait l'égalité; le malheur ou l'ignorance fit que la Révolution se montra d'abord par l'égalité des supplices.

Selon l'usage déjà établi, les députations jacobines viennent presser le supplice des Girondins. On répète ce qui a été dit contre Louis XVI. Les accusés seuls retardent encore le bonheur promis. Qu'ils cessent de vivre, et l'âge d'or commence; c'est la conclusion de tous les discours.

Les comités avaient décidé qu'aucun des détenus ne serait mis en jugement[1]. Robespierre et Chabot ne voulaient d'abord que la mort de Brissot et de Gensonné. Ils croyaient s'arrêter après ces deux supplices, et que leur soif serait assouvie, tant ils avaient peu mesuré eux-mêmes le chemin dans lequel ils entraient. Mais, ayant une fois envisagé de sangfroid ces deux échafauds, il leur sembla tout simple de continuer dans cette voie. Cette première goutte de sang versé ouvrit la grande veine. La pensée de sacrifier les trente-deux ne les arrêta plus un moment.

Quelle différence d'avec Danton, malade de consternation, de douleur depuis le 31 mai, et répétant

[1] « Je tiens ce fait de Cambon. » Mémoires inédits de Baudot.

à Garat avec désespoir : « Je ne pourrai les sauver ! » Quelles larmes que celles de ce Titan sur ses ennemis ! Au milieu des systèmes contemporains, il était tout nature.

Le procès des Girondins montra le néant de la conspiration dont ils étaient accusés. Dans l'impatience de leur trouver des crimes, les républicains leur reprochèrent d'avoir les premiers appelé la République. Ce qui les perdait, c'était la Vendée, Lyon, Toulon, révoltés ; c'était surtout l'acharnement de la Commune et sa fureur de se venger de leurs dédains. Les dépositions de Chaumette, de Hébert, de Chabot, furent d'interminables philippiques. On a reproché aux Girondins d'avoir essayé de se défendre. Et pourquoi ? Il n'était pas encore convenu que l'appareil des tribunaux n'était qu'un jeu, et que tout grand accusé devait accepter le supplice en silence. Cette expérience méritait d'être faite. Vergniaud, Gensonné recueillaient leurs forces pour le dernier combat. Que ne leur restait-il pas à dire ? Mais leur plus grand crime était leur éloquence. Les débats furent clos brusquement après trois jours d'interrogatoires.

Oter la parole à la Gironde, autant eût valu couper la langue à Cicéron avant de l'égorger. Tant que les Girondins n'avaient pas été condamnés à se taire, ils gardaient une secrète espérance ; ils croyaient à quelque retour subit de la confiance publique par un miracle de Vergniaud, tant ils avaient foi dans les prodiges de la parole! On a vu plus haut que madame Roland, le 1ᵉʳ juin, croyait encore pouvoir ébranler la Convention par un cri de douleur. Lorsque le tribunal ferma la bouche aux Girondins, ce fut bien pis que leur ôter la vie. On leur enleva leur génie et le recours à la postérité. Ils ne comptèrent plus même trouver d'écho dans l'avenir, et ils sentirent le vrai désespoir. Tribuns sans peuple, orateurs sans parole, l'ironie fut tout ce qui leur resta ; ils furent les plus désarmés des hommes. Mais aussi un précédent fut établi ; leur sort décida de celui de leurs ennemis. Des supplices muets, sans testaments, sans défense, sans écho, devinrent la fatalité et le lot des révolutionnaires.

Au moment où Antonelle, « le plus poli des hommes, » rapporta le verdict de condamnation, Valazé se poignarda sur son banc. Les autres condamnés ne purent retenir plus longtemps leur mépris. Quelques-uns jetèrent de l'argent au peuple, à la manière des princes, et n'excitèrent ainsi que sa colère. Le jugement prononcé, ils l'annoncèrent par des chants qui ne devaient finir qu'avec eux. Dans ces chants moqueurs, on ne sentait aucune espérance. La *Marseillaise* même était détournée de son sens. Ils parurent se hâter vers la mort ; ils la contrefaisaient d'avance pour s'y accoutumer, ou par dédain, ou parce que la parodie est le dernier degré de la désillusion, impatients de sortir de la vie, comme d'une embûche. De toutes les morts de la Révolution, ce furent les plus moqueuses et les plus désolées.

Soit vanité, comme on l'a dit, soit élévation de cœur, les Girondins ont eu le pressentiment le plus clair de la servitude future. Ils ont vu d'un œil perçant une postérité asservie, un maître héritier de tout, et ils triomphent d'échapper par un supplice prématuré du corps à ce supplice de l'âme. C'est là ce qui se révèle dans l'attitude de tous, dans la moquerie de Ducos, dans les sentences de Vergniaud, comme dans le silence pensif de Brissot.

Enfin elles sortirent de la cour de la prison les cinq charrettes qui traînaient les vingt et un à l'échafaud : Brissot, Vergniaud, Gensonné, Duperret, Carra, Gardien, Duprat, Sillery, Fauchet, Ducos, Fonfrède, Lasource, Beauvais, Duchatel, Mainvielle, Lacaze, Lehardy, Boileau, Antiboul, Vigée. Le cadavre roidi de Valazé tenait sa place parmi eux. Il fut confronté avec la guillotine, et sans être décapité, reçut du bourreau le *permis d'inhumer*. Après cette immolation, les yeux s'accoutumèrent en un jour aux hécatombes. Quoi qu'il pût arriver, rien ne devait plus ni étonner ni indigner. La Terreur ouvrit ses portes triomphales; la mort y passa désormais, toute grande, les ailes déployées.

Puis vint la mort cavalière, enjouée, de Philippe-Égalité. L'accusation lui avait d'abord semblé une plaisanterie. Il dédaigna le supplice comme une épigramme de mauvais goût, et sortit en riant, tout botté et éperonné, d'une pièce de théâtre où il n'avait pu jouer son rôle. Des Dantonistes qui survécurent à la Révolution crurent, jusqu'à leur dernier moment, à la bonne foi de Philippe-Égalité. Ils soutenaient que le prince avait embrassé la République sans nulle arrière-pensée, qu'il la voulait libérale, « à la manière de Périclès ». En témoignage, ils alléguaient leurs souvenirs personnels. De tous leurs collègues, il n'en est point qu'ils aient défendu plus ouvertement, avec une conviction plus réfléchie, contre les accusations de Fouquier-Tinville. C'était, selon eux, le cynisme de l'iniquité que d'avoir confondu le prince avec la Gironde qui l'exécrait. Ils ajoutaient que Robespierre, en le frappant, avait voulu « se mettre sur une ligne qui pût défier tous les soupçons[1] ».

A son tour, madame Roland se précipite après les Girondins au-devant de la mort. Qui ne la voit courir, avec sa robe blanche, sa ceinture bleue, ses regards épanouis, au-devant des prison-

---

[1] Mémoires inédits de Baudot.

niers de la Conciergerie, leur annoncer par un geste moqueur la fin de la tragi-comédie? Elle eut, comme les Girondins, le rire du désespoir. Le bonheur d'en finir avec de vaines illusions, de ne plus voir chaque jour le triomphe de ce que l'on hait ou méprise, voilà ce qui éclate dans son rire. Quoi qu'on en dise, ce n'est pas seulement l'allégresse d'une âme amoureuse, qui va retrouver Buzot dans un monde meilleur.

On n'a point eu de cesse que l'on n'ait fouillé jusqu'au fond dans le cœur de madame Roland, pour y découvrir la blessure. Les conventionnels lui supposaient pour amant le même Barbaroux qu'ils avaient déjà donné à Charlotte Corday; cela prouvait peu d'invention romanesque chez les terroristes. Mais le thème une fois imaginé, ils ne se lassèrent d'y revenir, tant qu'ils vécurent.

Il fallait trouver dans cette âme le défaut de la cuirasse. On croit enfin y avoir réussi. Madame Roland aimait le mélancolique et intrépide Buzot. Rien de plus certain; elle l'aimait dans les nues, à la manière des héroïnes de Corneille. Qu'il eût été beau de renfermer ce secret et de mourir sans le laisser voir à personne! Une sainte l'eût fait! Madame Roland a cru qu'il suffisait d'être sûre de ses actions, que ses pensées lui appartenaient et qu'elle pouvait les laisser errer où elle voulait; en quoi elle s'est trompée. C'était une âme héroïque, et non pas une sainte. Son secret lui a échappé à travers les barreaux de l'Abbaye et de Sainte-Pélagie. Ses lettres à Buzot, épargnées par la dent des loups de Saint-Émilion, viennent d'être retrouvées et mises sous les yeux d'une postérité qui a pour mission de découvrir tous les petits côtés des âmes et d'abaisser, s'il se peut, les meilleures renommées. Madame Roland s'est proposé comme un athlète de combattre sa passion tout en la nourrissant. Elle n'a point songé à l'extirper. Il lui a semblé qu'il suffisait de se vaincre sans avoir besoin de s'anéantir. Là paraît toute la différence d'une âme stoïque et d'une âme chrétienne. La première n'aura jamais les mêmes scrupules que la seconde, il faut bien l'avouer.

Madame Roland en appelle à l'avenir ; elle fait assister la postérité au combat d'un cœur tout saignant comme à une lutte dans un cirque. Où sera le juge ? Quel usage fera-t-on de ces confessions du cachot à la guillotine, et de ces espérances funestes qui s'exhalent avec la vie ?

Une juste critique voudrait au moins que l'on considérât l'isolement, l'exaltation de la prison, l'échafaud dressé, le désespoir, la mort partout présente, et peut-être aussi la contagion de l'éloquence de la *Nouvelle Héloïse*, imitation à laquelle les âmes les plus vraies n'échappent pas toujours. Est-il sûr que madame Roland se connaît elle-même lorsqu'elle se croit faite pour la volupté et les passions romanesques? N'est-elle pas la première à s'abuser sur son compte? Pouvait-elle leur donner cet empire absolu, aveugle, sans partage, qui seul les rassasie? C'était là le contraire de son naturel sensé et tout viril.

Enfin, à travers un langage trop littéraire pour être l'expression ingénue de la passion, qui saura rétablir l'exacte vérité des sentiments? Qui reconnaîtra ce qui appartient à madame Roland et ce qui appartient à madame de Wolmar? La pénétration la plus profonde serait ici un devoir rigoureux. Il faudrait marquer des nuances dans cette âme jusque-là si maîtresse d'elle-même, qui ne s'est confiée à vous que volontairement, sciemment, à l'heure de la mort. Craignez qu'il ne soit plus aisé de parler en général d'une passion brûlante, voluptueuse, qui absorbe tout, et de mêler ainsi le roman à l'histoire. Il est si doux d'abaisser jusqu'à nous ces figures dont la hauteur nous importune, et de mettre un peu de lie dans leur coupe!

Est-ce aussi pour Buzot que madame Roland se revêt de sa robe blanche? Est-ce pour lui qu'elle sourit sur la charrette? Je le veux bien. En revanche, qu'on m'accorde au moins que, dans ce sourire, il y avait de plus la joie d'échapper à la bassesse et à l'oppression par l'échafaud.

On a supposé (et je le répète) qu'arrivée au pied de la guillotine, elle demanda une plume et de l'encre pour écrire. Avait-elle entrevu une lueur subite? La mort où elle était à moitié entrée lui avait-elle révélé l'avenir? Voulait-elle laisser une parole de consolation à la postérité? Qui le saura jamais, et qui oserait suppléer à cet éternel silence? Elle venait de saluer la statue de plâtre de la Liberté par ces mots : « O Liberté! comme on t'a jouée! » Peut-être voulait-elle pardonner. Mais non; elle devait mourir indignée, comme elle avait vécu.

Roland, en apprenant cette mort, se perce d'une épée; il était plus malheureux encore qu'il ne pensait.

La mort la plus lamentable et la plus résignée fut celle de Bailly. Il avait reçu le serment du Jeu de paume; il en restait le témoin devant d'autres générations. Ce souvenir eût dû le couvrir contre toutes les haines. On ne se souvint que du massacre du Champ de Mars; et l'échafaud s'éleva deux fois pour lui, d'abord à l'extrémité du champ de la Fédération, puis (sur les clameurs du peuple que le sang de Bailly souillerait cette enceinte) on démonta la guillotine, et on la transporta dans les fossés près de la Seine. Pendant ce temps, Bailly, les mains liées derrière le dos, sous les cris de la foule, assistait aux lents préparatifs de son supplice. Il ne fut pas traîné à pied, comme on l'a dit, autour du

Champ de Mars. Il put attendre, sans bouger, que les apprêts fussent terminés. La sérénité n'abandonna pas un instant ce sage. « Tu trembles, Bailly! — Oui, mon ami, de froid. » Enfin, le bourreau arrive ; après une si longue agonie, le supplice parut de la clémence.

Cependant ceux des Girondins qui sont sortis de Paris, ont lu sur les portes de l'hôtel qu'ils habitent à Caen les ordres donnés pour les arrêter ; il faut fuir. Où ? comment ? Toute la France est hostile. Un seul point, peut-être, leur reste fidèle, la Gironde. Comment franchir ces cent cinquante lieues, où tous les yeux seront ouverts sur eux, à chaque pas ? Par un bonheur inespéré, un bataillon de volontaires bretons retourne en Bretagne. Onze Girondins, déguisés en volontaires, marchent dans les rangs de ce bataillon. Mais il suffit d'un mot de leur escorte pour les perdre. Les onze restent seuls. Errant à travers les campagnes, partout menacés, ils entendent derrière eux des voix qui crient : Les voilà ! Ils arrivent par miracle à Quimper ; ils restent cachés dans les bois des environs. Un bâtiment marchand les reçoit. A travers mille périls, ils débarquent enfin dans cette Gironde aimée, où leurs amis vont les acclamer et leur fortune changer.

Désespoir ! leur terre natale les repousse. Ils sont plus reniés que nulle part dans ce pays où ils croyaient régner. Chassés d'abri en abri, le plus souvent sans toit, ensevelis vivants dans les cavernes, mourant de faim, et les femmes plus inhumaines que les hommes ; rien de pis ne s'était vû depuis les empereurs. L'espèce humaine, à ce moment, semble enlaidie depuis Tacite. Pourtant, il y eut aussi de magnanimes courages, par exemple, madame Bouquey, qui ouvrit sa maison aux proscrits, et le père de Guadet, qui osa recevoir son fils.

Tallien et les commissaires montagnards les poursuivent comme des bêtes fauves. Des canons sont braqués contre les gîtes où on les croit réfugiés. Ils atteignent les grottes de Saint-Émilion ; la faim les en chasse. Il se séparent ; mais tous les chemins différents mènent à la mort. Guadet, Salles, Valady sont pris et guillotinés. Barbaroux se tire un coup de pistolet, il est porté mourant sur l'échafaud. Buzot s'obstina longtemps à vivre. Son amour pour madame Roland, surtout l'espoir de la vengeance, le soutinrent. Sa mort n'en fut que plus affreuse. Son corps et celui de Pétion furent trouvés à moitié dévorés par les loups et les chiens dans un champ de blé. Les lettres de madame Roland, cachées sur lui, leur échappèrent.

Seul, Louvet, soutenu par l'amour, fit un prodige. Il traverse la France, tantôt à pied, tantôt en charrette, en diligence, caché sous les pieds des voyageurs, rentre dans Paris en pleine Terreur, y passe un mois dans l'épaisseur d'un mur, chez sa Lodoïska, se risque de nouveau à travers les départements, gagne le Jura, y vit en paix avec elle, en vue des rochers de Meillerie ; miracle de passion, que l'imagination d'un romancier, fût-il Jean-Jacques, n'eût jamais cru possible.

Condorcet, caché dans Paris, écrivit son livre du *Progrès de l'esprit humain* sous le couteau de la Terreur, comme Cicéron ses *Offices* sous le couteau d'Antoine. Le premier, il révéla l'âme même de la Révolution dans la loi du progrès. Et qui eût pensé que cette noble doctrine, en se répandant, rendrait d'abord les hommes plus inertes et plus dociles à tous les jougs ? Depuis qu'ils savent que le bien est une nécessité des choses, que les pierres mêmes subissent cette loi, ils se croient dispensés de s'en mêler.

Quand Condorcet eut écrit la dernière page de son livre, il crut, sans nul doute, que sa vie était remplie, et qu'il ne valait plus la peine de la défendre : il sortit de sa retraite de la rue Servandoni, s'aventura dans la campagne. Arrêté et emprisonné, on ne trouva le lendemain que son cadavre. Il avait mis sa pensée en sûreté ; que lui importait le reste ? Personne ne devait rien savoir de cette dernière nuit du sage. Il mourut, à la manière antique, seul et sans témoin, avec l'indifférence d'un homme qui ne dispute pas sa vie, qui ne la livre pas, mais qui s'est réservé le droit de devancer le centurion.

II

QU'IL N'Y A PAS DE PROPORTION
DANS LA RÉVOLUTION ENTRE LES SACRIFICES
ET LES RÉSULTATS OBTENUS

Il est trop aisé de trouver et de dénoncer les défauts de gens que tout le monde abandonne. J'ai déjà montré les fautes des Girondins. D'autres partis, aussi bien et mieux que les Girondins, défendront le territoire. Ils représentaient mieux que personne la liberté. Eux seuls semblaient la connaître ; elle mourut avec eux.

Une chose réconcilie dans d'autres histoires avec les fureurs des hommes : le sang versé y est presque aussitôt fécond. Quand je vois couler celui des martyrs, je vois en même temps le christianisme grandir sous la terre au fond des catacombes. De même dans la réforme, dans la révolution anglaise, le sang de Zwingle, de Guillaume le Taciturne, de Sidney est tombé sur un sol fertile, et il a enfanté la vie. Le sang a coulé plus abondamment chez nous, et de sources aussi hautes ; il n'a pas trouvé une terre aussi bien préparée. On dirait qu'il n'y a aucun rapport entre les sacrifices des victimes et le résultat obtenu par la postérité.

Où a germé le sang des Girondins? Quelle liberté est née du sacrifice de ces hommes de liberté? Le *vœ victis* gaulois a été prononcé contre eux par tous les partis; aucun ne s'est fait leur successeur. Vergniaud, madame Roland, Barbaroux, Buzot, Guadet, n'ont plus eu de représentants parmi nous. Ceux pour qui ils mouraient n'éprouvèrent pour eux que de la haine. Leur mémoire fut persécutée par les amis de leur cause plus encore que par ses ennemis.

Tous les partis extrêmes de la Révolution ont laissé des descendants; mais ces hommes en qui vivait la religion de la liberté n'ont pas laissé de postérité en mourant. Quant à ceux qui continuèrent de porter leur nom, ils crurent venger leur mémoire en reniant leur œuvre.

J'ai vu, en effet, tous les partis renaître de leurs cendres, depuis les émigrés, les Feuillants, jusqu'aux Jacobins. Mais le parti des Girondins, enthousiaste, humain, au cœur large, personne ne l'a retrouvé. Est-il descendu tout entier, comme une illusion perdue, dans la fosse de 93?

C'est nous qui avons eu le plus de martyrs; c'est chez nous que les martyrs ont été, jusqu'à présent, le plus inutiles. Les Girondins furent les âmes les plus hautes de la Révolution; avec eux a-t-on décapité l'avenir? Assurément, il n'était pas besoin de l'immolation d'une seule de ces nobles figures, pour acquérir les choses dont nous nous sommes contentés. Il sera toujours étrange d'entendre des historiens français répéter que ces morts ont été suffisamment payées, parce que « nous avons obtenu l'égalité devant l'impôt, » qui n'a jamais été contestée par personne. La vérité, au contraire, est que la consolation suprême a été refusée à nos plus grands morts : leur sang n'a pas été une semence de vertu et d'indépendance pour leur postérité. S'ils reparaissaient un moment, ils se sentiraient suppliciés une seconde fois sur un pire échafaud par le reniement de leurs descendants ; ils nous jetteraient de nouveau le même adieu : « O liberté ! comme on t'a jouée ! »

L'immense disproportion entre les efforts et les résultats, voilà ce qui ne se montre nulle part autant que dans notre histoire. C'est pour cela que l'horreur de tant de supplices y est sans compensation. Ou l'avenir tient en réserve des explications que l'historien ne peut fournir aujourd'hui, sans quitter les faits pour les prophéties, ou nous sommes condamnés à reconnaître que le sang le plus généreux a été le plus stérile, et que chez nous nos martyrs n'enfantent pas de croyants.

Voilà le cri de l'histoire et de la conscience humaine. Pour y échapper et nous boucher les oreilles, que faisons-nous ici ? Nous avons recours à notre formule ordinaire, de plus en plus implacable et monotone. Comme les Albigeois, les Communes, les Maillotins, les Cabochiens, ont été dévorés les uns après les autres dans l'ancien régime, de même il fallait que les Feuillants, les Fayettistes, et maintenant les Girondins, périssent pour enfanter le régime nouveau ; et nous retombons ainsi dans le tempérament de nos systèmes d'histoire et du pouvoir absolu. Pris de vertige, l'historien révolutionnaire applaudit à la chute de chaque parti à mesure qu'il disparaît, jusqu'à ce que la matière de l'histoire même s'évanouisse, et que la fatalité reste seule au milieu du silence universel.

La faute ou, pour parler le langage des partis, le crime des Girondins, est d'avoir trop cru que toutes les parties du territoire français étaient également inspirées de l'esprit nouveau. Ainsi, chose étonnante, ce qu'on n'a pu leur pardonner en France, est le trop d'estime qu'ils ont eu pour la France.

Les Girondins eussent pu tenter de se dérober à l'échafaud en se réfugiant à l'étranger. La crainte de passer pour émigrés les empêcha de fuir. Ils aimèrent mieux mourir que de laisser croire un moment qu'ils n'étaient pas restés eux-mêmes. Quelques-uns, cependant, tournèrent les yeux vers l'Amérique ! Aucun ne put y aborder.

Comparez l'esprit des Girondins à l'esprit qui s'est établi en France, vous ne trouverez entre ces deux mondes aucun rapport. Ce sont deux races d'hommes différentes.

Les Girondins paraissent ainsi dans la nue. Il s'ensuit qu'ils nous semblent appartenir à un monde de rêves. Ils ont eu beau prouver leur réalité par leur mort, nous leur disputons jusqu'à leur ombre.

Le piédestal des grands hommes est la postérité. Quand elle se manque à elle-même, elle entraîne dans sa chute jusqu'à la mémoire de ses héros.

III

LA MORT DES GIRONDINS ÉTAIT-ELLE NÉCESSAIRE ?
NOUVEAU FATALISME
« MAINTENANT TOUT EST PERDU »

On a dit que le régime de la Terreur avait été rendu nécessaire par la révolte de cinquante départements. Dites plutôt que cette révolte a été excitée par l'avénement de la Terreur. Ce qui a causé le déchirement de la France, ç'a été le déchirement de la Convention, quand elle a subi et inauguré le régime de la peur, le 31 mai, en se mutilant elle-même sous la menace de l'insurrection.

Une assemblée qui, contre son opinion, sa conscience, pour obéir à la force, livre une centaine de ses membres à la prison ou à la mort, perd nécessairement le respect des peuples. Pour le recouvrer, il lui faut se faire craindre et user de barbarie; en général, on ne songe à inspirer la terreur qu'après l'avoir subie.

Cependant, le peuple lui-même se pervertit par sa victoire; il n'y a plus que le fer qui décide. Alors, de toutes parts, naît l'idolâtrie de l'échafaud.

Si la Convention eût été décimée par l'insurrection, que serait-il arrivé de pis?

Que nous jouons légèrement avec la mort dans nos systèmes! Il nous faut aujourd'hui l'échafaud de celui-ci; demain nous aurons besoin de cet autre; et, dans cette voie, sans chercher l'excuse de la passion, notre fatalisme historique nous pousse à une cruauté qui serait risible, si elle n'offensait à ce point la nature humaine.

« Cette tuerie fut un grand mal, » dirent les Montagnards, instruits plus tard par leur propres calamités. Et nous, plus terroristes que les terroristes, nous alignons impitoyablement les supplices dans nos formules d'histoires; si l'on nous en refuse un seul, nous nous écrions que le système est perdu. Quoi donc! pousserions-nous la rhétorique jusque-là? Avouons que, pour l'honneur du système, nous aurions grand besoin de ressusciter les gens que nous tuons avec tant d'indifférence.

Nous enfermons la Révolution dans un cercle de quelques années, que nous bornons le plus souvent à 1795. Dans ce cercle étroit, l'horizon nous manque; notre vue en est offusquée. Ce qu'était la passion pour les hommes de la Révolution, les formules le deviennent pour nous, des causes d'aveuglement et d'égarement. Sur quoi m'orienterai-je dans ce chaos? Sur deux choses, la liberté et l'humanité. Il n'est pas d'autre étoile polaire. Qui y renonce, marche dans les ténèbres.

On dit, d'une manière imperturbable : la mort des Girondins était nécessaire pour sauver la France en 93. Attendez seulement quelques années, je n'en demande pas davantage. Ces mêmes Girondins, dont vous approuvez le supplice, seraient grandement nécessaires pour conserver ce que leur mort, dites-vous, a affermi, et ce qui va infailliblement périr sans eux.

La liberté eût-elle été anéantie aisément en 1799, si ceux qui la représentaient eussent vécu jusqu'alors ? Combien leur anéantissement prépara la voie au pouvoir absolu ! Eût-on vu une pareille stupeur s'établir dans le monde, un tel oubli de soi-même, si leurs voix n'eussent été étouffées pour toujours ? Se figure-t-on le despotisme militaire debout et tranquille avec Vergniaud, madame Roland, Condorcet, Buzot, Barbaroux, tous ces échos sonores d'un monde libre ? Mais ces véritables tribuns mis à mort, l'empire du silence fut inauguré. Le 18 brumaire devait le consacrer.

Du 31 mai au 9 thermidor, il y a moins de quatorze mois. J'ai peine à croire que, pour un si court intervalle (puisque c'est à cela que vous bornez la Révolution), la Convention entière n'eût pu suffire aussi bien que la Convention décapitée.

« Vous avez un grand vice, » disait un révolutionnaire à Garat, « c'est de ne pas vouloir vous prêter à une scélératesse quand le bien public l'exige. » Aujourd'hui, après soixante-dix ans, nous pouvons juger si le bien public a beaucoup profité de ces *scélératesses*. Ne sont-elles pas le plus souvent de sanguinaires duperies?

En effet, dans toutes les occasions de ce genre, au 31 mai comme au 2 septembre, les chefs, Danton, Robespierre, semblent ne pouvoir rien dominer, ni diriger. Chacun s'en remet à une force aveugle du soin de tout conduire. Au 31 mai, cette puissance cachée s'appelle la réunion de l'Évêché. La Commune même a l'air de se sentir ou débordée ou incapable. On appelle cela *sauver la Révolution*. Combien de temps a duré ce salut? Si je tourne la page, je suis déjà à ce que vous appelez la ruine.

Rien de plus déplorable que le grand Danton obligé de courber la tête sous chaque flot, et qui ne reprend le commandement que lorsque l'orage a passé. Est-ce la peine de commander à ce prix? C'est alors que dut se présenter à lui l'idée qu'il exprima plus tard : « Mieux vaut être un pauvre pêcheur que de gouverner les hommes. »

Il faudra donc céder désormais à l'échafaud tous ceux que réclamera l'insurrection? La Convention mutilée ne sera plus qu'un simulacre d'assemblée. Le plus grand nombre, le Marais, pris de stupeur, devient une machine à voter. Il votera tout ce que lui demanderont les plus violents, jusqu'à ce que l'occasion se présente de les livrer à leur tour. Le minotaure rugit à la porte ; c'est à lui qu'il faudra sacrifier, les uns après les autres, tous ceux qui perdront sa faveur d'un moment.

Dès lors, tous les partis devaient disparaître les uns après les autres, à la fantaisie de la foule ou de celui qui prétendait parler pour elle. Les Girondins ouvrent le chemin aux Hébertistes, les Hébertistes aux Dantonistes, les Dantonistes aux Robespierristes ; tous passeront par cette même brèche que la peur a ouverte le 31 mai, jusqu'à ce qu'il ne reste plus qu'une foule inerte, rassasiée de sang, aux pieds d'un maître dès qu'il se rencontrera.

Qu'est-ce donc qui périt avec les Girondins ? L'espérance. Depuis eux on a voulu espérer. On s'en est fait un devoir, une nécessité. Mais l'élan vers l'avenir n'a plus été le mouvement irrésistible et spontané de la pensée ; il y eut quelque chose de contraint dans ce qui est l'opposé de toute contrainte.

Les Girondins ont été précipités des espérances les plus hautes dans le gouffre sans fond ; c'est ce qui rend leur douleur si poignante. Ceux qui tombent après eux, tombent de moins haut ; le coup est moins imprévu ; on était plus près de l'abime ; le retentissement fut moins grand.

Dans les derniers écrits de madame Roland, on sent partout deux choses : le renoncement à l'espérance, le parti pris de beaucoup mépriser. Ces deux sentiments dans une âme fière, debout devant un peuple implacable, fut la dernière pensée des Girondins. Ils s'étaient fait une image exaltée de la France. Ils la voient ou croient la voir tout autre qu'ils ne l'avaient imaginée; ils s'indignent et désespèrent. Mépriser le peuple qu'ils ont le premier tiré de servitude ! quel supplice ! La guillotine après cela ne fut pour eux qu'une délivrance. Ils y courent en chantant.

« Maintenant tout est perdu ! » Ce mot de madame Roland sera répété par tous les partis qui viendront après elle. Seulement, il est plus âpre, plus sanglant dans sa bouche. C'est à la fois le commencement et la fin d'un monde. On a entrevu la liberté et on l'a perdue aussitôt. Nul lendemain, nulle postérité. Madame Roland n'aperçoit, au plus loin des siècles, qu'une éternelle souillure. Son sang ne produira pas de vengeurs. Sa mort même sera stérile ; voilà ce qu'elle aperçoit du haut de l'échafaud et quels sont ses adieux à la terre.

IV

AVÉNEMENT POLITIQUE DE J.-J. ROUSSEAU
LE LIVRE DE LA LOI DE LA RÉVOLUTION

Voltaire avait gouverné le xviiie siècle jusqu'er 1789 ; Montesquieu régna dans la Constituante Rousseau dans la Législative et la Convention Nous avons vu sa puissance sur les choses religieuses ; le moment est venu de marquer son avénement dans l'ordre politique.

Descendant de réfugiés français, Rousseau rapporte à la France la flamme du génie national, irrité par les persécutions. Il a recueilli en Suisse, dans l'exil des siens, la loi du refuge ; il est l'écho politique de Calvin, de Saurin, de Jurieu, de tous les Français sans patrie, qui se sont fait une cité idéale depuis qu'ils ont perdu la leur. Par tous ces grands côtés, il est l'Esdras de la Révolution française ; il rapporte de l'exil le livre de la loi.

A mesure que la Révolution se développe, elle semble une incarnation de Jean-Jacques ; mais aussitôt se manifeste un grand danger pour elle. Fonder une société sur Jean-Jacques, n'est-ce pas bâtir une ville sur le cratère de l'Etna ?

La raison de Rousseau n'est qu'un fragment dans l'économie morale du xviii° siècle; à côté de ses magiques lueurs, se trouvaient le droit sens de Voltaire, la finesse pénétrante de Montesquieu, le génie ample et conciliant de Buffon. Ils ne peuvent que difficilement se passer les uns des autres, mais ils s'éclairent, se complètent mutuellement. C'est leur ensemble qui forme la lumière et la conscience de leur époque. Voilà les vastes assises que le xviii° siècle avait préparées à la Révolution.

Qu'arriverait-il si, rompant ce grand faisceau, rejetant le plus grand nombre de ses alliés, la Révolution française ne s'attachait qu'à un livre auquel elle sacrifierait tous les autres, et si ce livre était celui de Rousseau? On verrait une révolution prendre le tempérament d'un seul écrivain; par là, elle perdrait la large base qui s'offrait naturellement à elle. En s'ordonnant sur la seule pensée de l'auteur d'*Émile*, elle renoncerait aux tempéraments divers qui se faisaient équilibre l'un à l'autre. Au lieu de s'asseoir sur le génie du xviii° siècle, elle ne reposerait que sur le génie d'un seul homme; et, quelque puissant qu'il soit, c'est trop peu d'un seul pour de pareilles entreprises. En l'adoptant pour la seule règle, on irait contre l'œuvre du temps; on établirait la guerre civile dans le domaine de l'intelligence, et cette guerre passerait bien vite dans les choses. Robespierre héritera des haines, des misanthropies, des injustices de Rousseau. Hériterons-nous de celles de Robespierre ? Ceux qui nous suivront hériteront-ils des nôtres ? Quel enchaînement de colères aveugles !

Le *Vicaire savoyard* est devenu en 1791 et 1793 le prêtre assermenté de la Constituante et de la Convention ; il s'appelle l'évêque Fauchet, l'évêque Grégoire. Sous ces noms nouveaux, il conserve intact le dogme du moyen âge. La chimère de la *Julie* est prise pour une religion d'État. Quels sacrifices sanglants seront faits à ce rêve !

Si quelqu'un s'aperçoit que la Révolution française s'abuse par ces changements de noms, que le *Vicaire savoyard* n'est et ne peut être que l'homme de l'ancienne Église, puisqu'il en garde toutes les croyances, sans en excepter une seule, celui-là est accusé d'être de la secte *impie* des encyclopédistes. Sa prétendue philosophie n'est que du *philosophisme;* il faut qu'il périsse, et comme impie et comme factieux.

Car c'est une chose étrange que la facilité avec laquelle les révolutionnaires de la Terreur ont adopté le vocabulaire injurieux de Rousseau contre les philosophes ; comme si la Révolution était quelque chose en dehors de la philosophie !

Robespierre ne paraît pas avoir eu assez de

finesse d'esprit pour discerner dans Rousseau les procédés oratoires d'avec la conviction sincère. Il donne à tout la même valeur, il prête à chaque mot la même crédulité : aveugle superstition qui fut une des causes de la ruine de la Révolution. Un livre où la rhétorique est presque toujours mêlée, et qui devient un article de foi pour le dictateur, quoi de plus périlleux !

La lettre, dans les ouvrages de Rousseau, devenant aussi sacrée que l'esprit, ses livres peuvent être le Coran d'une guerre d'extermination. Tous ceux qui n'admettent pas, les yeux fermés, le déisme de l'*Émile*, sont des matérialistes; les ennemis de Rousseau sont les ennemis de l'État. Grâce à son génie ombrageux, on n'a qu'à le copier, et voilà tout un monde suspect dont il faut se défaire. Les amertumes, les couleurs noires, les emportements de plume d'un solitaire, deviennent des principes solennels. Robespierre se charge de venger l'écrivain de ses mécomptes littéraires; on voit des querelles d'hommes de lettres devenir des secrets d'État. La Révolution, qui commence en 89 par l'*Émile*, finit en thermidor 1794 par les *Dialogues* de Jean-Jacques.

Tout le xviiie siècle, c'est Rousseau ; il est l'Église, le *seul*, l'*unique*. Que tous les autres disparaissent devant lui ! les terroristes se chargent d'exécuter son testament maladif contre les *fai-*

seurs de *livres*, les *systèmes*, lors même que ces systèmes seraient l'âme de la Révolution. Avant tout, il faut que les adversaires de Jean-Jacques, s'il est trop tard pour les atteindre, soient châtiés dans leurs disciples. Que Condorcet expie pour d'Alembert, Camille Desmoulins pour Voltaire, Chaumette pour Diderot, Danton pour Helvétius, Anacharsis Clootz pour le baron d'Holbach. Ce bon Jean-Jacques, comme l'appelait Robespierre, sera vengé, et avec lui la vérité. Voilà la logique des simples.

En réalité, ni religion, ni philosophie! Quel vide! L'univers en ruine ne pourrait le combler.

Si Robespierre et ceux qu'il entraînait avec lui ne se fussent aveuglés sur la question fondamentale, je ne dis pas qu'ils eussent réussi à franchir l'obstacle de l'ancienne religion; mais assurément ils ne seraient pas tombés dans cette confusion, chaos sanglant où ils s'abîmèrent. S'ils avaient compris que le vieil ordre religieux était la raison d'être, le fondement, la substance du vieil ordre politique, tout le xviiie siècle se serait montré à eux dans son unité, et non pas dans ses discordes. Celles-ci leur eussent semblé éphémères; l'unité seule de ce siècle de l'esprit leur eût paru durable.

Où ils ne virent que des factieux et des traîtres, ils auraient vu des alliés; c'est-à-dire qu'ils auraient reconcilié Rousseau et Voltaire, bien loin d'accroître leurs dissentiments après la mort.

Ils auraient reconnu, sous des formes diverses, une même puissance, une même œuvre distribuée entre les écrivains du xviiie siècle. Les querelles personnelles de ce siècle se seraient éteintes, pour ne laisser paraitre qu'un même accord des intelligences et le soulèvement de l'esprit contre le règne du passé.

Au lieu de perpétuer la guerre civile dans les intelligences, ils auraient établi la paix entre elles; cette paix, qui n'était autre chose que l'ordre dans le domaine des esprits, ils l'auraient conservée au plus fort de la lutte.

Ils ne se seraient pas entre-tués après avoir fait combattre les génies du xviiie siècle les uns contre les autres. De leurs tempéraments divers, ils eussent formé une même force, comme cela s'est vu en d'autres révolutions : que de chances de vaincre leur restaient !

S'ils devaient se diviser, ce n'eût pas été, chose singulière et unique, au milieu du combat, mais après la victoire, quand elle ne pouvait plus être perdue, même par la faute de ceux qui l'avaient remportée.

Ils ne se seraient pas servis de Rousseau comme d'un bélier contre leurs propres murailles.

LIVRE QUINZIÈME

LA RÉPUBLIQUE

I

LA CONSTITUTION DE 1793
IDÉES SOCIALES DE LA CONVENTION
LA PROPRIÉTÉ

Rien, au premier coup d'œil, ne semble plus aisé que de définir les opinions de la Convention sur l'ordre social après le 31 mai, puisqu'elle les a promulguées dans la constitution de 1793. Pourtant diverses causes ont voilé, à cet égard, l'évidence. Une des tâches difficiles de l'historien est de rétablir la vérité sur un des points qui souffrent le moins de doute. Les passions extrêmes, dans un sens ou dans un autre, révolutionnaires ou contre-révolutionnaires, se sont entendues pour jeter à plaisir les ténèbres où était la lumière.

D'où vient cette nuit artificielle à la place du jour de l'histoire ? La principale cause, c'est qu'on a jugé du but de la Convention par ses moyens. En voyant des efforts gigantesques, inouïs, la plupart des hommes ont conclu que cette dépense prodigieuse de forces cachait des intentions également immodérées, qui ne devaient rien laisser subsister du passé. On ne s'est pas demandé si les moyens employés ne dépassaient pas le but. Mais, tout occupés de ce drame, de cette immense clameur, de cette longue avenue d'échafauds, les écrivains et les lecteurs ont oublié les textes, les déclarations, les lois, les constitutions écrites ; et ils ont conclu que ce chemin était fait pour aboutir au renversement complet de tous les principes connus dans les sociétés antérieures.

Deux sortes d'hommes ont été entraînés ainsi à substituer une image de bouleversement absolu à la réalité historique, les uns parce qu'ils découvraient dans cette idée un premier fondement à leurs visions, les autres parce qu'ils saisissaient dans ce chaos imaginaire un aliment et un prétexte de haine contre la Révolution. Des deux côtés, on la jugeait sur ses passions plus que sur ses principes, tous y trouvant leur compte pour l'adorer ou la maudire. A force de concentrer ses regards sur les échafauds, on finissait par se convaincre qu'il s'agissait de l'anéantissement de la civilisation ; ou bien, si l'on jetait les yeux sur quelques textes de lois ou de discours, on en tordait le sens jusqu'à ce qu'on en eût tiré le monstre désiré.

C'est ainsi que l'on s'est fait une Convention socialiste, une Montagne communiste; et je trouve ces anachronismes, non pas seulement, ce qui est compréhensible, chez les écrivains français jetés dans la mêlée des partis, mais chez de graves historiens étrangers que l'éloignement aurait dû préserver de l'idolâtrie ou de la fureur de maudire.

Une circonstance a aidé à cette transformation de l'histoire. La Montagne n'avait pas écrit de Mémoires comme les autres partis. Elle est morte en emportant son secret. Soit que la postérité eût été trop dure pour elle et lui eût imposé l'oubli, soit qu'elle l'eût elle-même cherché, la Montagne n'avait laissé aucun de ces écrits posthumes où un parti donne à la postérité le commentaire de ses actions. Point de confidences en dehors des actes publics; point de déclarations authentiques et pourtant intimes sur ses intentions, ses vues, ses promesses. Le silence de la tombe; et de là les hésitations de l'histoire, la facilité d'attribuer à la Montagne toutes les vues que l'intérêt ou la haine peut suggérer aux descendants; un nouveau testament de César inconnu, dérobé à tous les yeux, dont on ne connaît ni le texte ni l'esprit, et auquel chaque génération peut ajouter un codicille avec toutes les chances que donnent l'espérance, l'imagination ou la crédulité.

Je n'ai point la prétention de fermer ici d'un

trait de plume cet héritage ouvert. De telles énigmes ne se tranchent pas en un instant. Seulement, je dois dire que la volonté d'un mort a mis entre mes mains ce qui manquait le plus à l'histoire, les Mémoires ou le testament politique de l'un des hommes de la Montagne resté le plus fidèle à son esprit, qui, aux témérités de ce temps-là, a joint une intelligence perçante, éloigné de toute déclamation, observateur au milieu des supplices et des batailles, non pas impartial assurément, mais vrai, pénétrant, qui écrivait, sans souci des contemporains, en vue de la génération prochaine. Je lui emprunterai, comme cela m'est déjà arrivé, quelques déclarations. Elles ne pourront manquer de jeter un peu de lumière sur l'objet de ce chapitre.

N'est-il pas frappant, en effet, qu'un homme d'un esprit aussi acéré ait pu vivre, pendant toute la Convention, sur la crête de la Montagne, sans y avoir jamais ouï parler, par qui que ce soit, Dantoniste ou Robespierriste, d'abolition de propriété, d'État propriétaire, niveleur, producteur, consommateur, ni de loi agraire, ni d'égalité des biens, ni de tendance aux doctrines de Babeuf, ni d'aucun de ces vastes projets que la postérité crédule, soit en France, soit à l'étranger, a si souvent attribués à la Convention de 1793? N'estce pas la preuve la plus certaine que ces projets n'existaient pas dans les têtes même de Robespierre et de Saint-Just, qu'ils n'avaient sur ces points que des vues vagues, mobiles, changeantes, plutôt littéraires et morales qu'économiques, mais aucun système formel autre que celui de la propriété individuelle ; sans quoi il leur eût été impossible de faire à la Montagne un secret de pareilles intentions ; il eût été déraisonnable de le tenter.

« La Convention, dit Baudot, n'avait pas sur la propriété une autre opinion que celle du Code civil ; elle a toujours regardé la propriété comme la base fondamentale de l'ordre social. Je n'ai jamais entendu aucun membre de cette Assemblée prononcer ni faire aucune proposition contraire à ce principe.

« Elle a été souvent accusée d'avoir professé des principes subversifs de toute propriété. A ma connaissance parfaite, il serait impossible de citer un mot, une phrase qui pût donner quelque poids à cette accusation. »

Ce ne sont point là des aperçus vagues, exagérés pour le besoin d'une cause, mais l'impression immédiate d'un homme mêlé aux secrets de son parti, et qui n'eût pu fermer les yeux sur une chose aussi capitale que le projet d'engloutir la propriété individuelle. Autant vaudrait ignorer le Vésuve en habitant près du cratère.

Les idées de la Convention en 1793, c'est-à-dire de la Montagne, conduisaient si peu à la doctrine de l'égalité des biens, que les conventionnels, sans exception, furent mis en suspicion par Babeuf lorsqu'il dévoila son système. Il avait résolu d'abord de n'en admettre aucun dans ses conciliabules. D'autre part, quand la conspiration éclata, les Montagnards les plus hardis, les plus aventureux, furent si surpris de cette explosion d'utopies qu'ils refusèrent de croire à la sincérité de ce qu'ils entendaient pour la première fois. Ils s'obstinaient à penser qu'une tentative si extravagante à leurs yeux ne pouvait être qu'un piége tendu par le Directoire. C'est à lui qu'ils attribuèrent l'invention de la doctrine des égaux, en laquelle ils ne virent qu'une conception de police. Telle fut leur incrédulité à cet égard, qu'ils ne reconnurent l'existence des projets et des idées de Babeuf, qu'après que Buonarotti eut levé tous les voiles dans ses Mémoires, ce qui n'arriva que vingt ans plus tard, sous la Restauration.

Il est donc certain que les Montagnards conventionnels n'inclinaient en aucune sorte vers le système communiste ni vers l'égalité des biens. Si l'on arrive à Robespierre, il n'est pas difficile de voir qu'il n'y penchait pas davantage. A cet égard, ses déclarations sont si fortes qu'elles lui liaient absolument les mains.

« Vous devez savoir, dit-il le 24 avril 1793, que cette loi agraire, dont vous avez tant parlé, n'est qu'un fantôme créé par les fripons pour épouvanter les imbéciles. Il ne fallait pas une révolution pour apprendre à l'univers que l'extrême disproportion des fortunes est la source de bien des maux et de bien des crimes. Mais nous n'en sommes pas moins convaincus que l'égalité des biens est une chimère. Il s'agit bien plus de rendre la pauvreté honorable que de proscrire l'opulence. »

Il est vrai que dans la discussion de la constitution des Girondins, Robespierre était allé plus loin. Il avait voulu prendre une avance extrême sur eux ; et, sans nier la propriété, il avait demandé, le 24 avril, que le peuple fût dispensé de contribuer aux dépenses publiques, lesquelles seraient supportées uniquement par les riches. Au moment de la crise contre les Girondins, il avait mis dans la balance cette puissante amorce à la démocratie ; et il jetait par là le défi à ses adversaires de le suivre dans cet enjeu de popularité.

On a vu de nos jours des hommes reprendre pour leur compte le manifeste des droits du chef des Jacobins et s'en faire un nouveau *credo*, ne se doutant pas qu'ils se faisaient ainsi plus Robespierristes que Robespierre. Car, à peine les Girondins eurent-ils disparu, Robespierre renia la partie de son manifeste qui devait le mieux allécher la foule. Il n'avait plus besoin de cette amorce. La victoire l'avait éclairé ; le 17 juin 1793, il rétracte solennellement ce qu'il a réclamé avec tant de hauteur des Girondins, le 21 avril, comme un droit impérieux. Il est si rare de voir Robespierre faire amende honorable, et le sujet est si grave, qu'il est nécessaire de rapporter ses paroles.

« J'ai partagé un moment l'erreur de Ducos ; je crois même l'avoir écrit quelque part. Mais j'en reviens aux principes, et je suis éclairé par le bon sens du peuple, qui sent que l'espèce de faveur qu'on veut lui faire n'est qu'une injure... Il s'établirait une classe de prolétaires, une classe d'ilotes, et l'égalité et la liberté périraient pour jamais. »

Assurément, il est étrange d'entendre Robespierre dire qu'*il croit avoir écrit quelque part* le droit pour le peuple de ne pas supporter l'impôt. Ce *quelque part* est la déclaration solennelle qu'il a fait adopter le 21 avril aux Jacobins et exposée le 24 à la Convention. Deux mois après, ce droit ne lui semble plus qu'*une distinction odieuse*. De cette contradiction violente, concluez que le manifeste d'avril n'était pour lui qu'une arme de combat, il la rejette dès qu'il n'en a plus besoin. Ou bien, ce qui est plus évident encore, ses idées sur l'économie sociale n'étaient que des ébauches irréfléchies, sans suite. Il en sortait comme d'une citadelle, ou il y rentrait au hasard, selon qu'elles paraissaient utiles ou défavorables à sa politique du moment. Après cette excursion dans un ordre de choses qu'il ne connaissait pas, il les quitte pour se jeter dans le vague de la morale politique, son vrai domaine.

Jamais il ne sut résumer sa politique dans une loi précise, faite pour passionner les masses à la manière d'un tribun antique. Sans doute, les promesses vagues ont une puissance incommensurable sur l'imagination, mais à condition pourtant de se concentrer en un objet qui parle aux yeux de tous. Sans cela, l'imagination du peuple finit par s'user à vide comme celle du tribun[1].

Si Robespierre eût repoussé la propriété individuelle, il aurait dû être l'ennemi le plus déclaré de la constitution de 1793. Examinez cette constitution et la déclaration des droits qui la précède ; vous verrez que la définition qu'elle donne de la propriété est la même que celle du Code de l'an XII. Sur ce chapitre, nulle discussion, nul amende-

---

[1] « J'étais opposé à Robespierre parce que je n'ai jamais vu en lui un but déterminé. Il parlait sans cesse de vertu et de bonheur du peuple. Mais ce sont là des mots d'une bien grande étendue. On ne voyait pas où il voulait venir. Après tout, il pouvait les appliquer à son pouvoir et les faire servir à son usage. » (Mémoires inédits de Baudot.)

ment. La Montagne vote comme la Plaine. Le Comité de salut public de juin 1793 transmet directement et presque dans les mêmes termes sa conception de l'idée de propriété aux rédacteurs et tribuns du Consulat. Ainsi Danton, Couthon, Saint-Just même, Cambon, Barrère, Guyton-Morveau, Treilhard, Lacroix, Berlier, Hérault-Séchelles, Ramel, tendent, du fond de 1793, la main aux conseillers et tribuns d'État de l'an xii, à Portalis, Faure, Grenier, Savoie-Rollin, Jaubert, Duverrier, Siméon.

Que pense Robespierre de cette constitution de 1793, « sortie en huit jours du sein des orages » ? Fait-il une seule réclamation sur le point capital ? Se plaint-il de ce que la déclaration des droits n'a emprunté à la sienne que des mots sans suite, satisfaction donnée au moraliste, à l'écrivain, et jamais à l'économiste ? Non, ses vues sont si incertaines, qu'il ne les soutient ni ne les regrette. Lui, si absolu en tout le reste, il admire, il élève aux nues cette constitution qui porte dans ses flancs l'ancienne civilisation avec la propriété selon le droit romain. Il la donne comme son œuvre, puisqu'elle est celle de la Montagne.

Qui ne voit par là que Robespierre ne conduit pas à Babeuf, qu'il y a entre eux un manque de continuité, qu'on a eu tort de les identifier souvent dans le même jugement? S'ils s'étaient rencontrés, ils auraient été ennemis. Ne confondons pas les types historiques, pas plus que les naturalistes ne confondent les espèces. Laissons la Convention ce qu'elle est ; n'en faisons pas un Babouvisme héroïque.

Je veux chercher ce qui a donné à Robespierre et Saint-Just une si grande autorité dans la tempête, et en quoi ils diffèrent des autres hommes de la Révolution. Je crois pouvoir le dire. Les démagogues de l'antiquité ont toujours présenté au peuple une proie à saisir ; ils ont éveillé en lui l'instinct des jouissances, ils ont excité les appétits. Toute leur imagination se tournait de ce côté ; au fond de leur politique était un matérialisme insatiable ; ils offraient à leurs partisans le monde à dévorer.

Tout au contraire, Robespierre et Saint-Just. Qui vit jamais de plus austères hommes de proie ? Et que l'on se trompe, si l'on croit qu'ils s'entendaient à créer un nouveau monde de jouissances ! Qui voudrait aujourd'hui se contenter du brouet noir de Saint-Just ? Que cet idéal lacédémonien cadre mal avec les désirs matériels qui se sont éveillés dans les hommes ! A cet égard, Saint-Just rentre dans le monde de Lycurgue, il tourne le dos à la société nouvelle ; il éteint les désirs bien plus qu'il ne les éveille. Le dernier terme de félicité qu'il accorde, est la volupté d'une cabane : « Allons bercer nos enfants au bord des fleuves. » D'ailleurs, ni industrie, ni manufactures, ni commerce : une charrue et la frugalité, rien de plus. Au milieu de cette pastorale, parmi les toits de chaume, brille au loin sous les fleurs la hache du bourreau qui décrète la vertu. Sous cette églogue terrible, la menace est partout : visions de tombeaux, urnes funéraires, cercueils, cimetières. Le songe de cette bucolique s'accomplit au pied de l'échafaud ; la mort hâtive, tragique, jette son ombre sur les félicités de la chaumière.

Qui jamais a appelé les hommes au bonheur par cette voie ? Qui a mêlé tant de paroles sinistres, d'avertissements funèbres, aux moindres promesses de satisfaction matérielle ? C'est la première fois que la démocratie a parlé la langue du stoïcisme ; et je pense que c'est là ce qui explique le mieux la puissance exercée par ce jeune homme de vingt-six ans et par Robespierre. Tous deux parlaient au peuple de ses intérêts au nom de l'abnégation et de la vertu, ce qui faisait que chacun embrassait sa propre félicité et sa cause particulière comme une religion.

L'homme du peuple était ainsi enveloppé de tous côtés ; il était attiré vers le bien-être par une nécessité naturelle. Ce but se trouvait, en même temps, associé à ce qu'il y a de plus noble sur la terre, le mépris des richesses, le retour à la morale, le bonheur impassible du dieu des stoïciens.

Avantages matériels, exaltation de l'âme, ces deux choses opposées produisaient par leur contraste un effet qu'on n'avait vu encore dans aucune démocratie. On était à la fois intéressé et fanatique, égoïste et dévoué, matérialiste et idéaliste. C'était plus qu'il n'en fallait pour prendre tout entier le Jacobin, qui se sentait emporté par les instincts les plus opposés de la nature humaine, le bien-être et l'héroïsme confondus dans une même religion politique.

Ceux qui ne partageaient pas le double élan vers les biens matériels et la vertu stoïque, par exemple les Dantonistes qui avaient fait leur choix, furent d'abord étonnés et confondus par cette étrange conception. Ils ne tardèrent pas à en faire la critique, d'abord détournée, bientôt moqueuse, répétant incessamment qu'après tout, « ils n'étaient pas dans un troisième ciel [1] ». L'exaltation ne pardonne pas à l'ironie. Voilà le principe de la haine et bientôt de la guerre à mort entre ces deux partis.

Quant aux hommes de la Plaine et du Marais, ils laissèrent passer devant eux les visions de Robespierre et de Saint-Just, sans les attaquer ou s'en inquiéter, comme des ombres morales qu'ils

---

[1] Mémoires inédits de Baudot.

ajournaient au lendemain. Par cette complaisance envers des fantômes qu'ils savaient n'avoir qu'une heure de vie, ils obtinrent de survivre à tous.

Assouvissement matériel, exaltation morale. Reste à voir à laquelle de ces deux idées contraires Robespierre et Saint-Just se sont livrés davantage. Véritablement ils n'étaient pas de la race des hommes qui savent mettre une main hardie sur les biens de la terre et les distribuer à leur amis ou à leurs partisans. Je ne vois rien en eux de cette furie par laquelle César enracina sa cause dans le sol, en le partageant à ses soldats et à ses créatures. Robespierre et Saint-Just croyaient que l'on s'attache les hommes par des idées morales plus que par des bienfaits matériels, immédiats. Cette pensée honnête a beaucoup contribué à perdre leur mémoire ; car les hommes, en peu de mois, ont oublié leur morale ; ils ont cherché quels biens ils avaient reçus, et n'ont plus rien vu que l'échafaud.

On peut considérer les biens nationaux, dans la Révolution, comme chez les Romains les terres conquises, l'*ager publicus*. Ces terres furent les causes incessantes des révolutions sociales de Rome, car il se trouva toujours des tribuns pour demander qu'elles fussent partagées au peuple. Il semble donc que la lutte aurait dû s'engager chez nous de la même manière, et que les biens confisqués des émigrés et de l'Église auraient dû conduire de nouveaux Gracques à quelque loi agraire. Mais il n'en a pas été ainsi ; le peuple n'avait qu'à étendre la main sur cette vaste proie pour la saisir : il l'a respectée.

Ses chefs les plus hardis, Robespierre et Saint-Just, n'ont fait aucune proposition de distribution de terres ; ils n'ont eu aucune des idées qui se présentaient si naturellement à l'esprit d'un tribun antique ; ou, s'ils en eurent de telles, ce ne fut qu'une pensée sans suite.

C'était, dira-t-on, le gage des assignats ! Voilà une objection qui n'eût guère embarrassé des tribuns uniquement occupés de s'attirer l'amour du peuple par l'appât d'un grand butin. De malhonnêtes gens ne se seraient guère préoccupés de respecter ce gage, qui d'ailleurs cessa bientôt d'en être un quand les assignats s'élevèrent à quarante milliards.

Ainsi, Robespierre et Saint-Just n'ont jamais imaginé de distribuer les terres des riches, pas même celles des émigrés ; en cela, ils sont restés fort au-dessous de la conception du czar de Russie, que nous voyons aujourd'hui partager aux paysans les terres des nobles de Russie et de Pologne, au milieu du consentement ou au moins du silence de ses quarante millions de sujets. Ce consentement et cette résignation sont, sans nul doute, aidés par la terreur séculaire, qui à la crainte éprouvée par les contemporains ajoute la crainte subie par les ancêtres. D'où se forme une longue et solide chaîne d'épouvante, sous laquelle périt jusqu'à l'idée de contredire le souverain, lorsqu'il lui plaît de changer ce que nous regardons comme la base de la société humaine. Et admirez le triomphe de la peur! Tout le monde voit ce renversement colossal, personne n'en parle. Interrogez ceux qu'on a dépouillés, ils n'oseront avouer qu'il leur ait été fait aucun tort. Demandez-leur qui les a spoliés, ils se tairont. Insistez, ils loueront le déprédateur.

Robespierre et Saint-Just avaient aussi une Terreur à leurs ordres; mais, comme elle était de fraîche date, ils n'ont osé s'en servir que pour tuer; ou plutôt, s'ils n'ont pas ordonné de partager les terres, c'est qu'ils n'en ont pas eu l'idée. Par là, il est arrivé que la Terreur a outre-passé son but. De la même manière que la Terreur n'était pas nécessaire pour maintenir l'ancienne religion par le principe de la liberté des cultes, la Terreur n'était pas plus nécessaire pour maintenir le fondement de l'ancienne civilisation dans le principe de la propriété définie par le droit romain. Conclusion à laquelle je suis ramené par toutes les voies.

Osez donc reconnaître que les idées, les systèmes de Robespierre et de Saint-Just, étaient sans aucune proportion avec les moyens qu'ils employaient. Ils n'ont pas livré aux Jacobins, comme César à ses vétérans, comme le czar aux paysans, les biens ni les revenus de la terre. Après le règne de Robespierre et de Saint-Just, les Jacobins de leur école se sont trouvés en général aussi nus, aussi misérables qu'auparavant. Ce n'est point aux Robespierristes qu'ont été aboutir les biens nationaux ; c'est à leurs ennemis, Dantonistes ou Thermidoriens. Robespierre et Saint-Just, dans les temps qui suivent, jusqu'en thermidor, perdent de plus en plus terre sous leurs pieds ; ils reposent sur un nuage sanglant. Vers la fin, il ne leur reste plus que leur morale, qu'il sont forcés de raffiner jusqu'à la rendre impossible. La plupart de leurs adversaires sont morts guillotinés. Et qu'importe aux deux chefs jacobins ? Qu'y ont-ils gagné ?

Ils n'ont su ou pu assurer, par une loi agraire, la puissance avec la terre à leurs amis, soit que la hardiesse des grands chefs plébéiens leur ait manqué, soit plutôt, comme je le pense, que l'idée du partage des terres répugne profondément à notre race. Cette idée n'a jamais pu former chez nous une base de parti, mais seulement un spectre qui apparaît de loin en loin pour notre ruine.

Il s'en est suivi que cette proie des biens nationaux a passé au-dessus des Robespierristes, pour enrichir leurs ennemis de toutes les nuances.

Ainsi, ce sont les plus hardis, les plus aventureux dans la Révolution, qui en ont le moins profité. Ils ont fait la Terreur ; ils en sont responsables. Elle pèse sur eux ; d'autres en ont reçu le salaire.

Robespierre avait « peur de l'argent pour lui » ; il en eut peur aussi pour le peuple. Lui distribuer gratuitement des terres ! il eût appelé cela corrompre.

On n'a jamais vu une démocratie faire invasion sur les biens et la fortune des classes supérieures avec de telles maximes ; cela me fait penser qu'il y avait une contradiction absolue au fond de l'esprit de Robespierre.

Pour faire passer, en un moment, les biens des riches dans les mains des pauvres, il aurait eu besoin d'une morale relâchée ; au contraire, il avait la sévérité terrible des maximes qui en tout temps ont conservé les vieilles aristocraties terriennes. Presque toujours, les partisans des lois agraires innovent dans la morale ; lui, au contraire, se retranchait dans l'ancienne. En un mot, il n'avait pas la morale de sa politique, ni la politique de sa morale ; elles se détruisaient et s'annihilaient l'une l'autre.

Aussi, essayez de déduire des discours de Robespierre un système arrêté sur une nouvelle distribution des richesses ; vous n'y réussirez pas, à moins de substituer vos systèmes aux siens. Voilà pourquoi la Terreur, en ses mains, finit sitôt par étonner et lasser ses partisans les plus aveugles. Ils ne savaient vers quel but ce chemin conduisait ; ils trouvaient « qu'il y avait trop de supplices dans ses préliminaires [1] ». Cette avenue d'échafauds ne menait qu'au désert.

Ce qui achève de montrer que Robespierre n'avait aucun système nouveau sur la répartition des biens, c'est la pensée qu'on lui attribue d'avoir voulu abréger la Terreur. Pour appliquer un système de ce genre, il eût fallu, au contraire, la perpétuer.

Je voudrais ne choquer personne ; mais quand je vois combien l'histoire se dénature entre nos mains, sous nos yeux, comme elle peut se changer en fléau au gré des passions de chacun, je m'arme contre les idoles agrandies le lendemain ; je tâche de retenir la seule chose vivante qui nous reste encore du passé, l'expérience. Tout est perdu dans un peuple, quand les types mêmes de son histoire sont transformés, changés, au point de signifier le contraire de ce qu'ils furent. C'est la trame même de son existence qui se fausse ou se déchire.

[1] Mémoires inédits de Baudot.

II

LE CODE CIVIL DE LA CONVENTION

Si l'on me demande quelle a été la journée la plus extraordinaire, la plus imprévue de la Convention, je dirai que c'est celle du 9 août 1793. Ce jour-là, vous auriez cru entrer dans une assemblée séparée de la première par un long intervalle de paix profonde. La peur, la menace, la colère, le soupçon, le ressentiment même cessèrent tout à coup. A leur place, la raison impartiale, la justice suprême, telle qu'elle a tant de peine à paraître au milieu des hommes, dans les époques les plus prospères, descendirent dans les cœurs, apaisèrent les orages. Ce fut, pour la première fois, au lieu du silence de la peur, un silence d'adhésion, de consentement, non pas dans une seule partie de l'assemblée, mais sur tous les bancs. Accord que personne n'eût pu espérer la veille, que personne n'avait la pensée de troubler ; unanimité de la conscience humaine, qui, au milieu des plus terribles orages, se révèle par le rayonnement intérieur des esprits, étonnés de pouvoir encore se rapprocher et s'unir dans une même pensée fondamentale. Il n'y avait plus ni Montagnards, ni Girondins, ni vainqueurs, ni vaincus, ni Plaine, ni Marais. Il ne resta, ce jour-là, que la sagesse écrite. Elle s'imposa tranquillement à tous par sa seule présence. Et comment se fit ce miracle? Un homme, peu mêlé aux luttes politiques, qui semblait étranger à ce qui l'entourait, monta à la tribune. Cambacérès y déposa le Code civil [1].

La Convention avait donné trois mois pour préparer ce Code. L'œuvre fut faite deux mois avant le terme fixé. Il y avait aussi de l'héroïsme chez les jurisconsultes.

De quel aveuglement faudrait-il être frappé, pour ne pas reconnaître l'étonnante grandeur de ce moment! C'est celui où s'inaugure la Terreur. Tous les Français sont mis en réquisition pour courir aux armées. Valenciennes, Condé, Mayence annoncent l'approche de l'ennemi. On le sent déjà qui a passé la frontière. Vous diriez que ce peuple n'a plus qu'un moment à vivre. Soudain, tout se calme par enchantement. On s'arrête. Les plus furieux oublient leur frénésie. Et quel usage fait-on de cet instant de répit? C'est pour recevoir le monument des lois civiles qui dompte les consciences comme

---

[1] *Moniteur* de 1793, 1794, 1795. — Projet de Code civil présenté à la Convention nationale le 9 août 1793, au nom du Comité de législation, par Cambacérès.

autant de mathématiques morales. L'enceinte qui retentissait hier encore de cris, de malédictions, de prières, de sanglots repoussés, n'est plus que l'écho impassible du droit, comme le siége du préteur. Ce peuple qui n'a plus, ce semble, qu'un jour à vivre, le passe à se donner les lois qui régissent aujourd'hui le monde. Tables de la loi, apportées véritablement au milieu des éclairs et des foudres. Si ce n'est pas là le sublime de l'histoire, où est-il ?

Pour achever le contraste, voulez-vous savoir qui préside la Convention pendant que le modèle du Code civil est donné à la France et à l'Europe? Regardez ! c'est Maximilien Robespierre ! Il est là, à la tête de la Convention, son organe, son représentant, pendant que sont votées, dans le titre III, les conventions matrimoniales, les rapports entre les pères et les enfants, c'est-à-dire les principales dispositions qui règlent la société française. C'est Maximilien Robespierre qui met aux voix ces formules, par lesquelles sont garanties chez nous pour tous les temps la propriété et la famille. Remarquez-vous avec quelle solennité Robespierre pose la question, comme elle est vite tranchée, comme tous se lèvent pour approuver, comme Robespierre proclame l'unanimité de la Convention sur chacun de ces principes par lesquels notre existence et nos biens et nos relations sociales et notre vie et notre mort, sont encore réglés, ordonnés, consacrés aujourd'hui ! Cambacérès propose ; la Montagne vote, Robespierre proclame. Notre Code civil se fonde, sans lutte, sans opposition, par une sorte de nécessité créatrice sous laquelle tous les fronts comme toutes les passions s'inclinent.

Comment donc arrivera-t-il un jour que la Montagne, Robespierre, la Convention en masse, passeront pour avoir voulu détruire cet ordre social qu'ils ont au contraire fait de leur vote? C'est que l'oubli aura été jeté sur leurs œuvres. On attribuera à d'autres les fondements qu'ils ont jetés. Par cet oubli systématique, une nation ne saura plus à qui elle doit le principe de son organisation sociale. Son histoire, dépouillée des faits les plus importants (et qu'y a-t-il de plus important qu'un Code civil ?), ne contiendra plus que des passions et des batailles. Les choses même disparaîtront dans cette fumée.

Rien au monde ne fait plus d'honneur aux Français que d'avoir été capables de se donner froidement, impassiblement leur Code civil au milieu du délire de 1793. C'est ce qui montre le mieux les énergies indomptables de cette race. Il n'est aucun peuple qui ait fait paraître cette puissance de raison civile dans l'extrême danger de mort, la tête sous le couteau. Je ne vois pas que les Romains aient rien fait qui en approche. On parle encore de ce champ qu'ils ont acheté pendant qu'il était occupé par Annibal. Qu'est-ce que cela auprès de ce champ des lois civiles acquis et donné au monde par les Français, pendant que le monde les occupait et les tenait presque sous ses pieds ?

Il y a donc pour eux une importance immense à bien marquer en quel temps ils ont posé d'abord le principe de leurs lois civiles ; et c'est vraiment une calamité qu'une nation si délicate en matière d'honneur se soit laissée si aveuglement dépouiller de sa gloire principale pour en revêtir, à son extrême préjudice, d'autres temps, d'autres hommes, ou plutôt un seul, qui sut se substituer à tous. C'était perdre à la fois et la liberté et la gloire la plus solide.

Il est certain, en effet, que ce qui constitue un Code civil, ce sont les principes fondamentaux, les formules générales d'où dépend son caractère. Voilà l'œuvre vraiment créatrice. Lorsque ces grandes lignes ont été tracées, des hommes et des temps même médiocres peuvent remplir les vides, achever ce qui est incomplet, terminer la figure dessinée dans le marbre.

A ce point de vue, comparez le Code civil de 1793 à celui de 1803. Vous verrez que toutes les grandes formules, celles qui déterminent une législation, ont passé presque littéralement du Code de la Convention dans le Code de l'an xii. La substance de la loi est la même. Et pouvait-il en être autrement, quand c'étaient les jurisconsultes de la Convention, Cambacérès, Treilhard, Berlier, Merlin de Douai, Thibaudeau, qui reproduisaient leur œuvre sous le masque du premier consul ?

Mais, chose incroyable, s'il n'était si aisé de la vérifier, l'ordre avait été donné d'oublier. Il fut exécuté par ceux-là mêmes qui y perdaient leur meilleur titre d'honneur. Relisez les discours des conseillers d'État, des tribuns qui, sous le premier consul, exposent les bases du Code civil. Jamais, ou presque jamais, ils ne rappellent le premier Code de 1793, dont ils empruntent la substance et l'âme. Qui aurait osé, en 1803, invoquer l'autorité, le témoignage, la science, la sagesse du législateur de 1793? On aima mieux effacer une nation, pour ne laisser subsister qu'un homme.

De là un vide qui frappe surtout les jurisconsultes étrangers. Le Code civil de 1803 apparaît sans tradition, sans passé, sans nulle base historique; il semble être une abstraction pure, surgie de terre au commandement militaire d'un grand capitaine. Les travaux collectifs de la Constituante, de la Législative, surtout ceux de la Convention, modifiés sans doute, corrigés, complétés dans les détails, allèrent s'engloutir dans la gloire unique du premier consul. Aujourd'hui, notre œuvre doit être de retrouver, de reproduire le Code primitif, sans lequel la copie ne paraît qu'une statue sans base.

Ne souffrez pas davantage que la nation française perde son plus beau titre ; restituez-lui ce qui lui a été dérobé. Il n'est pas permis à une nation de pousser l'oubli jusqu'à s'oublier elle-même.

Sous le Code de Justinien se retrouve l'âme des grands jurisconsultes des temps antérieurs ; on n'avait pas songé à effacer leur œuvre et leur mémoire. La science du pouvoir d'un seul a été portée plus loin sous le Consulat. Dans le Code de 1803, Napoléon a systématiquement effacé la Convention.

L'œuvre du Code civil a été continuée toujours dans le même esprit, à travers les époques les plus diverses de la Révolution. C'est là un fil que rien n'a pu rompre ; il sert à se reconnaître dans le labyrinthe. Les partis changent, se succèdent ; ils se transmettent l'un à l'autre le fil d'Ariane, toujours le même, toujours égal, depuis les Feuillants jusqu'aux Thermidoriens.

Les actes de l'état civil sont dus à la Législative (20 septembre 1792) ; le principe des successions, à la Constituante. Mais c'est sous la présidence de Couthon que la Convention décrète irrévocablement l'égalité des partages entre les héritiers ; l'adoption, consacrée le 18 janvier 1792, est décrétée en août 1793, et le 16 frimaire an III. Les principes sur la paternité, la tutelle, les contrats, les obligations, sont du 23 fructidor, du 5 brumaire, du 17 nivôse an II. Ainsi, les bouleversements des partis ne changent en rien le plan, l'idée, l'esprit de ce droit privé, qui semble se graver lui-même comme la nécessité dans les consciences. L'œuvre avance tranquillement, obstinément. Ni échafauds, ni factions, ne combattent pour le Code. Personne ne s'en inquiète ; et il se trouve à la fin que c'est lui qui survit, quand tout le reste est abattu.

Dans cet ordre d'idées, point d'hésitations, de luttes, de fatigue, de défaillance. Quand les partis sont épuisés, sitôt qu'il y a un moment de silence, le Code, ce travail interrompu, reparaît. Il rallie aussitôt toutes les intelligences ; elles reprennent haleine dans cette géométrie civile. La Convention lui donne soixante séances, à des intervalles plus ou moins éloignés. Un titre s'ajoute à ceux qui précèdent, et le monument de paix s'élève au milieu des colères assoupies. Comme une mer furieuse dépose au fond de son lit de tranquilles stratifications de marbre, ainsi la Révolution française, dans ses temps les plus terribles, dépose au fond de son lit les assises parallèles, symétriques, harmonieuses de ses lois privées.

Pourtant, il faut tout dire. Quand le Code civil de la Convention fut presque achevé, il arriva une chose étrange. Au moment de mettre le dernier sceau, la Convention hésite; elle s'arrête, elle demande une nouvelle rédaction plus philosophique; par là, elle se frustre de l'honneur de donner son nom à la législation civile de la France. D'où vient cette facilité à ajourner? En voici, je pense, la raison qui confirme avec éclat ce que j'ai établi plus haut.

Les lois civiles n'avaient présenté aucune difficulté aux partis; elles s'étaient comme offertes d'elles-mêmes au législateur. C'était le fruit mûr qui se détachait de l'arbre; les hommes de la Révolution sentaient qu'elles ne pouvaient leur échapper. Une si grande sûreté leur ôta toute impatience de les graver en formules irrévocables. C'est le contraire de ce qui arrivait pour les lois politiques; celles-ci fuyaient, pour ainsi dire, à mesure qu'on pensait les saisir. Nouveau supplice de Tantale! D'où une impatience fiévreuse de s'en emparer, de les rédiger, de les fixer, de les lier à des constitutions écrites, que l'on croyait rendre irrévocables par le serment.

On était sûr de jouir des lois civiles; l'expression définitive en fut ajournée. On ne sentait aucune sûreté dans le droit politique, tous se hâtèrent; on ne voulut pas perdre une heure pour le fixer.

Il fallut d'abord un esprit héroïque, *mens heroica*, pour porter la main sur l'échafaudage de toutes les lois civiles qui se disputaient la France. En des temps ordinaires, qui eût osé jamais trancher avec tant d'autorité entre le droit romain et le droit coutumier, par exemple, dans les conventions matrimoniales? A chacune des grandes audaces juridiques on pourrait assigner une date de la Convention; ses jurisconsultes lui empruntèrent son intrépidité; c'est par là qu'ils purent décider en maîtres et sans réplique, au milieu du chaos de tant de législations discordantes. Témérité presque inconcevable en une époque ordinaire. Ces premières vues ont décidé de l'esprit de nos lois; rien n'a pu effacer cette vigoureuse empreinte. Examinez tous les principes généraux qui ont survécu dans notre législation, le premier plan a servi pour tout l'édifice.

Au moment de la promulgation du Code, personne n'avait songé qu'on pût faire disparaître le nom de la nation à laquelle il appartenait. Il fut promulgué sous le titre de « Code civil des Français ». Bientôt, ce nom de Français fut effacé comme un adjectif superflu. Miracle d'obéissance! Une nation oublia son titre le meilleur à la reconnaissance des hommes, pour en revêtir son maître. Le bas empire avait montré moins d'abnégation.

Quand on ne peut s'empêcher de citer le Code [1] de la Convention « modèle de précision et de méthode », l'habileté est d'en parler sans le nommer [2]. Ce n'est plus le Code commandé par la grande assemblée, et rédigé en août 1793 par le Comité de législation : c'est le « Code du consul Cambacérès, » comme si son consulat remontait à 1793 !

Autre singularité ! Les jurisconsultes de la Convention sont devenus ceux du Consulat ; ils donnent les premiers l'exemple de l'oubli ordonné. Tout doit dater de Napoléon : ils se conforment à cette règle en oubliant eux-mêmes leur gloire acquise, comme si rien ne comptait de ce qui avait été fait sans lui.

En revanche, tous les Conventionnels qui établirent chez nous, par le Code, l'égalité sociale, reçurent pour récompense un titre féodal de comte, par exemple Treilhard, Berlier, Thibaudeau, sans parler du prince Cambacérès. Étrange manière de confirmer le principe par son contraire !

Qui se figure aujourd'hui, en voyant le Code civil, que les principes de ces lois ont été votés sous la présidence de Hérault-Séchelles, Robespierre, Billaud-Varennes, par Couthon, Saint-Just et le reste de la Montagne ? Il fut enjoint

---

[1] Projet de Code civil présenté à la Convention nationale le 9 août 1793, au nom du Comité de législation, par Cambacérès. 1793.

[2] Code Napoléon, suivi de l'Exposé des motifs.

de dire que l'on déshonorerait la justice, en laissant voir qui l'avait d'abord promulguée.

Par cet art de dissimuler les origines du Code, se trouva atteint un double but : la nation crut qu'elle avait été impuissante, excepté à verser le sang, et que, dans l'universel naufrage, abandonnée à elle-même, elle avait été sauvée par un seul homme, qui créait de rien ses lois civiles ; car nous avons gardé des vieilles sociétés le besoin d'avoir, comme l'Égypte des Ptolémées, un Sôter, un sauveur.

Je pourrais remarquer aussi que les discours préliminaires, exposés des motifs du Code de 1803, sont un perpétuel hommage à la « journée réparatrice du 18 brumaire »; seule date qui soit célébrée comme le préambule de toute justice. Le péristyle du Code se trouve être ainsi un monument élevé à la force contre le droit ; et ce n'est pas la moindre des contradictions humaines. Mais je crois en avoir assez dit sur ce sujet. Revenons.

III

ESPRIT CIVILISATEUR DE LA CONVENTION
UBIQUITÉ, UNIVERSALITÉ

L'homme sait d'hier seulement qu'il est sur la terre depuis une centaine de milliers d'années; que, contemporain des races d'animaux perdues, une éternité visible pèse sur sa tête; il le sait à n'en plus pouvoir douter. Que va-t-il conclure de cette prodigieuse antiquité? Se confirmera-t-il, par là, dans son inertie, en voyant combien de siècles ont travaillé pour lui? Se dira-t-il qu'il a besoin de temps infinis pour avancer d'un pas; qu'il a fallu des immensités d'années pour s'élever de la hache de pierre à la hache de bronze; qu'il lui en faut au moins autant aujourd'hui pour s'élever d'un degré vers la justice? Ou bien pensera-t-il qu'après tant d'ébauches, de tâtonnements infinis, il est temps enfin d'être homme et de l'être tout à fait?

Sans rien savoir sur ce point de ce que nous savons aujourd'hui, la Révolution française a voulu achever l'homme d'un seul coup, en un moment. C'est là sa gloire; ce sera notre honte d'être retombés de si haut.

En se soumettant à la foule, la Convention avait perdu le respect ; elle le regagna par la crainte, surtout par ses travaux. Elle combat, elle délibère, elle menace, elle médite, elle frappe au même moment. C'est elle qui tient la truelle et l'épée. Toute au présent, elle est aussi toute à l'avenir qu'elle fonde ; elle est même dans le passé qu'elle extermine. Rien, dans aucune histoire, ne donne l'idée de cette omniscience et de cette omniprésence ; l'âme entière d'une nation fourmille de vie dans la fournaise.

Les événements y viennent retentir comme sur une enclume, mêlés aux motions, aux projets de lois, aux décrets de chaque heure ; atelier gigantesque où tout se forge à la fois, les armées, les codes, la Terreur, les écoles, la science, les idées, les actions, la guerre, et, qui le croirait ? même la paix. Les incidents se succèdent avec le pêle-mêle de la nature déchaînée. Danton préside. Au froncement de sourcil de ce Jupiter, l'uniformité des poids et mesures est proclamée. Le 15 août, Cambon apporte le grand Livre, « pour inscrire et consolider la dette publique ». Monument de sagesse, d'économie, de probité, qui survivra à tout ; en garantissant les dettes des émigrés, il enrichit ceux qu'il dépouille. — Surviennent des lettres de Saint-Just et de Lebas à Robespierre. Écoutez :

« Les aristocrates ont été guillotinés, à commencer par les banquiers du roi de Prusse. » Lettres de Fouché et de Collot-d'Herbois ; ils parlent de Lyon : « L'explosion de la mine sera seule capable de renverser assez tôt l'infâme cité ; son nom lui sera enlevé. » Maintenant à d'autres soins : un opéra sera décrété sur la Révolution du 10 août. Voici Chénier qui, au nom du Comité, lit le projet de substituer Marat à Mirabeau dans le Panthéon. Accepté sans délibérer. Danton propose un plan de nouveaux jeux olympiques ; on y donnera l'instruction publique, « le pain de la raison ». Place à Merlin de Douai ! Il fait son rapport sur la loi des suspects. Les ordonnances de Louis XIV, pour les dragonnades, servent de modèle. Admis sans discussion. N'oubliez pas le desséchement des étangs. Rien de plus urgent que de délivrer le peuple de la fièvre des marais. Mais silence ! Robespierre est à la tribune ; il lit la réponse de la Convention « aux rois ligués contre la République ». Cette réponse est digne et fière ; elle est dans le cœur de tous. Qui d'ailleurs oserait contredire un pareil orateur ? Mercier, l'auteur du *Tableau de Paris*, l'a osé ! Il a été écrasé, perdu, anéanti sous l'indignation publique, sa voix ne s'entendra plus. Exemple de docilité pour les autres.

On revient à l'instruction publique. Romme, Fourcroy, Bouquier, Chénier, se succèdent. Les enfants préoccupent la Convention plus que les hommes ; seul point qu'elle ne se lasse pas de corriger, de revoir, de refaire ; sa patience, à ce sujet, est infinie. Spectacle unique que l'enfant ainsi protégé par les rudes mains qui s'appuient à l'échafaud. L'évêque Grégoire est le Fénelon de ce nouveau Télémaque.

Mais que dit-on de la guerre ? Voici justement des lettres de Masséna, de Hoche, de Pichegru, de Moncey. Qu'on les lise : victoires sur le Rhin, combats incertains aux Pyrénées, marche en avant sur les Alpes, massacres, incendies en Vendée. Alternatives accoutumées ; on fera face de toutes parts. Carnot arrive du Comité ; on lit sur son front la victoire. Dépêches de Carrier : il fusille, il brûle, il noie ; et ceux qui tout à l'heure avaient le ton de Télémaque, approuvent d'un signe de tête ; ils ont pris le cœur de Carrier. Écoutez ! voici Barrère ; il faut entendre sa carmagnole à l'armée de la République, sous les murs de Toulon : « Soldats, vous êtes Français, vous êtes libres. Voilà des Espagnols et des Anglais, des esclaves ! La liberté vous observe. » Un long applaudissement a suivi.

La guerre fera-t-elle oublier les beaux-arts ? Tant s'en faut. Aussi bien, la Commission pour la conservation des monuments des arts est prête depuis plusieurs jours. Qu'elle fasse son rapport.

On prend pitié des statues et des tableaux ; ils seront mis en sûreté, quand les hommes ne savent plus où reposer leur tête. Sergent, de la même main qui a signé les circulaires du 2 septembre, trace le plan du Musée. Merlin de Thionville, au retour des armées de Mayence et de Vendée, organise l'artillerie légère, et fait des projets de musique populaire. David a juré qu'il immortalisera de son pinceau le divin Marat ; il immortalisera aussi Barra, le jeune soldat de l'armée de l'Ouest. Après les acclamations, les gémissements, les sanglots. Des citoyennes en pleurs « viennent en foule à la barre » demander la mise en liberté de leurs parents détenus, et menacés de mort. Que va-t-il arriver ? Les cœurs de bronze s'amolliront-ils à ces cris des suppliantes ? Le président leur oppose les lois de Solon, l'exemple de Cicéron. Elles répliquent par leurs larmes. Robespierre se lève. Il repousse « ces femmes méprisables, que l'aristocratie lâche devant nous ». Il a parlé, elles se taisent. Qu'elles aillent enterrer leurs morts !

A cette scène succède le travail du Code civil dont j'ai parlé plus haut. Les têtes sont calmes. C'est le moment d'écouter l'exposition d'un nouveau système sur les assignats. N'est-ce pas de nouveau Cambon, toujours infatigable ? Oui, c'est lui ; il propose de démonétiser les assignats à l'effigie royale, qui offusque les patriotes. Les chiffres sont pesés, confrontés ; les opérations étudiées, vérifiées comme dans le cabinet retiré d'un financier. — Nouvel incident qui appelle l'attention. Un orateur de Lyon apporte à la barre la tête de Châlier, qu'une femme a déterrée de ses mains pieuses dans la nuit. Il fait hommage à la Convention de cette tête coupée du tribun. Il raconte les vertus de cet émule de Marat ; Châlier les possédait toutes, excepté la divine fureur. La Convention regarde cette tête de mort ; elle accepte l'augure, et reprend son ouvrage : télégraphes, instructions sur le salpêtre, écoles primaires, écoles normales, école centrale, d'où sortira l'école polytechnique, liberté des cultes, arrestation des soixante-treize, Lyon remplacé par Commune-Affranchie, Toulon par Port-de-la-Montagne, savants en réquisition pour les calculs sur la théorie des projectiles, Musée, Muséum d'histoire naturelle, victoire de Hondschoote, victoire de Watignies, remportée en personne par Carnot, victoire de Savenay, liberté des nègres, nouveau maximum, nouvelle ère universelle, tout sort à la fois de la tête de la Convention, par une explosion de la nature, sous les coups redoublés de la nécessité.

A quoi comparerai-je cette création furieuse et calculée, où tous les contrastes se réunissent ? Y a-t-il dans la nature un objet qui y ressemble ? On dit qu'Eschyle avait fait une tragédie d'*Etna*. Je m'imagine qu'on entendait au faîte le travail régulier des cyclopes qui forgeaient avec un bruit d'airain, sous leurs marteaux innombrables, les armes, les glaives, les flèches, les boucliers des dieux. On devait aussi y surprendre la longue respiration haletante, immense, entrecoupée du géant Encelade, qui s'exhalait à travers les gorges embrasées de la montagne. Sur les flancs croissaient de vastes forêts de chênes ; au sommet la neige, au pied les oliviers. Des enfants jouaient sur les genoux du cyclope, à l'extrémité du promontoire. Le roi des morts, Pluton, apparaissait échevelé, sur son char d'ébène, dans les gouffres ouverts. Il remplissait les champs de terreur. Tout tremblait au loin, les villes, les tours, les peuples, les rois, les hommes, les dieux. Mais qu'est-ce que cette image en comparaison de la terreur attachée à la Convention, aux sept cents têtes ? La nature est ici dépassée de beaucoup par les hommes.

Quand j'ai voulu m'éclairer sur le caractère de la Convention, j'ai vu un travail incessant de civilisation au milieu d'une bataille soutenue contre le monde entier ; grandeur unique entre toutes les assemblées humaines. Il n'y avait là personne qui ne se crût à son dernier moment. Un conventionnel ayant parlé à ses amis d'un projet qui supposait pour lui un avenir d'un mois, parut aussi risible que s'il se fût attribué l'éternité. Tous avaient fait, comme Bazire, un pacte avec la mort ; chacun voulait laisser une pensée, un acte, une création, qui fût son testament auprès des générations futures. Ceci explique la fécondité incroyable des premiers mois de la Terreur. Les esprits n'avaient pas encore été glacés. Ils produisirent alors tous les germes qui se sont développés dans les derniers mois de la Convention. Ce qui avait été inspiré par la mort envisagée face à face en 1793, fut ensuite mûri et décrété, le danger passé, en 1795, par ceux qui survécurent.

Autre phénomène, non moins extraordinaire. L'homme grandit tout à coup de vingt coudées. Il reprit les proportions antiques. Ce qui, en effet, le rapetisse chez les modernes, c'est la spécialité. Il y est enfermé. Il est attaché à un métier, à une profession, à un ordre d'idées dont il ne lui est pas permis de sortir. Dans les temps réguliers, nous n'admettons guère en France que l'homme qui a fait la pointe d'une épingle en puisse aussi faire la tête. Cette ambition nous paraît exorbitante. Si un téméraire s'abuse à ce point-là, qu'il l'expie ! Nous ne souffrons guère que le philosophe soit poëte ni que le poëte soit législateur, ni le législateur capitaine, ni le capitaine artiste. Tout cela fut changé en un moment. Le moule étroit de l'humanité moderne fut brisé. Chaque homme donna tout ce qu'il renfermait en lui d'aptitudes diverses. Un chirurgien de village réprima des armées. Danton s'occupait de l'école primaire, Hercule qui tient d'une main un nourrisson et de l'autre la massue de Némée. Hérault-Séchelles, le légiste du parlement, est pontife de la nature au 10 août ; il fait passer la coupe aux sept cent quarante-neuf membres ; il se tourne vers le soleil et tend la main à Zoroastre.

Combien de fois des hommes de lois, petits praticiens, passèrent en un jour du cabinet à l'administration des armées et au champ de bataille ! Merlin de Thionville soutenait des siéges. Il était compagnon de ce général Meunier, que Gouvion Saint-Cyr proclamait l'égal de Napoléon. Le prédicateur protestant Jean Bon Saint-André s'est fait amiral. Il organise la flotte. On n'avait que vingt-deux vaisseaux, il promet d'en doubler le nombre. Il établit des croisières, prépare une expédition navale à Cherbourg et à l'île Cotentin. Par ses soins, les matelots gabiers deviendront d'excellents instituteurs des novices. Et Saint-Just, que n'était-il pas ? Accusateur, inquisiteur, écrivain, administrateur, financier, utopiste, tête froide, tête de feu, orateur, général, soldat ! Le civil achevait le militaire, et le militaire achevait le civil. Cela ne s'était pas vu depuis les Romains.

Dans cette assemblée d'hommes, le plus obscur

a son jour d'immortalité. Quel est celui qui, le 25 nivôse, ouvre la séance ? Il paraît rarement à la tribune ; c'est le plus jeune de l'assemblée ; il n'a guère que vingt-six ans ; mais il sait agir et commander. C'est le médecin Baudot, presque toujours en mission là où il faut un cœur énergique, un œil d'aigle. Voyez comme il est encore couvert de la poussière du champ de bataille. Il en arrive le jour même, et il n'a pas encore quitté son costume demi-militaire de représentant aux armées. C'est à lui qu'a été réservé l'honneur de raconter la victoire de Geisberg ; aussi bien, il y a eu sa part, en prenant sur lui de donner le commandement en chef des deux armées à Hoche, malgré Saint-Just, qui désignait Pichegru. Avec quelle rapidité héroïque il décrit cette bataille, d'où il sort ; l'action sur un front de onze lieues ; les lignes de Wissembourg forcées, Spire enlevé, Landau repris, Lauterbourg, Kayserslautern, Frankenthal occupés, le Palatinat assuré, le Rhin conquis. Grande date ; la Révolution s'est donné sa frontière. « Mettez, dit Baudot, à profit le grand caractère de l'armée du Rhin et de Moselle. Vous la verrez commander la victoire. Notre première lettre annoncera de nouveau la défaite des rois et la grandeur de la République. » Pour tant de combats et de travaux, quelle a été la récompense de cette armée ? Baudot lit la proclamation qu'il lui a adressée. La voici : « Républicains, vous avez fait votre devoir. » Quoi ! Rien de plus ? Non. L'assemblée applaudit ; les tribunes acclament ce langage de Spartiate. Le jeune représentant est déjà reparti.

A cette même tribune, encore retentissante des échos de Geisberg, David, le peintre, apporte, le 27 nivôse, ses conclusions sur le conservatoire du Muséum et le rentoilage des tableaux. Les vierges de Raphaël, du Corrége défilent processionnellement après les bataillons du Rhin et de Moselle. Les paysages du Poussin, de Claude Lorrain prennent la place des paysages ensanglantés du Hartz.

Enfin paraît Saint-Just. Il présidait en pluviôse, pendant que se décrétait la loi sur le roulage et les transports. Aujourd'hui, 23 ventôse, il ouvre, il proclame la grande Terreur. « Vous n'avez vu encore que les roses. » Saint-Just promène l'épouvante sur tous les partis. Comme l'épervier qui paraît immobile et n'a pas encore trouvé la proie sur laquelle il veut fondre, il tient, pendant deux heures, la Convention sous sa vague menace. Il ne conclut pas. Il met chacun en présence de lui-même ; car il sait que la terreur, pour être un bon instrument de règne, doit d'abord entrer dans toutes les âmes. Personne n'excelle mieux que lui à tenir ainsi le glaive suspendu sur toutes les têtes avant de frapper. Quand il a fini, nul n'ose l'interroger. Chacun se demande en secret : De qui veut-il parler ? Quel est le coupable aujourd'hui ? Ai-je mérité sa haine ? Est-ce moi ? Il regardait du côté de Danton tout à l'heure. Mais qui oserait s'en prendre à Danton ? Il est donc vrai qu'il y a des traîtres autour de moi ! Et si l'on rencontre Saint-Just, on essaye de sourire à l'exterminateur. Car, même parmi les héros, il a su faire pénétrer la peur. Celui qui tout à l'heure racontait la victoire de Geisberg écrira de Saint-Just, quarante ans après : « Son souvenir me fait encore frissonner. »

De ce moment, l'épouvante que l'on inspirait aux autres, on commence à la ressentir soi-même. On tutoie le génie de la mort. Depuis nivôse, les listes funèbres s'entassent dans le *Moniteur*, immédiatement au-dessus de l'affiche des spectacles. La parole de Saint-Just a glacé. Cette ardeur de civilisation qui se mêlait à tout s'arrête. C'est comme un grand fleuve qui gèle en une nuit. Pendant trois mois, il ne reste plus que l'officiel de la Terreur. Le silence s'est fait sur tous les bancs, Plaine, Montagne, Marais. Vous entendriez le ronflement des Euménides.

Ainsi, dans la Convention, chacun à son tour sort de son horizon ordinaire, de son tempérament, de sa spécialité. Un seul homme ne sort jamais de la sienne ; un seul ne se prodigue pas en fonctions diverses. Pendant que les autres parcourent incessamment la circonférence, il se concentre de plus en plus. Il n'a qu'une fonction, toujours la même, le soupçon, l'accusation ; les autres s'agitent autour de la ruche bourdonnante ; ils vont, ils viennent, ils s'écartent. Robespierre seul est immobile. Toujours au même poste, immuable dans l'agitation universelle, il est l'œil fixe de 1793 qui veille sur la Terreur. Cela est pour beaucoup dans la fascination qu'il exerce.

Où s'est-il vu jamais une assemblée d'hommes ainsi présents partout, occupés de tout, de ce qui est loin et de ce qui est près, de l'ensemble et du détail, de l'infiniment grand et de l'infiniment petit, d'armées et de médailles antiques, de peuples et de bibliothèques, d'échafauds et de vases étrusques ? Ubiquité, universalité, c'est le nom de la Convention.

Avec tant d'audaces, pourquoi n'aurait-elle pas osé fonder une ère nouvelle ? Elle l'osa. Fabre d'Églantine apporte à la fin de 1793 le nouveau calendrier ; Romme le commente. Les Français avaient tant besoin d'oublier leur passé ! Ils cherchèrent à oublier jusqu'aux noms antiques des jours, des mois, des saisons ; ils crurent un moment être arrachés à leurs gothiques fondements. Jamais, dans le monde moderne, nation ne fit effort plus grand pour effacer ses souvenirs.

Rien, au reste, ne semblait mieux calculé ; plus

réfléchi, que cette révolte contre l'ère vulgaire. Les temps se partagent d'eux-mêmes : après la création, le Christ ; après le Christ, la Révolution. Tout était conforme à la science ; l'égalité des jours et des nuits, à l'équinoxe d'automne, ouvrait au 22 septembre l'ère de l'égalité civile. Ainsi, on reflétait dans la loi les pensées constellées de l'univers. La grande République se trouve, comme une portion du firmament, inscrite dans la sphère céleste ; elle s'ordonne comme l'équation de la géométrie des mondes. Quelle garantie pour l'édifice nouveau ! Qui pourra le renverser puisqu'il a pour lui l'armée des étoiles ?

Qui eût cru que cette géométrie humaine, si profondément calculée, s'écrivait sur le sable, et qu'après si peu d'années, il n'en resterait plus de traces ? Les Olympiades, les années des consuls, ont duré pendant des siècles ; l'Hégyre subsiste. L'ère de l'an I a passé avant la génération qui l'a fondée. Où sont les mois qui promettaient la moisson, germinal, messidor, fructidor ? Ils ont passé comme ceux qui annonçaient les tempêtes, brumaire, frimaire, nivôse. Rien n'est resté, ni le printemps, ni l'hiver. Où sont les fêtes du *Génie*, des *Récompenses*, de l'*Opinion* ?

Les cieux ont continué de graviter ; ils ont ramené l'égalité des jours et des nuits ; mais ils ont laissé périr l'égalité et la liberté promises, météores dissipés dans le vide. La sphère poursuit sa course, sans s'apercevoir qu'au 22 septembre elle ne ramène plus avec elle l'ordre politique qui la prenait à témoin. Les astres n'ont point épousé la République de l'an 1; ils ont mieux aimé leurs espaces déserts que les cieux sanglants de l'esprit humain. Les sans-culottes n'ont pu se populariser dans la plèbe des étoiles.

D'autre part, les peuples ont répudié l'ère nouvelle; ils sont revenus à l'ancienne. Pourquoi? Parce que les hommes de la Révolution ont cru prématurément que l'âge de la science est arrivé, et qu'il servira désormais de base unique à toutes les conceptions. Une croyance antique qu'ils avaient négligée, soit crainte, soit mépris, s'est retrouvée; un fantôme a apparu : un souffle grêle, comme celui de Samuel, s'est fait sentir; l'édifice si savamment construit, appuyé sur les mondes, s'est évanoui.

Pourtant, la chimère de l'ère nouvelle a existé douze ans; les peuples s'y étaient déjà accoutumés. Qui serait assez hardi pour affirmer que, dans les siècles des siècles, cet édifice ou un autre semblable ne se relèvera jamais?

LIVRE SEIZIÉME

LA RELIGION SOUS LA TERREUR

I

LE TERRORISME FRANÇAIS ET LE TERRORISME HÉBRAÏQUE

Qu'est-ce en soi que le système de la Terreur, appliqué à la régénération d'un peuple ?

L'idéal de ce système a été conçu et réalisé par Moïse. Son peuple périssait dans la servitude d'Égypte ; il entreprit de le sauver en le régénérant. Pour cela, il l'obligea d'abord de renoncer aux vieilles idoles égyptiennes ; après quoi, il entreprit de refaire la tradition et l'éducation de ce peuple.

Pour y réussir, il l'entraîne dans le désert ; il l'y maintient au milieu d'un tremblement et d'une terreur de quarante années. Gouvernement de l'épouvante par excellence, puisque tout ce qu'il y a d'effrayant dans le ciel et sur la terre, voix d'en haut sur les nuées, famines, soif, châtiments, serpents d'airain, servit à terroriser le peuple hébreu ; il vécut tout le temps sous le glaive. C'est après qu'il eut été séquestré de la tradition du reste des hommes, et lorsque des générations nouvelles eurent contracté un génie nouveau, que Moïse consentit à le remettre en contact avec l'ancien monde ; alors le peuple avait été si bien dépaysé qu'il lui était impossible de retourner sur ses pas et de rentrer dans la vallée de servitude.

Reconnaissez que, par ces côtés, le terrorisme français appartient instinctivement au même système que le terrorisme des Hébreux ; c'est là ce qui causait la secrète admiration de M. de Maistre pour le Comité de salut public. Telle était la pensée de Saint-Just et de Billaud-Varennes. Les chefs de 1793 entreprirent d'arracher leur peuple à ses anciens fondements ; ils conçurent le projet de l'entraîner dans une sorte de désert d'égarement, loin de toutes ses traditions, de toutes ses habitudes, jusqu'à ce qu'il eût contracté sous le glaive un autre esprit que celui du passé.

Voilà aussi pourquoi ils tentèrent, par des moyens si divers, de dérouter, de désorienter cette nation, de lui faire perdre et oublier le chemin qu'elle avait suivi jusque-là. Ils entreprirent de changer même les habitudes les plus invétérées, les noms des mois, des semaines, des jours et des saisons. « Si nous votons l'éducation, disait l'un d'eux nous aurons assez vécu ! »

Dans cette voie, il semble qu'il n'y avait plus qu'un pas à faire pour comprendre que l'éducation d'un peuple, la plus vraie, la plus efficace, la plus digne d'être prise en considération par le législateur, est l'institution religieuse de ce peuple. L'évidence aurait dû éclater sur ce point et montrer que le travail prodigieux que l'on tentait pour dépayser la nation française serait aisément chose illusoire, tant que la forme du passé et les tours de Notre-Dame se montreraient partout à l'horizon. Après un peu de temps, on ne manquerait pas de s'y rallier ; tous les systèmes de régénération sociale iraient se perdre dans cette ombre.

Si, dans le terrorisme hébraïque, Moïse se fût contenté d'entraîner les Juifs dans le désert, en leur laissant emporter avec eux leurs anciennes idoles, le peuple, déconcerté d'abord, n'eût pas manqué de revenir au génie de l'Égypte. En vain Moïse aurait redoublé ses menaces et ses exterminations, il aurait tué sans profit pour l'avenir ; le sang inutilement versé aurait crié contre lui. Après quelques années, las d'errer, le peuple juif, conduit par ses dieux de pierre, serait rentré dans sa tranquille servitude. Couvert du sang des douze tribus, Moïse serait aujourd'hui exécrable à la postérité.

II

COMMENT LE FAUX ENGENDRA L'ATROCE

Le terrorisme de Moïse était précédé de la colonne de feu qui l'éclairait dans la nuit ; voyons si la lumière se fera dans le terrorisme français.

Dans la discussion de la Constitution de 1793, une parole avait dépassé toutes les audaces ; elle était sortie de la Gironde. Vergniaud s'opposait à la déclaration de la liberté des cultes. « Lorsque, osa-t-il dire, la Constituante donna la première impulsion à la liberté, il a fallu faire cesser l'affreuse intolérance qui s'était établie, et, pour détruire des préjugés qu'on ne pouvait attaquer de front, consacrer le principe de la tolérance ; déjà, c'était là un grand pas. Mais, aujourd'hui, nous ne sommes plus au même point. Les esprits sont dégagés de leurs honteuses entraves, nos fers sont brisés ; et, dans une déclaration des droits sociaux, je ne crois pas que nous puissions consacrer des principes absolument étrangers à l'ordre social. »

Ce jour-là, 19 avril 1793, Vergniaud et ses amis dépassèrent de vingt coudées les Jacobins, ou plutôt ils se montrèrent les seuls révolutionnaires. En concluant à l'abolition de la religion ancienne, ils prouvèrent que l'expérience des dernières années n'avait pas été perdue pour eux, et qu'au moment de tout renouveler, il ne s'agissait pas de consacrer le culte de la contre-révolution et de s'y ancrer de nouveau.

Les Girondins comme Vergniaud voulaient, au moins pendant quelques années, l'interdiction de l'ennemi, pour former une France nouvelle, comme Luther avait formé l'Allemagne ; Calvin, Genève ; Zwingle, la Suisse ; Guillaume, la Hollande ; la maison d'Orange, l'Angleterre ; les Indépendants, l'Amérique, en dehors de l'influence permanente et toute-puissante de l'ancien culte.

Ce n'était pas la voie magnanime ; c'était celle qui avait réussi dans les révolutions intolérantes du xvi° siècle. Les Jacobins, surpris qu'on les eût passés de si loin en audace, s'en offensèrent. Saint-Just lui-même avait écrit dans ses institutions : « Tous les cultes sont également permis et protégés. » Quoi ! tous, au milieu de la lutte, même le culte qui vous maudit ? — Oui. Et c'est de ce moment qu'il a été convenu d'abandonner presque toujours le fond pour sauver le mot.

Danton parut un moment entraîné vers les plus audacieux ; mais il resta en deçà de l'idée de Vergniaud ; il proposa d'ajourner la question. C'était donner à Robespierre le temps de la faire résoudre dans le sens qui rouvrait toute carrière au passé.

L'Assemblée fit ce que font tous les êtres irrésolus ; elle ajourna ; la cause du moyen âge fut gagnée. La Convention accepta la même base, que celle de la Constituante, 1791 reparut dans 1793. Les hommes se croyaient séparés de la première Assemblée par des siècles ; ils n'en étaient pas sortis.

La Constitution de 1793 étala un principe magnanime, nécessaire, inévitable ; mais, dans l'état vrai des choses, ce principe renfermait la contre-révolution. Tous ces hommes qui s'élançaient si impétueusement dans l'avenir, venaient de se lier en réalité au passé. Ils avaient eu la victoire ; par grandeur ou par imprévoyance, ils se rendaient au vaincu.

Un homme obscur, Jacob Dupont, laissa pourtant tomber encore une parole hardie : « Il est plaisant de voir préconiser une religion adaptée à une constitution qui n'existe plus... En vain Danton nous disait-il piteusement, il y a quelques jours, à ce sujet, que le peuple avait besoin d'un prêtre pour rendre le dernier soupir. Je lui montrerai Condorcet fermant les yeux à d'Alembert. »

Discours inutiles ! Vergniaud avait montré sa foi dans l'esprit humain ; il avait cru que, sur ce fondement, on pouvait bâtir la société nouvelle, et voulait faire table rase du passé religieux de la France. Cette témérité fit frémir les Jacobins. Avec leur tempérament de ligueurs, ils n'étaient pas hommes à déplacer le Dieu Terme du moyen âge.

Comment l'eussent-ils fait ? J'ai déjà dit plus haut qu'ils n'osent pas même envisager de sang-froid cette question : « Laisser à chaque communion le soin de salarier les ministres de son culte. » Cette idée si simple, si élémentaire, est une colonne d'Hercule inaccessible. Aux yeux de Danton, c'est là un crime de lèse-nation ; Robespierre pousse l'horreur encore plus loin.

Serait-il donc vrai que ces colosses d'audace ne se crussent pas capables de plier un roseau dans l'ordre moral ? Ils jettent le défi au monde, ils foulent aux pieds rois, castes, armées ; mais une routine superstitieuse, les voilà impuissants à l'affronter. Avec un pareil défaut d'équilibre comment ne tomberaient-ils pas ? Moins ils osent dans l'ordre moral, plus ils sont entraînés à tout oser dans l'ordre physique. Audace stérile ! ils ont beau se faire une idole de la mort, elle ne rachètera pas leur timidité d'esprit.

Du moins, s'ils eussent su qu'ils servaient leur ennemi ! Mais non ! ils croient encore couvrir un allié. Relisez les discours de Robespierre ; vous verrez qu'il n'a acquis d'autres vues que celles du clergé sur la nécessité des vieux autels. Il ne voit encore dans les institutions catholiques que « la voix du Fils de Marie, qui prononce des anathèmes contre la tyrannie et l'impitoyable opulence ».

Voilà donc le chef des terroristes, l'épouvantement de la postérité ! Ce monstre d'audace ne peut se détacher du moyen âge ; il le dit et le répète à satiété. Sa pensée est encore la substance de l'ancien régime ; comment le nouveau en serait-il sorti ? Avec des idées de ce genre, vous eussiez donné à Robespierre le pouvoir de verser le sang humain jusqu'à la dernière goutte, il eût été incapable de déplacer un atome moral dans l'univers entier. Ce n'est pas lui qui eût osé toucher aux augures.

Imaginez ce qui serait arrivé de tous les libérateurs, initiateurs, réformateurs, s'ils eussent pris pour principe le dogme de nos grands révolutionnaires sur la nécessité de ne pas toucher au « culte en vigueur ». Avouez qu'aucune révolution sérieuse ne se serait accomplie sur la terre ; les chefs auraient dû s'engager à ne pas troubler la multitude dans son ignorance ou ses ténèbres d'esprit. Autant de flatteurs qui auraient encensé les peuples dans leurs égarements. Cette flatterie eût engendré, de génération en génération, la servilité universelle et perpétuelle.

Ni la mort de Louis XVI, ni celle des Girondins, ni l'étang de sang de la loi de prairial, ne remédiera à ce fond d'impuissance. L'idée des Jacobins sur le point fondamental des choses humaines, la religion, est le vide ; tout l'univers en ruine n'aurait pu le combler.

Ce moment est décisif, et voici quelle progression commence. Les erreurs d'esprit de 1792 prennent corps en 1793, et deviennent des erreurs d'action. Des méprises d'idées produisent l'impuissance ; l'impuissance produit la fureur. Le faux conduit à l'absurde, et l'absurde va engendrer l'atroce.

Après cela, c'est un jeu trop sanglant pour les historiens de faire passer tous les partis, excepté le leur, pour autant de trahisons et d'immoralités. Quelques-uns, par exemple, sacrifient tous les individus à Robespierre. On lui immole chaque renommée ; la Révolution se trouve réduite à un seul homme, et l'on fait son apothéose. Mais si lui aussi est ébranlé, s'il vient par hasard à chanceler sur son trône, que restera-t-il ?

« Vous craignez le fanatisme, et il expire. » Ces curieuses paroles de Robespierre, au plus fort du fanatisme de la Vendée, sont devenues après lui un thème de rhétorique chez un grand nombre de révolutionnaires. Toutes les fois qu'ils ont été réduits à néant par l'esprit du passé, au lieu de le combattre corps à corps, ils ont répété : « Le fanatisme expire! il est mort! » La même timidité d'esprit a ramené la même forfanterie.

Malheureux les peuples dont les révolutions sont conduites par des hommes de plume étrangers à l'action ; ceux-ci sont trop loin des idées du peuple. Tout ce qu'ils ont écrit une fois, ils s'imaginent l'avoir gravé sur l'airain et dans les âmes ; ce qu'ils critiquent, ils se figurent l'avoir extirpé. Pour s'ôter la peine de vaincre, ils triomphent d'avance. Après tant de défis littéraires du bout des lèvres au christianisme, la France est encore aujourd'hui le bras séculier de l'Église.

III

LES NOUVEAUX BRISE-IMAGES. LE CULTE DE LA RAISON

Avec ce fond d'idées, figurez-vous la stupeur des chefs jacobins lorsqu'ils assistèrent, muets, aux scènes d'iconoclastes qui s'ouvrirent dans la Convention, le 7 novembre 1793 ! Ils avaient cru « poser la barrière ». Et cette barrière de l'ancien régime religieux, qu'ils jugeaient infranchissable, est emportée sous leurs yeux par des masses de peuple, qui leur portent le défi d'oser.

Pour comble d'étonnement, c'est le chef de l'Église, l'évêque de Paris, suivi de ses douze vicaires, qui devance les novateurs. Que vient donc faire à la barre l'évêque Gobel, jusque-là si soumis aux autorités jacobines ? L'évêque vient abjurer le catholicisme aux pieds de la Montagne, pour « le culte de la sainte Égalité ». Car il croit que c'est là le vœu des Montagnards. Il s'est trompé. Il pense que les révolutionnaires ont la logique de leurs croyances ; et aujourd'hui il veut le premier encenser le dieu nouveau. Coiffé du bonnet rouge, il remet à la Convention sa croix, son bâton pastoral, son anneau d'or. Ses vicaires déposent leurs lettres de prêtrise, et cherchent des yeux le nouvel autel. Ils se sont trop hâtés. L'autel du dieu inconnu n'existe pas encore. Un vertige général d'abjuration paraît entraîner l'assemblée ; la plupart des prêtres qui en font partie abjurent à leur tour. L'abbé Sieyès lui-même croit nécessaire de renier la foi que personne ne lui suppose. Où s'arrêtera ce vertige ? Est-ce une date nouvelle dans l'histoire des religions ? Est-ce l'Église qui se livre elle-même ? L'abbé Grégoire résiste le premier à cet entraînement. Il reste prêtre et évêque. Son courage a été justement célébré. Mais lui seul avait bien jugé la Convention. Je montrerai, un peu plus loin, que sa résistance était applaudie en secret par beaucoup des Montagnards qui la condamnaient en public.

Gobel avait donné le signal. En dépit de la prudence des Jacobins, on revit ces mêmes ravageurs d'églises et de monastères, ces brise-images, ces déprédateurs de reliquaires qui avaient tant aidé à la réforme du seizième siècle. Ce qui s'était montré dans toutes les révolutions antérieures reparut dans la Révolution française.

Devant la Convention défilent, le 22 novembre 1793, des processions ironiques de citoyens chargés d'ornements d'église. Sur des brancards sont apportés les calices, les soleils, les ciboires, les chandeliers d'or et d'argent. Des sans-culottes, vêtus d'habits sacerdotaux, dalmatiques, chapes, chasubles, dansent devant l'assemblée aux chants du *Ça ira* et de la *Carmagnole*, entremêlés de la complainte de *Malbrough*.

L'ancienne Église est ainsi mise au pillage. Un observateur, si quelqu'un en de pareils moments eût pu observer, se serait inquiété de voir qu'aucun sentiment, aucune idée ne se substituait aux choses que l'on croyait avoir renversées. Dès lors, parmi tant de dévastateurs, il aurait pu prédire qu'un grand nombre iraient s'agenouiller, avant beaucoup d'années, dans l'Église même qu'ils s'imaginaient détruire.

Au seizième siècle, on avait aussi jeté au vent la dépouille du passé. Mais dans ce sac de la vieille Église, par la main des Réformés, avait percé un sentiment nouveau. En 1793, c'est un orage qui passe ; la légèreté domine. Ce n'est pas avec la chanson de *Malbrough* qu'on enterre les vieux cultes. Ils se rient de cette colère d'un jour, et s'apprêtent, en silence, à en tirer une vengeance séculaire.

Tant de frivolité mêlée à tant de fureur ! cela étonne. Souvent, dans une révolution, ce sont les êtres les plus légers qui sont emportés le plus loin. La tempête les prend ; elle les porte aux confins du désert, là où la vie est impossible. Puis elle se lasse ; elle les quitte, et ils retombent sur eux-mêmes, paille morte arrachée du vieux chaume, et que rien ne soutient plus. Beaucoup de ces dévastateurs de 1793 figureront à Notre-Dame dans les cérémonies catholiques du sacre.

Hébert, Chaumette, Momoro et les adorateurs du culte de la Raison, étaient surtout des effarés. Robespierre ne manqua pas de voir dans cette inconsistance le complot des complots, l'éternelle alliance avec Pitt et Cobourg. La frivolité devait être punie comme le dernier des forfaits.

L'instinct populaire cherchait un culte, il trouva un mot sublime : la Raison. Adorer la Raison éternelle, quoi de plus beau en soi ? Mais par une chute incroyable, dès que Chaumette, Hébert, voulurent réaliser cette idée, ils la détruisirent. Ils imaginèrent de la figurer par une personne vivante, une belle femme, qui devait jouer pendant une heure, sur une estrade, le rôle de la Sagesse. C'est là que se montra la stérilité désolante dans la conception des révolutionnaires. Ce devait être le fondement de l'édifice ; le fondement se trouva être la pire et la plus fragile des idolâtries. Jamais le peuple n'aurait eu une conception aussi vide. Hébert, qui avait passé sa vie dans le vestibule d'un théâtre, dut avoir une grande part à cette religion d'acteur.

Suivant lui, la révolution religieuse devait être un changement de décoration à vue.

Un jour, on vit apparaître dans la Convention

une jeune actrice portée sur les épaules de quatre hommes. Elle représentait la Raison. La Convention se lève et la suit à Notre-Dame, où l'on avait préparé son temple. Quelques-uns rougirent en secret de cette nouvelle idolâtrie. Elle fit le tour de la France. Partout des hymnes furent chantés à ces déesses, qui devaient si vite renier leur culte.

Une pierre brute, un bois vermoulu auraient eu sur les imaginations cent fois plus de prise qu'une actrice qui se dépouillait, une heure après, de sa divinité.

Par cet essai, il fut évident que ceux qui parlaient au nom de la Révolution n'avaient aucune idée de la région morale où le peuple forme ses croyances et ses instincts religieux. Ils voulaient simplement remplacer un spectacle ancien par un nouveau.

Véritable désastre que cette stérilité, cette impossibilité de concevoir la révolution religieuse autrement que comme une occupation des yeux et un coup de théâtre ! On avait tant de fois entendu dire que le culte n'est qu'une cérémonie ! Rien ne parut plus facile à Chaumette et Hébert que de remplacer une décoration par une autre. L'impuissance fut mise au jour par l'extravagance de la tentative ; mais était-ce à des révolutionnaires à la punir de mort ?

En beaucoup d'autres occasions, jamais plus visiblement qu'en celle-ci, je remarque que les chefs du peuple ont peu de connaissance réelle du peuple ; ils procèdent toujours par la logique, le peuple par l'imagination. Voilà pourquoi, après quelque temps, la séparation se fait ; un infini les sépare ; ils se quittent sans avoir pu se comprendre.

Cette impuissance de Danton, de Camille Desmoulins, de Couthon, à se faire une idée quelconque d'un changement dans l'ordre religieux, ne tient pas à leurs personnes, elle semble appartenir à la race latine. Jamais les Romains ne purent sortir de leurs anciennes formes religieuses ; ils n'en conçurent pas même l'idée. La même stérilité, plus lamentable, s'est retrouvée chez nous.

Si les révolutionnaires eussent pris pour la substance de leur culte la raison absolue, ils ne seraient pas si vite retombés dans les idoles ; mais ils n'eurent en vue que la raison humaine, et la personnifièrent dans une femme belle et jeune. Retour à une mythologie blasée, qui offrait pour innovation ce qui avait été rejeté, il y a deux mille ans, comme le comble de l'ennui, par le bon sens du genre humain.

La routine classique survivait à toutes choses ; Fouché substituait à la croix, sur les tombes, la statue effacée du Sommeil.

Au reste, grâce au spectacle, ou plutôt à la personne mise sur l'autel, le culte de la Raison excita un moment la curiosité populaire, qui manqua toujours au culte de l'Être suprême. Celui-ci, triste, sec, officiel, ne devait se maintenir que par la crainte ; l'autre figurait au moins le plaisir. Quand Robespierre le frappa de la hache, il sembla venger d'avance ses rites officiels, que la Terreur seule a protégés contre l'ennui et l'insipidité.

IV

LES RÉVOLUTIONNAIRES ONT PEUR DE LA RÉVOLUTION

Qui peut dire ce qui serait arrivé, si les révolutionnaires du Comité et de l'Assemblée eussent prêté leurs forces aux iconoclastes? Où allait le renversement et que serait-il sorti de cette poussière?

Mais les terroristes eurent peur des ravageurs de monastères, que la Réforme avait vus sans trouble ou même avec joie.

Ils opposèrent leur puissance d'épouvante à cette tempête. Tout rentra dans l'obéissance.

Luther eût ri de ce qui fit trembler Robespierre et Danton.

Le mouvement qui se produisait partout contre l'ancien culte, l'effort de la France pour en sortir, était la Révolution même. Le grand Comité de salut public n'imagina rien de mieux que de défendre solennellement cette entreprise; malheur à qui désobéissait!

Il fit servir sa toute-puissance à empêcher que l'ancien culte n'éprouvât aucun dommage durable.

De là, vous pouvez dire que les forces vives de la Révolution furent employées à mettre à néant la Révolution.

Les douze dictateurs, armés de la hache, firent rentrer la France dans le cercle du moyen âge, d'où un instinct barbare, il est vrai, mais populaire, la poussait à s'affranchir. Dès lors il fut certain que cet immense travail de vingt-cinq millions d'hommes en fureur était condamné à quelque immense avortement, puisque leur énergie s'employait à empêcher leur délivrance.

Ainsi, les Français ne se dépouillaient entre les mains de douze hommes, que pour être ramenés par eux dans les liens du passé ! La vieille Église tressaillit du ricanement de la Bible, au spectacle des terroristes occupés à lier la Révolution dans la géhenne du moyen âge. Aucune puissance catholique n'aurait pu ce qu'accomplirent alors les membres du Comité, les Robespierre, les Saint-Just, les Collot-d'Herbois, les Billot-Varennes, les Barrère, quand ils mirent sous leur protection et leur sauvegarde ce qu'ils appelaient eux-mêmes les *vieux autels*. Ils relevaient la borne qui empêchait l'avenir de passer.

Hercules enfants, qui n'osent rejeter les serpents de leur berceau !

Voilà le vrai vide de la Révolution française, et que faudra-t-il pour le combler ? Je vois des bras puissants et un esprit timide. Dès qu'il est en face de son ennemi, il le relève, il le patronne, parce qu'il en a peur ; et cette peur, il la déguise sous le mépris.

Les Réformateurs n'avaient point découragé les brise-images ni les renverseurs des vieux autels ; ils n'en avaient point fait justice. Les Jacobins les mirent à mort. Qu'est-ce à dire ? Les révolutionnaires ont peur de la Révolution.

Par cette méthode, il est évident qu'aucune des révolutions du monde moderne n'eût pu s'établir ; chacune d'elles, au contraire, se serait dévorée elle-même. Les Réformateurs eussent dit à Luther : « Vous brûlez les bulles du pape ; c'est pour réveiller le fanatisme papal. Vous êtes un agent secret du saint-siége ; à ce titre, nous vous donnons la mort. »

Le même raisonnement se serait appliqué à Zwingle, qui encourageait la dévastation des églises. Des chefs, il aurait fallu descendre aux *gueux* de Flandres, aux iconoclastes d'Allemagne et de Suisse ; on aurait vu anéantir la Réforme par zèle pour la Réforme.

L'ardeur des iconoclastes fut peut-être le seul mouvement où le peuple ait pris l'initiative ; c'est aussi celui qui fut le mieux écrasé par l'autorité jacobine.

Des masses encore à demi barbares cherchèrent

à sortir tumultueusement de la tutelle sacerdotale de l'ancien régime. La république classique, officielle, disciplinée, littéraire de Robespierre, ne pouvait rien comprendre à cet effort populaire, dont elle ne trouvait le modèle ni dans Rousseau, ni dans Lycurgue. Cela suffit pour qu'elle le condamnât, et avec lui la Révolution. Pour mieux anéantir cette révolte contre l'esprit du moyen âge, on la déshonora en la couvrant du nom d'un homme déshonoré. On l'appela Hébertisme. Dès lors, on en eut aisément raison.

C'était l'absurdité même de jeter une nation dans l'inconnu, et de prétendre tout ensemble qu'elle ne changeât pas une pierre dans l'édifice de la vieille Église. Telle fut pourtant la vue constante de Robespierre en 1793.

Le Comité de salut public avait écrasé par la peur le mouvement des iconoclastes à Paris; mal informées, les provinces continuaient de briser les images. Cavaignac à Auch, André Dumont dans la Somme, le Pas-de-Calais, l'Oise, aidaient à cette révolte. L'Église immuable courait un vrai danger; elle était ébranlée dans ses fondements. Le peuple, poussé par une force qui était la Révolution même, rejetait le joug des temps gothiques.

Aussitôt Robespierre reparaît sur la brèche; c'est encore lui qui vient au secours des ruines. Le Comité de salut public le suit dévotement. Plus timides que les Byzantins du neuvième siècle, tous ensemble réparent ce qui tombe. Ces douze grands docteurs de l'Église refont pièce à pièce leur mortel ennemi.

Flagellée et contrite, la Convention rentre la première dans le cercle d'où elle avait essayé de sortir. Si quelques-uns répugnaient à cette politique qui, d'un côté, se vantait de changer le monde, et de l'autre avait peur de remuer une pierre, ils se turent, et tous cédèrent. Par le décret du 6 décembre 1793, Robespierre et ceux du Comité de salut public eurent la gloire de sauver la contre-révolution et de la déclarer inviolable. M. de Maistre lui-même n'eût pas libellé autrement le décret. Ce jour-là, ils firent plus pour l'ancienne religion que les saint Dominique et les Torquemada.

Pour retenir le peuple au seuil de l'ancienne Église et l'empêcher d'en sortir, les terroristes le parquent entre des échafauds. Tel fut le résultat du décret du 6 décembre. Dès lors l'avortement fut consommé. Qui peut admirer cela ? Les révolutionnaires tuent la Révolution ; l'incapacité refait l'œuvre du fanatisme.

C'étaient les communes, les municipalités, qui avaient pris l'initiative. Le grand pouvoir central écrase, comme à l'ordinaire, les tentatives d'affranchissement ; il y substitue ce qu'il a toujours appelé l'ordre, c'est-à-dire le respect de l'ancienne servitude. Où pouvait aborder cette Révolution ainsi démâtée, désorientée, sans boussole, sans étoile? Ce qu'il y a de plus effroyable en 1793, est de voir les terroristes la ramener eux-mêmes, voiles basses, vergues brisées, dans l'ancien port du pouvoir absolu.

« Traître comme un protestant et un philosophe qu'il est, » disait Robespierre en parlant de Rabaut-Saint-Étienne.

Ainsi, ni protestantisme, ni philosophie. Que restait-il donc? La foi du moyen âge à éterniser.

Dans aucune révolution, les chefs n'ont agi d'une manière si directement contraire à leur but; toute leur force, ils la faisaient tourner contre leurs propres desseins. C'est ce qui donne à la Révolution française un caractère de fureur que les choses humaines n'avaient jamais montré à ce point. On croit assister à un cataclysme de la nature aveugle, plutôt qu'à un renversement dirigé par des volontés. Chaos gigantesque, je le veux bien; mais ne prenez pas le chaos pour la raison d'État.

C'est ainsi que l'on roulait dans un cercle sans issue. Quand on apprit, par l'exemple de Chaumette et de Gobel, que c'était un même crime, de quitter la religion du passé et d'embrasser une forme nouvelle de religion, il fut manifeste que la Révolution était égarée sans retour. Les révolutionnaires se servaient de la liberté des cultes pour condamner tout culte nouveau, et ne consacrer en fait que celui qui leur était hostile. Comment la contre-révolution n'aurait-elle pas fini par reparaître? Elle éclatait dans l'esprit des révolutionnaires eux-mêmes? ils faisaient l'œuvre de leurs ennemis.

V

RENIEMENT

Plusieurs ont essayé de succéder à la royauté de Marat ; ils ne peuvent y réussir. Soit que la place se trouvât prise dans le cœur du peuple, soit qu'aucun ne parvînt à ce même degré de frénésie, Marat reste inaccessible. Hébert, Jacques Roux, Leclerc, Vincent, se perdent en voulant l'imiter ; ils parurent jouer un rôle plutôt qu'obéir à une démence sacrée. On douta de la sincérité de leurs fureurs ; ils disparurent. La fureur de Marat ne fut jamais mise en doute par personne, parce qu'il était la fureur même.

D'ailleurs, Marat ne se rétractait jamais, ayant sur cela le principe formel de l'autorité. Jamais, quelque démenti qu'il reçût des événements ou de la force, on ne le vit avouer une faute, regretter une barbarie, plaindre une victime, renier un supplice. Cette assurance avait fait sa domination ; comme il défiait tout, la foule le crut inviolable.

Au contraire, ses successeurs chancelaient dans leur fausse ivresse, toujours prêts à se renier, sitôt qu'on leur présentait l'échafaud. Doux et humbles, croyant se sauver, ils perdent leur dernière défense ; ils jettent le masque de Marat.

Le 23 novembre, la Commune avait arrêté que les églises seraient fermées ; le 4 décembre, l'arrêté est cassé ; aussitôt la palinodie commence. A la première menace, Hébert se lave de la pensée d'avoir voulu substituer « un culte à l'autre ». Quoi donc ! Innover dans l'ordre religieux, tenter de dépasser l'horizon du moyen âge, substituer « un homme à Jésus ! » Qui pourrait y songer ? Hébert repentant, contrit, reconnaît, confesse que ce serait là un ridicule et un crime. Lui aussi, le père Duchêne revient humblement aux « vieux autels ». « Déjouons ces calomnies, » nous crie ce docteur séraphique ; « je prêche aux habitants de la campagne de lire l'Évangile. » Voilà où en était arrivé ce prêcheur. Pour le faire rentrer en lui-même, il a suffi d'un geste de Robespierre. La guillotine prend sous sa haute protection l'orthodoxie.

Déjà, un homme du 2 septembre, Sergent, fait cette motion inspirée de l'ancien régime : « Qu'un prêtre qui dit qu'il était la veille dans l'erreur est un charlatan. » Cette déclaration, qui mure l'avenir, deviendra bientôt la règle de conduite de l'autorité jacobine. D'où la conséquence que les terroristes veulent maintenir l'ancien clergé, en lui interdisant de s'affranchir de l'Église, de se transformer ou de se convertir à leur système. En d'autres termes, ils éternisent un ordre moral, qu'ils condamnent à les détruire. Voilà où une première idée fausse les a conduits. N'est-ce pas la nuit de l'intelligence? Comment, dans cette nuit, Saturne ne dévorera-t-il pas ses enfants?

Chaumette, de son côté, est déjà rentré sous terre. Quand il vit que son effort contre l'ancien culte était réprouvé par les maîtres de la Révolution, il retourna tremblant au respect de l'Église. Il prit peur, et fit ce que l'esprit français a presque toujours fait dans des cas analogues : il se retrancha dans une indifférence absolue à l'égard des choses religieuses.

Le mot sacramentel, chez nous, celui qui couvre tous les reniements, lui revient à la bouche : « Peu nous importe, dit-il; mêlons-nous d'administrer. » Chaumette fait semblant de dédaigner ce qui, il y a trois jours, était selon lui l'obstacle éternel à l'innovation. C'est qu'il a osé témérairement, comme le centurion romain, porter le marteau au vieux temple. Dès le premier retentissement, l'épouvante l'a saisi; il s'enfuit, il renie son audace. Après que l'antique édifice a résisté, il se croit quitte pour dire comme Ponce-Pilate : « Je m'en lave les mains. Je requiers que le conseil arrête qu'il n'entendra aucune proposition sur aucun culte. » Il est trop tard; sa pusillanimité d'aujourd'hui ne rachètera pas sa témérité d'hier. Le vieil esprit le poursuit sous un nom jacobin. L'iconoclaste Chaumette, le chef des nouveaux « gueux », sera tué par la réforme nouvelle, qu'il n'a su ni soutenir ni combattre.

Ainsi s'éteint ce grand feu. Le culte de la Raison avait duré vingt-six jours; ses adorateurs jouaient avec les choses d'en haut. Ils se retirent à la première sommation, détruits aussitôt que contredits. La hardiesse d'un moment ne servit encore une fois qu'à montrer l'éternelle timidité d'esprit qui jusqu'ici a été le fond de toute révolution dans la race latine.

Ces farouches iconoclastes, dès que le danger paraît, ne gardent rien d'eux-mêmes. Légers à entreprendre, plus légers à se renier, ils encensent les cultes qu'ils viennent de proscrire. Leur haine n'était-elle donc qu'une rhétorique? Si encore ils sauvaient leurs vies? Mais non. Ils ont beau revenir en toute hâte « au vieil autel », cet autel ne les protégera pas, déshonorés avant d'être tués, renégats et victimes.

Robespierre achève d'enterrer leur Babel par ces mots : « Ce sont les rois d'Europe qui ont imaginé de faire cette guerre étrange et subite au culte en vigueur et à tous les cultes. » Il conclut par le sophisme éternel que chaque parti lègue à son successeur : « Pourquoi s'occuper de religion? Où est l'utilité? Ce ne peut être que le complot de l'étranger. » Ainsi, tout ce qui vient de la nature des choses passe à ses yeux pour un complot. Une démission si entière, une prosternation si absolue des inventeurs du culte de la Raison devant le pape de 1793, ne lui suffisent pas; il lui faudra la vie des renégats. Il accusait toujours ses ennemis de vouloir avilir la Révolution; quel plus grand avilissement que de tels reniements à la première lueur du supplice?

Les idées de Robespierre ne jaillissaient pas d'une source profonde; le pressentiment lui manque. Il ne simplifie pas ses vues par une vue supérieure qui domine l'horizon.

Il va, il marche à tâtons; il a rencontré la République plutôt qu'il ne l'a appelée. Depuis qu'elle est debout, il lui fait des holocaustes. Mais sur quel fondement durable l'établir? Il l'ignore.

Au lieu d'attaquer l'obstacle permanent de la Révolution, il prend l'obstacle pour l'appui.

Ou, s'il se ravise, c'est pour croire qu'avec la liberté des cultes il réduira le catholicisme; sans pressentir que le catholicisme ruiné n'a besoin que de la liberté pour écraser son culte de l'Être suprême.

En fait de hardiesse d'esprit, ce terrible renverseur détruirait peut-être la nature humaine avec le dernier homme. Mais une idée antique lui fait peur; il n'osera y toucher.

Il en était venu à voir une conspiration de l'étranger dans ce qui était l'esprit même de la Révolution. « Nos ennemis, disait-il, se sont proposé un double but en imprimant le mouvement violent contre le culte catholique, de se servir de la philosophie pour détruire la liberté.... Vous devez empêcher les folies qui coïncident avec les plans de conspiration.... On a supposé qu'en admettant des offrandes civiques, la Convention avait proscrit le culte catholique. Non! la Convention n'a pas fait cette démarche téméraire, la Convention ne la fera jamais. »

Après ces paroles, il ne reste plus qu'à jeter les novateurs à l'échafaud.

Ce mois si violent de novembre 1793 fut, dans le fond, une retraite précipitée jusqu'au cœur du moyen âge. Même Cambon revint, poussé par Robespierre. On venait de livrer les Girondins. Aussitôt, rachetant la fureur par une pusillanimité, on relève l'Église.

Cependant cette perpétuelle folie, que pour être adversaire du clergé catholique il faut être « agent de la Prusse et de l'Angleterre [1] », se communique de proche en proche. Camille Desmoulins ouvre sous ces sages auspices son *Vieux Cordelier*. Ce docteur, pris du même zèle conservateur que Robespierre, nous enseigne « qu'il suffisait d'aban-

[1] Discours de Robespierre, 10 décembre 1793.

donner le catholicisme à sa décrépitude, et le laisser finir de sa belle mort, qui était prochaine ». D'ailleurs, il recommence les mêmes doléances que Robespierre, Marat, Danton, sur le respect dû aux « vieux autels ». Il nous avertit de la circonspection avec laquelle nous devons traiter ce qui touche au culte ; dénonçant Chaumette comme irréligieux, poussant, comme tous les autres, l'évêque Gobel à la guillotine pour avoir renié l'Église. Camille répète ainsi sa leçon et ricane. Vaine palinodie, qui ne retardera pas pour lui l'échafaud d'une heure. Rien de plus triste au fond que cette absence d'audace d'esprit qui se cache sous le bouffon. On n'ose combattre, et l'on rit !

Maintenant, c'est au grand Danton d'avoir peur. Depuis que le catholicisme est en cause, Danton s'effraye ; il demande, lui aussi, « qu'on pose la barrière ». Au lieu d'encourager les prêtres qui veulent sortir du catholicisme, cet étrange croyant leur jette à son tour l'anathème. « L'Atlas de la Révolution » devient contre-révolutionnaire ; il fait passer en loi « qu'il n'y eût plus de mascarades antireligieuses, parce qu'il y a un terme à tout ». Ce qui revenait à dire que toute forme nouvelle autre que celle de l'ancien culte était en même temps frappée comme un ridicule et une rébellion. La vieille Église, seule, est considérée comme sérieuse et respectable. Le préjugé né de l'intolérance gothique se trouve consacré et confirmé comme une innovation. Combien la Révolution était peu faite dans l'esprit de ses plus hardis tribuns! Dès que l'on touche au sanctuaire du passé, ils parlent comme l'ancien régime. « Nous ne voulons pas honorer le prêtre de l'incrédulité, » s'écrie une voix en parlant des prêtres qui renonçaient à la religion du moyen âge. Qui parle ainsi? Est-ce l'abbé Maury? Non, c'est Danton.

Il est donc bien visible que la Révolution n'était pas orientée dans l'esprit de ses chefs, ou plutôt elle continuait de s'orienter sur le passé et devait revenir à son point de départ.

Comment vous étonner, après cela, que la plupart de ses conquêtes aient été illusoires, puisqu'elle n'osait quitter l'ancien rivage?

Là est toute l'histoire des défaites de la démocratie française. Le catholicisme a beau jeter sur elle la malédiction et l'interdit; il a toujours suffi de la moindre subtilité pour lui faire croire que cette malédiction est au fond le cri d'une sympathie cachée. « La faction Chaumette, écrit Levasseur, avait trouvé un moyen de se montrer plus révolutionnaire que nous; elle disposait de toute la populace des faubourgs. » Quoi! le bon peuple n'est déjà plus qu'une populace! Et pourquoi? Parce que Robespierre et son parti sont surpris de voir, par-delà le clergé du moyen âge, des régions dont ils ne se sont pas doutés; ils appellent conspirateurs tous ceux qui ont dans l'esprit plus d'audace ou plus de suite qu'eux-mêmes.

VI

LE PROTESTANTISME DANS LA CONVENTION

Vous vous faites une idée bien fausse des Montagnards de la Convention, même des plus téméraires, si vous pensez qu'ils voyaient avec complaisance les prêtres renier leur culte et se dépouiller des ornements ecclésiastiques. Au contraire, ils furent épouvantés en face du néant de croyances qui s'ouvrit subitement devant eux. Les ennemis du catholicisme n'avaient pas pressenti ce qu'ils éprouveraient en le voyant tomber tout d'une pièce et se renier sous leurs yeux. Rien ne s'offrant pour le remplacer, il y eut un moment où les plus hardis sentirent un vrai frisson qu'ils ont appelé « l'effroi moral ».

La passion ne les empêchait pas de comprendre que des vues philosophiques, scientifiques, pouvaient suffire à des lettrés, à un petit nombre, mais que le peuple ne s'en contenterait pas ; et ils se disaient que jamais on n'avait vu une société qui n'eût pour base une religion. Un inconnu formidable, une nation sans culte, sans foi, sans Dieu, se dressa pour la première fois devant eux, non dans la contemplation d'une étude solitaire, mais sur les bancs de la Convention, parmi les Jacobins, en face des dépouilles amoncelées des églises. Ces hommes, qui se riaient des armées conjurées de l'Europe et qui revenaient des missions du Rhin ou de Sambre-et-Meuse, tremblèrent intérieurement devant le gouffre religieux qu'ils ne savaient comment combler. On en douterait peut-être ; je vais les citer eux-mêmes :

« La religion de la Convention était le déisme [1]. Quoique cette doctrine soit beaucoup plus simple que les croyances romaines, cependant on éprouvait quelque répugnance à entendre des ministres du culte catholique venir abjurer la sainteté des mystères qu'ils avaient regardés jusque-là comme vrais, et enseignés publiquement comme sacrés. Quelque robuste que l'on fût en incrédulité, on en éprouvait un effroi moral. J'ai connu plus tard beaucoup de conventionnels très-fermes par conviction et par raisonnement contre toutes les superstitions romaines, qui avaient conservé comme moi cette pensée de réprobation contre ces aveux personnels d'imposture en matière de foi. Ils considéraient que la conscience religieuse du peuple est trop importante, trop respectable dans ses motifs, pour en faire un objet de dérision et de profanation. »

[1] Mémoires inédits du conventionnel Baudot.

Avec la conviction que « le déisme était bon pour les particuliers et qu'il ne valait rien pour les masses, » que restait-il à tenter? Le conventionnel Baudot, dont je viens de citer les paroles, pensa que c'était le moment de substituer au catholicisme disparu une des formes du christianisme émancipé. Il s'adressa au protestant Jean Bon Saint-André, membre du Comité de salut public. Celui-ci fit la réponse qu'on a toujours reçue du protestantisme en France, depuis que les persécutions lui ont ôté l'audace du prosélytisme : « Je n'y puis rien. Ma demande paraîtrait intéressée comme ministre protestant ; fais la proposition toi-même, je l'appuierai. » Il ajouta ce lieu commun : « que les peuples du Midi veulent que leur culte soit une fête, que la tristesse de la Réforme ne convenait pas à la France. »

Baudot, ainsi éconduit, ne désespéra pas encore. Il renouvela la tentative d'un changement de culte auprès des membres de l'Assemblée qu'il savait à la fois le plus ennemis du catholicisme, et effrayés du vide que laissait après elle l'ancienne religion. « Tous[1] se moquèrent de moi, » dit Baudot ; la pensée de changer la religion de la France n'eut pas d'autre suite.

Inconcevable mélange d'audace et de timidité ! Ainsi fut tranchée l'immense question à laquelle

[1] Mémoires inédits.

on osait à peine toucher, tant on savait qu'elle était odieuse à Robespierre ; on la dissimula sous le rire. Par là, il fut decidé que le catholicisme, voilé un moment, mais non dépossédé, reparaîtrait inévitablement le lendemain, et qu'avec l'ancienne religion, la France recouvrerait tôt ou tard son ancien tempérament. Il ne fallait qu'attendre.

VII

POURQUOI LES HOMMES SE SONT MONTRÉS INDULGENTS ENVERS CERTAINES BARBARIES

Les hommes ont souvent montré, dans leurs jugements, une indulgence singulière pour les exterminateurs. Si l'on veut chercher pourquoi, au contraire, ils conservent tant de sévérités à l'égard de la Terreur de 1793, il me semble que l'on peut en donner plusieurs raisons, sans compter peut-être la principale, qui est d'avoir échoué.

La Terreur avait été exercée au moyen âge, mais elle l'avait été surtout contre les petits. C'est une chose bien différente dès qu'il s'agit des grands; le monde entier s'en offense.

La misère, l'oppression, les supplices des petits ne soulèvent guère l'indignation des hommes, parce que cette oppression semble être l'état naturel des choses. Au contraire, quand ce sont les puissants ou seulement les médiocres qui ont à souffrir d'un système de crainte, il est incroyable combien la moindre plainte a d'échos. Le retentissement en est si grand, qu'il faut bientôt y mettre un terme en arrêtant la cause de ces souffrances, c'est-à-dire le changement opéré dans les affaires publiques. Frappez le petit peuple, le coup est pour ainsi dire sourd et peut durer des siècles sans que personne en entende parler. Mais la moindre atteinte portée aux grands ou aux maîtres du sol, il semble que ce soit le cours de la nature qui soit troublé ; cela ne peut se faire sans un horrible fracas.

Autre raison de la sévérité des hommes. Robespierre et les Jacobins, qui ont eu l'audace de décimer une nation, n'ont pas eu l'audace de fermer avec éclat le moyen âge. Leurs violences sont ainsi sans proportion avec l'idée ; elles n'en sont que plus intolérables.

Les massacres de Moïse n'ont point nui au judaïsme, ni ceux de Mahomet au Coran, ni ceux du duc d'Albe au catholicisme, ni ceux de Ziska et de Henri VIII à la Réforme. Qui osera dire que la Terreur ne nuit pas aujourd'hui à la Révolution ?

Les hommes, même sans foi, pris en masse, se sont toujours montrés cléments pour ceux qui ont versé le sang au nom du ciel. Ils ne gardent leurs sévérités que pour ceux qui, en répandant le sang humain, n'ont su y intéresser que la terre. M. de Maistre a pu impunément glorifier le bourreau jusqu'à en faire le lien de l'ordre social ;

il s'est enivré de tous les carnages accomplis pour un Dieu de colère. Qui s'en est étonné ou scandalisé?

Il est donc vrai que les hommes oublient aisément ce qu'il leur convient d'oublier; ils accordent au passé d'effroyables immolations quand elles sont couvertes des nécessités de l'ordre moral. Car les uns pardonnent volontiers aux hécatombes en faveur de l'idée; les autres ne cherchent qu'un prétexte pour oublier honorablement les victimes.

VIII

LE CATHOLICISME ET L'ÊTRE SUPRÊME

Dans le système de Robespierre, quand même tout lui eût réussi, il est clair que deux choses seules devaient finir par rester en présence : le culte catholique et le culte de l'Être suprême. Toute conception nouvelle, religieuse, individuelle ou générale, étant proscrite sous le nom d'athéisme ou de philosophisme, l'avenir, s'il eût appartenu à Robespierre, aurait montré en présence, dans son Panthéon, le catholicisme et le culte de l'Être suprême, l'un reposant sur la masse de la nation, l'autre réduit à quelques adeptes officiels. Par où l'on voit que ce culte d'une minorité infime n'eût vécu qu'en apparence, sans exercer aucune influence réelle sur l'esprit de la nation.

Le système de Robespierre, comme puissance de révolution, était donc illusoire, puisqu'il se réduisait à établir la liberté entre deux choses absolument opposées, nécessairement ennemies, dont l'une, qui était la contre-révolution, avait une force immense, grandie et consacrée encore par le respect des novateurs, et dont l'autre, qui, selon Robespierre, était la Révolution, avait une faiblesse infinie, puisque ses auteurs l'avaient condamnée eux-mêmes en condamnant le culte fondé sur la raison.

S'il y eut un projet romanesque au monde, ce fut, en consacrant l'ancienne religion, de lui donner pour contrepoids ou pour rivale, dans le culte de l'Être suprême, une foi purement rationaliste. Se figurer qu'en prêtant l'appui de l'autorité à l'une, on pouvait faire prédominer l'autre, il n'y eut jamais d'entreprise plus fausse.

Outre que l'on voit ici ce que j'ai indiqué précédemment, la nation partagée entre deux cultes, l'un des *bons habitants* de la campagne, inféodé par la Terreur même et par l'exemple de la mort de Chaumette au catholicisme, l'autre des *esprits éclairés*, qui eût appartenu à la religion de l'Être suprême. Il eût fallu que ces deux religions, qui se repoussent et se nient, se fussent réconciliées, que le catholicisme eût été une préparation au culte de l'Être suprême, et celui-ci le couronnement du catholicisme.

C'est ici que l'idée fausse du *Vicaire Savoyard*, se traduisant en loi, conduisait rapidement la Révolution à sa chute. Dans cet esprit, Robespierre conservait ce qui est l'âme du passé. Sur un fonds toujours renaissant, auquel il prétendait ne rien changer, il élevait une frêle chapelle philosophique, qui allait se perdre dans l'immensité de la cathédrale du moyen âge ; et il se figurait qu'il avait sauvé la Révolution, quand il la rendait impossible.

Puisqu'il relevait d'une main ce qu'il frappait de l'autre, où pouvait-il arriver? L'image du rocher de Sisyphe est faible, en comparaison de l'œuvre contradictoire que s'étaient donnée les terroristes.

Robespierre entreprenait d'élever, sur un fonds gothique auquel il ne changeait rien, un petit édifice d'ordre grec ou romain, architecture impossible, qui croulait d'elle-même à mesure qu'il l'élevait.

Ses idées se contrariant ainsi et se détruisant les unes les autres, supposez-le maître de la terre, il l'eût couverte de sang qu'il n'eût pas réussi à y faire pousser un seul germe.

IX

QUE SERAIT-IL ARRIVÉ SI LA RÉVOLUTION FRANÇAISE
EUT EMPLOYÉ DANS LA RELIGION
LES MOYENS DES RÉVOLUTIONS D'ANGLETERRE

Parmi les hommes qui ont arraché, par la violence, leur pays aux formes religieuses du moyen âge, je n'en vois pas qui se soient trouvés, à cet égard, dans une situation meilleure que les hommes de la Révolution française. Quand Henri VIII a enlevé l'Angleterre à la papauté, il touchait encore au moyen âge ; il avait à lutter contre les forces toutes vives du passé, et pourtant il réussit à transporter, en peu d'années, son peuple d'un rivage sur un autre. La même chose est arrivée en Hollande, en Suède, en Danemark, où, sous l'impulsion de l'autorité, des nations entières ont renoncé, en une nuit, à leurs anciennes institutions religieuses.

Si l'on se représente combien les anciennes croyances de la France avaient été ébranlées dans les esprits au moment de la Révolution, il semble donc que le catholicisme courut alors un danger bien autrement grand que sous Henri VIII ; et puisque les terroristes n'ont point tenté un changement de religion ou un renversement, c'est qu'ils n'ont point cru cela nécessaire, soit que leurs esprits aient été désorientés par le génie romanesque de Rousseau, soit qu'ils aient été accoutumés de bonne heure à donner peu d'importance aux choses religieuses.

Car je regarde comme impossible de supposer que, si ces hommes eussent cru qu'il était bon de sortir du vieux culte, ils ne l'eussent pas ordonné. Qui leur aurait désobéi? Ce fut leur esprit qui resta enchaîné, et non pas leur audace.

Quand, au seizième siècle, il a suffi de l'impulsion du pouvoir politique pour changer en une nuit l'ancienne religion; quand il a suffi d'un acte du parlement d'Angleterre, d'une discussion des états généraux de Hollande, d'une loi des diètes du Danemark et de Suède pour extirper l'esprit du passé, que serait-il arrivé des terroristes si, retournant contre ses auteurs la loi des Arcadius, des Honorius, des Théodose, ils s'étaient pris corps à corps avec la papauté et le moyen âge? Question historique qu'il n'est pas permis de négliger.

Quelle stupeur ou quelles colères s'en seraient suivies dans le monde? On ne peut le dire. Sans doute, alors, l'épouvante sacrée qui avait d'abord saisi M. de Maistre ne se serait pas si vite changée en triomphe. Qui peut savoir ce que, dans ce vide, dans ce désert de l'égarement, eût enfanté le génie de la France, ce qu'eussent fait toutes les énergies libres de l'esprit moderne, pour combler le gouffre ouvert par l'écroulement de l'ancien monde? Tout ce que les terroristes avaient pu provoquer contre eux de haines, de malédictions, était déjà déchaîné ; ils n'avaient rien de pis à attendre. Mais ils auraient eu raison d'appeler leur époque une *ère nouvelle*, puisqu'ils eussent réellement fait faire un pas au dieu Terme des Romains. En se sentant associés contre un même adversaire, ils ne se seraient point entre-tués. Enfin, lors même qu'ils n'eussent pas réussi à sortir de la tutelle de Rome, et à s'émanciper comme d'autres, il y a trois siècles, ils auraient du moins montré un accord entre leurs pensées et leurs actes. Au lieu qu'ils se sont volontairement chargés des témérités qu'ils n'ont jamais eues, et des ruines qu'ils n'ont pas faites. Témé- raires d'action, timides d'esprit, après s'être perdus par cette contradiction, ils ont laissé un exemple destiné à perdre quiconque voudra les imiter.

N'ayant pas osé changer ce qui est l'âme même des choses, ne vous étonnez pas si les événements ont trompé leurs auteurs, et si tous ceux qui ont mis la main à la Révolution française en ont aisément désespéré. Prenez-les l'un après l'autre, au moment de finir, Mirabeau, madame Roland, Girondins, Cordeliers, Jacobins, Marat, Danton, Robespierre, Saint-Just : ils se sont entre-tués ; pourtant il est un point sur lequel ils s'accordent tous. Ils ont vu, ils ont senti vaguement que la Révolution était mal engagée, que la liberté et le nouvel ordre moral ne naîtraient pas de leurs œuvres. « La liberté est perdue et les brigands l'emportent. » Voilà leur dernier mot à tous. Flambeau funèbre qu'ils se transmettent l'un à l'autre, en courant à la mort.

X

LA GUERRE AU PHILOSOPHISME

Sitôt que les révolutionnaires se lassèrent de faire la guerre à leur ennemi, c'est-à-dire au système vivant du moyen âge, et que, sur les traces de J.-J. Rousseau, ils s'acharnèrent seulement contre ce qu'ils appelaient philosophisme, athéisme, matérialisme, il fut évident que, sous ces noms divers, la Révolution devait tuer la Révolution. Tout l'esprit moderne eût dû, selon cette logique, tomber sous le couperet.

Avec le mot philosophisme, voilà les Girondins condamnés ; avec le naturalisme, les Dantonistes ; avec l'athéisme, la Commune de Paris. Il n'est aucune des formes nouvelles de la pensée, aucune des hardiesses de l'esprit humain, aucune des conceptions de l'intelligence moderne, qui ne se trouvât condamnée dans le système de Robespierre, par ces mêmes appellations dont l'ancienne religion s'était servie dans ses anathèmes. La malédiction jetée par le catholicisme contre l'esprit moderne éclatait ainsi dans Robespierre, aveuglé par Rousseau.

Tout ce qui dépassait la portée du *Vicaire Savoyard* devait être retranché par le glaive. De là, il eût fallu extirper Leibnitz comme *visionnaire*, Spinoza comme un athée *intolérant et fanatique*, Descartes comme un *faiseur de systèmes* qui trouble la paix des *bons habitants de la campagne :* il eût fallu immoler tous les philosophes allemands qui détruisent *jusqu'à l'idée de l'Être suprême.*

Après que Robespierre aurait ainsi frappé ce qu'il appelait *philosophisme*, il se serait ôté à lui-même toute raison d'être. A la fin, il se serait rencontré avec le catholicisme resté intact, au milieu des ruines de l'intelligence. Celui-ci lui aurait dit à son tour :

« Vous nous avez conservés seuls dans la destruction universelle qui a été votre œuvre. C'est une preuve de grand sens ; car, avec nous, tout ce que vous avez détruit renaîtra sous une autre forme. Vous avez surtout agi très-sagement d'avoir décapité autant qu'il était en vous l'esprit humain, sous les noms de philosophisme, naturalisme. Nous vous en saurons toujours beaucoup de gré. Mais vous n'ignorez pas que sous ces noms-là nous enveloppons toute la raison humaine. En immolant les autres, vous vous êtes modestement livré et immolé vous-même. Disparaissez donc sous votre hache. En faisant le vide autour de vous, vous avez fait notre œuvre. Et comme vous rassemblez en vous tout ce que vous avez condamné, étouffé si justement chez les autres, athéisme, matérialisme, et même le panthéisme, que vous ne paraissez pas soupçonner encore, il est juste que vous périssiez à votre tour. Vous trouverez bon que nous attachions principalement à votre nom l'exécration et l'opprobre que vous avez le premier appelés sur vos complices. »

Il est si clair que dans ce chemin la Révolution tue la Révolution, que déjà chez les chefs la parole détruit la parole. Robespierre : « Toutes les sectes doivent se confondre d'elles-mêmes dans la religion universelle de la nature. » Et il met à mort ceux qui adorent la nature. Couthon aussi : « Les scélérats qui voulaient exaspérer le peuple par l'athéisme. » Et l'athéisme, c'est de vouloir détruire l'ancienne tyrannie spirituelle. Saint-Just lui-même : « On croirait que le prêtre s'est fait athée. » Et il rejettera sur les libres esprits la haine que l'on avait contre la domination du clergé. Il recherche les causes de la démoralisation des masses : « L'aristocratie, l'avarice, l'inertie, les voleurs, les mauvaises méthodes. » Voilà toute l'énumération. Jamais l'idée ne lui vient de chercher la cause de cette démoralisation dans l'éducation par l'esprit du moyen âge. Danton répétait qu'il ne fallait pas de transactions avec la tyrannie;

cependant, la plus importante des transactions il la faisait chaque jour.

Voilà dans quelle situation désespérée s'étaient volontairement jetés les révolutionnaires. Il se trouva chez nous le même obstacle qui a empêché si longtemps l'émancipation de l'Italie. Ayant subi l'éducation du moyen âge, le peuple était séparé de ses chefs par une longue habitude de superstition. On le pensait du moins. Les chefs crurent qu'il était impossible au peuple de franchir cet abîme, et de peur de se brouiller avec lui ils s'imposèrent de respecter ses ténèbres. Ils mirent à mort quiconque voulut y porter atteinte. C'était s'engager, par respect pour le peuple, à respecter sa servitude. Ils crurent qu'ils étaient impuissants à rien changer dans l'ordre spirituel ; dès lors, ils le devinrent en effet.

Sous les empereurs chrétiens, quand il s'agit d'arracher le peuple d'Égypte aux cultes des Pharaons, toute la nation restait incertaine autour des temples. Un centurion sortit de la foule, il donna le premier coup de marteau au temple d'Isis. La foule suivit, et acheva ce que le centurion avait commencé. De ce moment, l'Égypte appartint au monde nouveau. Ce centurion manqua à la Révolution française.

XI

SI L'INDIFFÉRENCE DÉTRUIT LES RELIGIONS

Il faut que j'entre ici plus avant dans l'esprit des terroristes ; car il est impossible de s'expliquer un système et même de le critiquer, si on ne le fait sien pour un moment. Sans cela, point d'histoire. Et quoi de plus puéril au monde, que d'avoir peur d'une question historique ?

L'erreur des chefs de la Révolution a été de s'imaginer qu'une ancienne religion disparaît de la terre par la seule indifférence, par la désuétude ou par la discussion. Il n'est pas, jusqu'à ce jour, un seul culte, si faux, si absurde que vous puissiez vous le figurer, qui ait disparu de cette manière. Tous ceux qui ont cessé d'être sont tombés non par l'indifférence, mais parce que l'ordre formel leur a été donné de mourir. Le moindre fétiche a été sur cela aussi obstiné que les plus beaux dieux d'Homère.

Quand les vieilles religions ont perdu ce qui faisait leur âme, elles n'en subsistent pas moins. On les dirait pétrifiées ; sous cette dernière forme, elles bravent le temps. Car la discussion ne peut plus rien sur elles. Sourdes à la dispute, l'esprit n'a plus d'action sur elles, ni pour les relever, ni pour les abattre ; et dans cette impassibilité où elles sont descendues, les hommes nouveaux peuvent les réfuter pendant l'éternité sans gagner quoi que ce soit contre des *sépulcres blanchis* où les paroles ne résonnent plus.

Si le christianisme se fût contenté de discuter avec le paganisme, quand tout esprit en avait disparu, les temples d'Isis et de Diane seraient encore debout en Égypte et en Grèce. Mais le christianisme, voyant qu'il avait affaire à des choses mortes, n'essaya plus de les persuader. Il ordonna comme on ordonne à la nature inanimée, et le paganisme s'évanouit. La crainte tint lieu de la conversion dont il n'était plus capable.

Il n'est même rien de plus vain que de croire que la force ne peut rien contre les idées. Car on a vu la force abolir même des cultes nouveaux, qui avaient toute l'énergie de croyances en apparence invincibles. Ainsi, il est arrivé que, sans beaucoup de peine, les chrétiens d'Orient ont été convertis ou réduits par les Mahométans, les Albigeois par le comte de Montfort, les Taborites et les Calixtins par Sigismond et le légat, les protestants belges par le duc d'Albe.

Si donc on se place un moment dans le système

des terroristes, on voit que puisqu'ils étaient décidés à n'épargner ni fureurs, ni horreurs, ni exterminations, mais bien plutôt à les déchaîner toutes sans merci ; on voit, dis-je, que, dans ce système, il n'y avait point d'inconvénient pour eux à prendre corps à corps l'ancien ordre spirituel, et qu'il n'était point déraisonnable d'espérer réussir par les mêmes moyens qui avaient réussi tant de fois aux chrétiens et aux musulmans. Au lieu de cela, le terrorisme révolutionnaire proclamant la liberté de l'ennemi de la Révolution, allait droit à l'absurde. Les Jacobins n'avaient osé se donner une tâche semblable à celles de Montfort, du duc d'Albe ou de Henri VIII. Dès lors les supplices parurent des hécatombes, non à un dieu de colère, ni même à des idées, mais seulement à des individus. C'est pour cela que cette époque est restée si odieuse dans la mémoire des hommes.

Les terroristes n'osant rien innover dans l'ordre moral, qu'eût servi leur règne ? Que faire d'une terreur pusillanime devant les idées ? Le mot officiel n'ayant pas été prononcé contre l'ancien monde, on sentit avec M. de Maistre que ce n'était là qu'un orage passager ; il souleva le sable et respecta le vieux roc.

Le maintien de l'ancien culte cachait d'avance le Concordat ; le philosophisme de Robespierre, c'était les idéologues de Bonaparte.

Que pouvaient tant de systèmes nouveaux d'éducation, quand on consacrait la seule éducation véritablement efficace, l'ancien culte ? Qu'étaient-ce que les fêtes du calendrier républicain, tant que les fêtes du catholicisme étaient maintenues dans la loi, en attendant qu'elles fussent réhabilitées par la coutume ? Qu'étaient-ce que les institutions de Saint-Just, quand lui-même maintenait l'âme des institutions du moyen âge ?

Aussi, dès le lendemain, voyez le résultat. Fêtes, anniversaires de la Révolution, où sont-ils ? Que sont devenus tant de solennités, de jubilés institués par la Convention ? Il n'en reste aucun vestige. Le peuple n'a pas gardé une seule des fêtes de 1789 à 1800 ; cet immense bouleversement n'a pu déplacer un seul saint de village.

XII

UNE DES CONTRADICTIONS DE LA TERREUR

Je prie qu'on ne fasse pas semblant de se méprendre sur ma pensée. Je sais comme tout le monde que la liberté des cultes est le principe qui doit prévaloir, qu'il est le fond de la conscience moderne. Mais je crois pouvoir dire que les révolutionnaires étaient en contradiction avec eux-mêmes, lorsqu'ils revenaient au droit antique de la terreur, et qu'ils maintenaient en même temps le droit de leur ennemi. Ils ne pouvaient manquer de se briser dans cette contradiction. L'homme moderne détruisait ainsi chez eux l'homme antique. Saint-Just voulant ramener Sparte, et conservant le catholicisme en principe, mettait la tête du moyen âge sur le corps de l'antiquité. Ce monstre-là ne pouvait vivre.

Quand on descend au fond du terrorisme, on y découvre ainsi l'âme de deux sociétés absolument incompatibles, l'antique et la moderne, la païenne et la chrétienne. L'une veut qu'on extirpe, sans en laisser de traces, tout ce qui est étranger ou hostile; l'autre veut qu'on le ménage ou qu'on le tolère. Prétendre, comme Saint-Just et Robespierre, concilier ces deux cités et n'en faire qu'une seule, c'était se condamner à périr et par l'une et par l'autre. Ils se donnaient tout l'odieux de la barbarie antique, et ils n'en tiraient aucun profit pour leur cause.

Ils frappaient les corps, et ne touchaient pas à l'âme. Ils tyrannisaient les prêtres, et consacraient leur culte.

Rousseau, qui revenait au droit antique, revenait aussi à l'intolérance. Mais Robespierre ne prit qu'une moitié de Rousseau, et par là il lui ôta le nerf et le sens. Il prit la hache des anciennes républiques et frappa au hasard. Ce n'est pas là ce que voulait le *Contrat social* [1].

L'esprit implacable de l'héroïsme païen poussait les révolutionnaires à extirper en principe le culte qui leur était opposé; l'esprit moderne, dont ils ne pouvaient se dépouiller, les contraignit à tolérer en principe ce même culte. Ainsi ils étaient partagés entre deux forces opposées, inconciliables.

Ils prenaient les moyens extérieurs de l'antiquité; mais, comme ils ne purent pas lui emprunter son âme, ces mêmes moyens se retournèrent contre eux. L'homme du dix-huitième siècle abolit perpétuellement chez eux le Grec ou le Romain

[1] La conclusion est l'intolérance, liv. IV, ch. VIII.

qu'ils croyaient être. Emprunter le système de Dracon ou de Lycurgue pour fonder la tolérance envers ses ennemis, c'était déterrer un glaive antique pour s'en frapper soi-même.

Ni art, ni subtilité ne renversera ce dilemme : si l'on voulait la terreur, il ne fallait pas la tolérance ; si l'on voulait la tolérance, il ne fallait pas la terreur.

Le moyen et le but s'excluaient réciproquement. Le système n'était pas seulement barbare, il était faux.

LIVRE DIX-SEPTIÈME

THÉORIE DE LA TERREUR

I

CAUSES DE LA TERREUR

On cherche encore aujourd'hui d'où est née la Terreur ? J'en dirai les causes principales.

Elle est née du choc de deux éléments inconciliables, la France ancienne et la France nouvelle. Partout où elles se sont rencontrées, elles ont voulu se détruire sur-le-champ ; c'est presque toujours la France ancienne qui a provoqué l'autre.

Le sentiment de deux forces absolument incompatibles poussait les âmes à la fureur. On savait trop qu'il ne pouvait y avoir entre elles aucune capitulation, et que l'une ou l'autre devait périr. C'était donc un esprit d'extermination qui naissait du fond des choses dès qu'elles étaient en présence. Du choc de deux électricités opposées se formait perpétuellement la foudre.

Chaque représaille d'un côté amenait de l'autre les plus terribles représailles ; ainsi montait chaque jour la colère, jusqu'au jour où elle toucha au délire.

A chaque attaque de la Cour répond une attaque du peuple ; à chaque réaction, une révolution nouvelle : à la séance royale du 23 juin 1789, l'insurrection du 14 juillet ; au rassemblement des troupes et aux fêtes de l'Orangerie, l'invasion de Versailles, les 5 et 6 octobre ; au refus de sanctionner le décret contre les prêtres et les émigrés, le 20 juin ; au renvoi du ministère girondin, le 10 août ; à la prise de Verdun, les massacres de septembre ; au manifeste de Brunswick, le supplice de Louis XVI ; à l'armée de Condé, l'armée révolutionnaire ; à la coalition, le Comité de salut public ; à la reddition de Cambrai, le supplice de Marie-Antoinette ; à la ligue des rois, le terrorisme.

Ainsi menacée, provoquée, désespérée, la Révolution gagnait chaque jour en audace. Elle montait toujours plus haut à mesure que le danger s'amoncelait autour d'elle ; le jour vint où ses représailles, nées de la force des choses, apparurent comme un système à l'esprit de quelques-uns. Ceux-ci entreprirent de maintenir à cet état d'exaltation la nation française, aussi longtemps qu'il resterait un obstacle a vaincre.

Robespierre, Saint-Just, Billaud-Varennes voulurent changer ce qui avait été un accident en un état permanent. Ils se firent un principe de gouvernement de ce qui avait été d'abord un éclat de colère, une impulsion du désespoir. Froidement et impassiblement, ils convertirent la furie gauloise en règles, ils rendirent durable ce qui, de sa nature, n'est que passager : l'indignation, la crainte, la frénésie ; ils firent de la fureur un froid instrument de règne et de salut. Figurez-vous une mer déchaînée et changée tout à coup en une mer d'airain immobile. Voilà la conception du terrorisme.

Par eux, le vertige de certaines journées devint le tempérament fixe et l'âme de la Révolution. Ils fermèrent le retour à la pitié, au repentir. Ils prirent tout ce qu'il y a de tempêtes dans les passions de la foule, et ils en firent du bronze. Ils fixèrent ce qu'il y a de plus changeant dans le monde : les colères d'un peuple. Ils systématisèrent ce qu'il y a de plus spontané, de plus irréfléchi : l'ivresse d'une multitude. Et de tout cela ils formèrent le règne de la Terreur ; conception unique dans l'histoire, qui n'appartient qu'à un petit nombre, que tous subirent, et ceux-là principalement qui la tirèrent de leur cruel génie moins encore que des circonstances uniques où se déchiraient, dans une seule nation, deux nations aux prises, l'ancienne et la nouvelle.

Sous la Constituante, personne ne doutait de la régénération de la France ; cette foi fut le caractère de cette première époque. Sous la Convention, le problème que personne n'avait encore vu, se posa tout à coup : est-il possible qu'une nation corrompue, vieillie dans l'esclavage, entre dans la liberté ? Plusieurs jugèrent dès lors le problème insoluble et abandonnèrent la Révolution. Quelques-uns ne désespérèrent pas de réaliser ce qui semblait à d'autres une impossibilité absolue ; ils entreprirent de forcer les Français d'être libres, par des moyens que des politiques de l'antiquité avaient appliqués dans des circonstances analogues.

Les oreilles étaient encore pleines des louanges décernées par Mirabeau à Marius : « Marius moins grand pour avoir exterminé les Cimbres que pour avoir aboli dans Rome l'aristocratie de la noblesse ! »

Pourquoi ne disputerait-on pas cette louange aux anciens ? Pourquoi les nouveaux tribuns ne se feraient-ils pas pardonner ce qui avait été presque divinisé chez Cléomène, Dracon, Marius et tant d'autres ? Au pis aller, ils livraient leur mémoire à l'exécration de la postérité ; telle fut pour quelques-uns, au moins pour Saint-Just, la raison de la Terreur.

Troisième cause : le mépris de l'individu, triste

legs de l'ancienne oppression. « Soyez comme la nature, disait Danton. Elle voit la conservation de l'espèce, ne regarde pas les individus. » Avec ce prétendu terrorisme de la nature, appliqué aux choses humaines, il eût fallu décapiter l'humanité.

Dès le principe, nous faisons de la Révolution un être abstrait, comme la nature, une idole que nous divinisons, qui n'a besoin de personne, qui peut, sans dommage pour elle, engloutir les individus les uns après les autres, et grandir de l'anéantissement de tous. Prenez garde que cette vue est absolument fausse et purement oratoire.

Le mépris de la personne ne s'est vu jusqu'ici que dans nos histoires. Autant vaudrait dire que tous les hommes pourraient être anéantis sans aucun dommage pour l'humanité.

La Révolution française, comme toutes les autres, a été faite par des hommes, non par des nuées. Quand ces hommes ont été détruits prématurément, la Révolution a fait naufrage.

Il y a eu plusieurs générations qui l'ont soutenue, développée. Lorsque les chefs en qui étaient l'initiative et la vie eurent péri, on finit par se trouver en face d'un peuple décapité. La grande vie publique cesse ; les médiocrités par le cœur ou le génie avaient seules survécu. Tout s'abaisse, le vide est en chaque chose ; il se trouve un grand capitaine, il entre en maître dans l'héritage vacant.

L'idée n'était jamais venue à personne de soutenir que la Réforme aurait pu, sans se nuire, extirper les réformateurs, qu'elle se serait développée par elle-même, qu'ils ont reçu d'elle leurs physionomies, qu'en un mot, elle existait et prospérait sans eux.

Luther, Zwingle, Calvin, Guillaume le Taciturne, Marnix de Sainte-Aldegonde [1], ont donné chacun leur empreinte aux révolutions du seizième siècle. Ce n'est pas un être abstrait, la Réforme qui les a créés à son image. C'est tout le contraire ; et il n'en a pas été autrement chez nous. En vain nous supposons dans notre histoire une nature humaine toute différente de celle du reste du monde. Revenons à grands pas à notre alliance avec le genre humain. Nous avons trop perdu à vouloir en sortir.

Dans l'histoire se rencontrent des individus qui font un progrès et s'élèvent, en dépit de leur temps, au-dessus du niveau général ; par leur exemple ou leurs actions, ils préparent, ils entraînent après eux une humanité transformée. De même dans la nature : il y a eu aussi dans le monde végétal, animal, des individus qui ont surpassé ceux qui les ont précédés. Doués d'une vertu

[1] *Fondation des Provinces-Unies*, Marnix de Sainte-Aldegonde.

ou d'un génie particulier, ils les lèguent après eux à leurs descendants.

Si la nation n'est pas mûre, l'homme qui s'élève au-dessus d'elle périt martyr inconnu, sans laisser de trace. Si le temps n'est pas venu, si le sol n'est pas préparé, la plante qui s'est développée au faîte de son espèce périt étouffée sans postérité. Mais d'autres sont nées dans des conditions meilleures ; si une seule a trouvé un milieu convenable, elle a pu produire une révolution végétale et un monde nouveau.

Il y a eu aussi des prophètes, des novateurs, des révolutionnaires parmi les brins d'herbe. Celui qui a osé le premier redresser la tête a affranchi sa postérité. Il annonçait dans les anciens âges la flore nouvelle.

Respectez donc l'individu ; il est le principe des révolutions, dans l'homme comme dans la nature.

Qui croirait que la philanthropie elle-même poussât aussi à la Terreur ?

Les révolutionnaires partaient de l'idée première J.-J. Rousseau, que l'homme et le peuple sont bons originairement sans mélange de mal. Lorsqu'ils virent que le bien avait, malgré cela, tant de peine à s'établir, ils se crurent trompés, bientôt trahis ; ils se demandèrent si l'héritage de servitude ne renaissait pas autour d'eux, chez leurs propres amis, et ils les tinrent pour suspects.

Après avoir commencé par mettre à l'ordre du jour « que l'homme est bon, » dès qu'ils sentirent des obstacles à l'établissement de la justice, ils conclurent qu'ils étaient enveloppés dans une conspiration immense, sans voir que cette conspiration était le plus souvent celle des choses.

L'homme avait été violemment délivré des chaînes qui empêchaient en lui la justice originaire d'apparaître. Plus d'entraves, plus de maîtres, et pourtant l'idéal de J.-J. Rousseau ne se montrait pas. Cet homme simple et vertueux, cet Émile, vrai fils de la nature première, ne surgissait pas encore d'un élan spontané. Qui l'empêchait de se produire et de se révéler sur la place publique ?

C'était donc la volonté des méchants qui le retenait captif ? Sans doute la même trame presque universelle qui avait enveloppé les pas de J.-J. Rousseau, enveloppait maintenant la fille de son génie, la Révolution. Comment se défendre d'une fureur sacrée quand un plan si simple, si aisé à établir que celui de l'auteur d'*Émile*, une société qui n'a besoin pour être réalisée que de la seule impulsion de la nature et du seul consentement des gens de bien, subit néanmoins tant de contrariétés et de retards ?

Plus ces contrariétés étaient inexplicables, plus elles étaient odieuses. Empêcher par la perfidie ou l'indifférence que le plan de la nature première ne se réalisât immédiatement, n'était-ce pas le plus grand des crimes?

Tel était le travail de soupçon qui se faisait dans l'esprit de Robespierre, de Saint-Just et des autres principaux Jacobins, depuis le commencement de la Législative.

Si vous eussiez pu descendre dans l'âme des terroristes, vous eussiez vu un bien autre spectacle. Car non-seulement le passé à demi dompté rugissait autour d'eux, mais ils en portaient une partie en eux-mêmes ; ils étaient ainsi complices, sans le savoir, de la conspiration qu'ils découvraient et dénonçaient sous chaque chose.

A qui donc se fier, puisque leur ennemi ils le trouvaient en eux-mêmes? Comme leurs propres pensées se contrariaient et qu'ils n'étaient point arrivés à cette profondeur d'affirmation ou de négation qui entraîne après soi une suite nécessaire de conséquences, ils ne trouvaient pas la paix même au fond de leur esprit. Là aussi étaient le combat, la discorde, la guerre intestine. Et si les meilleurs sont ainsi partagés, où est le moyen de les associer? Rousseau est le seul, l'unique dans la théorie ; Robespierre fut de même le seul, l'unique dans la pratique de la Révolution ; le soupçon atteindra tous les autres.

II

LES PRÉCÉDENTS HISTORIQUES
EN QUOI L'ANCIENNE FRANCE A FOURNI DES MODÈLES A LA TERREUR

Dans la vie privée, il n'est pas juste que les fils expient la faute des pères. C'est une idée admise par notre temps. Mais dans la vie des peuples, cette philosophie échoue ; et il est certain que les générations sont châtiées des fautes des générations précédentes. Voilà le seul moyen de donner une explication morale du règne de la Terreur.

Comme Louis XVI a été frappé à cause des iniquités des rois qui l'avaient précédé, de même les Français de tous les rangs ont été punis en 1793 et 1794, par la Terreur, de la servilité de leurs ancêtres. Le glaive a frappé sur tous les rangs, parce que la servitude avait été l'œuvre de tous. L'histoire de France se dénoue avec fureur dans ces années d'épouvante ; la colère d'en haut tranche le nœud gordien des dix derniers siècles. De toutes les révolutions, la Révolution française a été la plus sanglante, parce que l'histoire de France est celle qui avait laissé s'accumuler le plus d'iniquités. La fureur a dû être plus grande là où la patience avait été la plus longue.

Ce fut un avantage incomparable pour les terroristes d'avoir pour précédents et pour modèles les déclarations et ordonnances de Louvois dans la Révocation. Sans doute, le même esprit qui veut que tout serve d'exemple dans notre histoire, a préparé de loin ces admirables précédents, afin que le chemin fût tracé à la postérité. Car les terroristes, grâce à ce plan magnifique et tout divin, privilége unique de notre race, ont pu marcher avec sûreté dans cette voie de sang. Chaque étape était marquée d'avance. Merlin de Douai s'appuie sur Louvois, Fouquier sur Bâville. L'ange pieux de l'extermination, sans nul doute, avait pris soin pour nous de frayer cette route. Les noyades de la Loire ont leurs modèles ; au XVIIe siècle, un Planque proposait que l'on noyât en mer les protestants. Avertissement à Carrier. Villars menace de passer des populations entières au fil de l'épée ; c'est déjà le langage de Collot-d'Herbois. Montrevel invente la loi des otages ; le Directoire n'aura qu'à la faire revivre.

Mais, avouons-le, la Terreur de 1793 ne sut pas égaler en tout la Terreur de 1687. En cela il y eut décadence. On ne revit pas la même patience dans les bourreaux, ni des supplices si longs, ni ces morts que Bâville faisait savourer sous ses yeux, pendant des journées entières. 93 n'employa pas la torture ; il ne brûla ni n'écartela ses victimes ; il ne rompait pas les os des condamnés avant de les jeter grouillants dans le bûcher.

Véritablement, il n'est plus guère possible à un Français de lire les horreurs de la Révocation de l'édit de Nantes ; elles ont eu pour nous de trop fatales conséquences qui saignent encore. Elles ont fait entrer dans nos cœurs le mépris des choses morales quand elles sont aux prises avec la force soldatesque. Il en est resté une admiration indélébile pour l'œuvre du sabre, un ricanement interminable devant la conscience qui ose résister.

Dragonner les esprits, sabrer les croyances, écharper les idées, opposer l'esprit troupier à l'enthousiasme naïf, rien ne sembla plus simple. Ces corbeilles remplies de têtes et envoyées au gouverneur, ces novateurs convaincus et brusquement réduits au silence à coups de pistolet, ces intrépides et incomparables charges de dragons contre de petites filles de sept ans, ces héroïques soldats plus furieux que des « ours », qui se couvrent de gloire en fusillant à bout portant, en massacrant les enfants en extase, toutes ces voix de suppliciés qui se taisent lâchement sous le bruit des tambours, ces troupeaux d'âmes livrées aux moqueries des régiments, que tout cela est magnifique et bien fait pour établir dans les cœurs la pure religion du sabre ! Car enfin, on ne niera pas que le sabre a fort bien converti en Poitou et en Saintonge.

Comment ces cinq cent mille hommes d'élite ont-ils pu être arrachés de la France, sans que les pierres aient crié ? Comment un pareil silence, puis presque aussitôt un si long oubli ? Et ce n'étaient pas la passion, le fanatisme qui rendirent la France si aisément complice de ces persécutions. Ce fut obéissance au maître.

Quand le xvIII^e siècle se leva, les supplices ne se lassèrent pas. Les gibets marquèrent les jours. Les héros des Cévennes torturés, rompus vifs, puis écartelés, puis brûlés au milieu des ricanements de la foule et laissés en pâture aux corbeaux, remplissent d'abord la scène. Ils montrent ce que l'on pouvait encore trouver de barbaries sous l'élégance et la frivolité de ce temps. Les meurtres paraissent plus odieux parce qu'ils sont ordonnés sans foi et par routine. Les juges continuent de condamner, les bourreaux de tuer, par servilité, par complaisance. Cette habitude de dragonner a passé dans les cœurs ; on ne peut s'en défaire.

Au milieu de tant d'horreurs, la France n'avait témoigné ni regret, ni pitié. Quelques années s'étaient passées ; elle avait tout oublié. Ces plaintes déchirantes des exilés, ces demandes de garanties, cette dignité de l'individu, cette résistance à l'oppression, ce sérieux du cœur, ne parurent bientôt aux Français qu'un style de « réfugiés ». Cela aida sans doute les proscrits à affermir leur cœur sans regarder en arrière.

Les persécutions que les catholiques ont fait subir aux protestants ont corrompu les premiers. La comparaison perpétuelle que les intendants étaient chargés de faire entre la conviction religieuse et les intérêts, était avilissante pour tous.

Déjà l'exemple de la noblesse, par ses abjurations intéressées, avait enseigné bien haut qu'il n'y a qu'une chose sérieuse dans la vie : les *biens* et la *fortune*. C'était le mot de Bâville.

Il y eut quelque chose de plus odieux que les supplices. Je veux dire les mépris, les brutalités, les outrages envers les convictions. On donnait huit jours à une population pour se convertir : après cela le sabre. La légèreté, comme toujours, aidait à la cruauté. On riait de ces âmes quand on les avait flétries. Le duc de Noailles écrit à Louvois : « Le nombre des religionnaires dans cette province est de deux cent quarante mille. Je crois qu'à la fin du mois, tout sera expédié. » Jamais pareil cynisme dans les persécutions. On ne recevait les hommes à merci qu'après les avoir dégradés. L'athéisme devait sortir de là ; Bayle eut le mérite de l'annoncer le premier.

Louis XIV, Louvois, Tellier, extirpèrent Dieu. Les missions bottées déchristianisèrent les catholiques.

Cette histoire dégouttante de sang et de meurtres, pleine de gibets, de roues, de galères, produisit le mépris de toute religion, des vainqueurs comme des vaincus ; le carnage continua par habitude, quand le fanatisme fut rassasié. La régence vint ; elle fit une nation athée. Mais le xviiie siècle continua de massacrer, de pendre, d'étrangler, par amusement.

En 1787, Louis XVI rendit aux protestants l'état civil. Le temps avait manqué pour les anéantir, ils n'étaient qu'exténués ou expirants.

Voyez, en un seul trait, combien le fatalisme aveugle est entré dans nos histoires. Après avoir raconté la résistance des protestants à toutes ces barbaries, le petit-fils d'une des victimes conclut par ces mots : « La cause était juste ; mais elle eût été la ruine de la France[1]. »

Ainsi les victimes finissent par congratuler les bourreaux. Et en quoi la conquête de la liberté de conscience eût-elle été notre ruine?

On sacrifie tout à l'idée de je ne sais quel peuple messie qui a besoin de sacrifices sanglants.

---

1 *Les Pasteurs du désert*, par Peyrat.

Mais tous les peuples se prétendent messie, à ce prix-là. Tous veulent qu'on adore leurs violences, leurs iniquités, leurs férocités, comme sacrées. Si nous les écoutions, il n'en est pas un seul qui ne réclamât ce privilége du barbare.

Finissons-en avec ce mysticisme sanglant; affranchissons au moins l'histoire. La férocité est férocité, quel que soit le peuple qui l'exerce. L'idolâtrie ne nous est plus permise. Plus de parti pris, plus de systèmes de sang, plus d'histoire fétiche, César ou Robespierre, plus de peuple-Dieu! Que nos expériences nous apprennent du moins à rester hommes!

Ainsi la Terreur a été le legs fatal de l'histoire de France[1].

On a ramassé l'arme du passé pour défendre le présent. Les cages de fer et les Tristan l'Hermite de Louis XI, les échafauds de Richelieu, les proscriptions en masse de Louis XIV, voilà l'arsenal où a puisé la Révolution. Par la Terreur, les hommes nouveaux redeviennent subitement, à leur insu, des hommes anciens.

---

[1] J'ai déjà marqué cette tradition dans *Le Christianisme et la Révolution française*, 1845, et dans *La Philosophie de l'Histoire de France*, 1854.

III

QUE LA LIBERTÉ EST CONDAMNÉE A ÊTRE HUMAINE

Il y a ceci de fatal dans la Terreur : qui l'emploie est condamné à l'employer toujours, ou à périr sitôt qu'il y renonce. Une fois ce sentiment entré dans une société, il ne fait guère que se transformer.

Vous ne pouvez employer les cruautés pour fonder la liberté publique, et la raison, la voici : si vous vous livrez à des barbaries, vous êtes obligé de les continuer toujours et de garder pour cela le pouvoir absolu. Car, par la barbarie, vous provoquez contre vous et votre système des haines inexorables, des appétits, des représailles, des fureurs cachées, souterraines, qui n'épient que l'occasion d'éclater. Après vous être servi de la hache ou de l'exil, si vous venez à vous découvrir un seul jour, les fureurs de vengeance amassées se déchaînent contre vous et vous détruisent, en remplaçant votre tyrannie par la leur. Vous êtes donc contraints de rester toujours armé de la pleine puissance, ouverte ou masquée, et vous ne pouvez la céder sans qu'elle ne passe à vos ennemis. Ceux-ci, à leur tour, ne pourront y renoncer sans craindre qu'elle ne vous revienne, à vous, s'ils vous ont laissé vivre, ou à vos adhérents, s'il vous en reste.

Quand les hommes se sont accoutumés à être conduits par la peur, il n'y a plus moyen de rien obtenir d'eux par une autre voie. C'est pour cela que le Directoire devait être un gouvernement si impuissant. Chacun se joua du pouvoir qui l'avait dégagé de la peur.

L'État est ainsi condamné à passer d'une terreur à une autre, jusqu'à ce qu'il s'abandonne à un chef qui, réunissant en lui tous les genres de puissance et de tyrannie, décourage l'espoir et plaise aux deux partis, en les écrasant l'un et l'autre. Telle est l'histoire de la Révolution jusqu'à nos jours.

Les terroristes, dit-on, attendaient une heure propice pour se dépouiller de la Terreur. Illusion ! Cet instant favorable ne devait jamais arriver. Ils ne pouvaient ni renoncer à leur arme, ni en être dépouillés sans périr au même moment.

Comment les terroristes entendaient-ils désarmer et reparaître en simples citoyens sur la place publique ? Ce jour-là ils eussent été infailliblement étouffés par ceux qu'ils auraient laissés vivre. L'heure de clémence qu'ils se promettaient, ils eussent été obligés de l'éloigner toujours, sous la fatalité de leurs propres actions. Quel système que celui qui ne pouvait ni continuer sans s'user, ni s'interrompre sans détruire ses auteurs !

C'est une des grandes difficultés, d'autres diront infirmités, de la liberté, qu'elle est obligée d'être humaine. Elle ne peut se servir de tous les moyens, comme les tyrannies et même les religions. Voilà pourquoi elle est si rare dans le monde, pourquoi si peu de nations y atteignent et ont cueilli cette palme. Le despotisme a vingt ressources là où la liberté n'en a qu'une.

C'est la même cause qui fait que les gens de bien sont presque infailliblement maîtrisés par les méchants. Les premiers n'ont que la ressource de l'honnête là où les seconds peuvent se servir à la fois du juste et de l'injuste, selon que leur intérêt le demande.

Les Français doivent se connaître aujourd'hui, ou ils ne se connaîtront jamais. Ils peuvent voir clair dans leur passé, et voici ce qu'ils y découvrent : Saint-Barthélemy, Révocation de l'édit de Nantes, massacres de septembre, coups d'État, proscriptions. Tout cela signifie une seule et même chose, et aboutit à un même dénoûment identique, immuable, inévitable : servitude.

C'est à ce retour périodique des mêmes fatalités qu'il faut échapper. Mais qui osera faire le premier pas ? Qui osera rompre avec le passé ? Pouvons-nous dire que nous sommes sortis de l'ancien régime, quand subsistent le même tempérament, la même dépendance ? Qui osera renoncer à la joie de se venger, à la volupté de réagir contre la tyrannie par la tyrannie ? Quel parti, quelle faction osera mettre le pied sur cette terre inconnue pour nous et réputée impossible : le droit, la liberté ?

On ne peut y respirer, disent-ils. Quiconque veut seulement être juste, périt aussitôt sous la main de l'injustice. Personne n'est encore revenu de cette cité du bon droit. Elle dévore ceux qui s'y confient ; la force seule est quelque chose.

Ou encore : c'est un rivage qui repousse ceux qui veulent y aborder. C'est une mer pleine d'embûches et de monstres. Voilà aussi ce que l'on disait de l'Océan avant que Christophe Colomb y eût fait passer son vaisseau. Où est parmi nous le Colomb qui osera se confier à ce monde inconnu : droit, justice, humanité ?

Qui dira la vérité aux Français ? Qui osera percer les voiles de rhétorique sous lesquels ils enveloppent leur histoire pour mieux se cacher le présent ? Qui déchirera leurs plaies pour les guérir ?

J'ai osé l'essayer. Souvent le dégoût m'a saisi en voyant le retour et le progrès continu des mêmes servitudes, et la plume m'est tombée des mains. Il faut pourtant la reprendre et achever.

IV

SI LE DESPOTISME DES PLÉBÉIENS EST BIENFAISANT ? QUE LES ANCIENS MOYENS RAMÈNENT LES ANCIENNES CHOSES

Sitôt que les révolutionnaires se furent créé, dans le Comité de salut public, un pouvoir fort, ils l'adorèrent. Rien ne leur sembla plus neuf dans le monde que cette adoration. Dans le fond c'était l'ancien culte des Français pour l'autorité absolue ; plus on rentrait dans les formes anciennes, plus on croyait innover.

Dans le réseau de fer que Billaud-Varennes étend sur la France par l'organisation révolutionnaire, se retrouve la trame du gouvernement de l'ancien régime sous d'autres noms. Les agents nationaux ne sont-ils pas assez pareils aux intendants ?

Seulement ces fonctionnaires nouveaux, tout-puissants, auxquels on prodigue pour la moindre négligence les années de fers, semblent des esclaves qui mènent des esclaves.

Si l'on veut voir à quel point les Français sont aisément éblouis par le pouvoir fort, il faut lire les historiens du Comité de salut public. Quelle complaisance ! quelle admiration sans bornes ! Jamais, dans aucune histoire, l'autorité absolue n'a reçu un pareil culte. Le vertige prend les démocrates ; les voilà enivrés dès le premier jour à la même coupe où ont bu tous les rois.

L'éternel sophisme reparaît ! « Patience ! Obéissez en aveugles ! Vous aurez plus tard la liberté ! » En quoi cet esprit diffère-t-il de l'ancien ?

Que le Comité de salut public ait rendu d'immenses services, cela certes est hors de doute. Mais ces services ne devaient pas profiter à l'établissement de la vie républicaine. On diminua les difficultés de la Révolution. Et comment ? En renonçant à ce qui était l'âme même de la Révolution. Tout se simplifia par le despotisme ; et comme toujours, on appela cela triompher !

Oter à une nation ses droits pour avoir le plaisir de les restituer, sera l'éternelle promesse du pouvoir absolu, quelque nom qu'il emprunte. En cela les douze dictateurs ne firent absolument rien de nouveau. Ils étaient sincères et dupes, là où les princes de l'ancien régime avaient été avisés et clairvoyants.

La théorie du pouvoir, telle que le Comité de salut public l'établissait, ne vaut rien, puisqu'elle se retourne à la fois contre ses auteurs et contre le peuple. Si les dictateurs qui promettent de se démettre de la hache se livrent d'avance à leurs bourreaux, le peuple, qui se livre à la dictature des supplices, est fatalement conduit à l'esclavage.

Ainsi on prenait le chemin opposé au but que l'on voulait atteindre. Loin de s'en rapprocher, on s'en éloignait chaque jour ; cela aussi parut trahison, quand c'était l'effet inévitable du système adopté.

Ce système trouva d'abord une immense facilité, parce que toutes les fois que le frein a été remis aux Français, et qu'ils ont été ramenés à l'ancienne dépendance sous un nom nouveau, il en est résulté une grande popularité née de l'habitude. A mesure que l'ancienne obéissance se retrouvait, on croyait arriver au terme. Alors le peuple lui-même disparut ; le système avait anéanti ceux qu'il avait promis de régénérer.

Ainsi se dresse l'*exécrable dictature* que Mirabeau avait dénoncée de loin, dans toute la puissance de sa raison, comme l'écueil et la ruine de la Révolution française. Maintenant on touchait à l'écueil ; la Révolution allait s'y briser. Depuis quatre ans, il s'agissait de donner un caractère à une nation qui en avait toujours manqué, et le moyen employé brisait tous les caractères. Il s'agissait de créer un peuple politique qui n'existait pas, et le moyen employé n'est bon que pour détruire le peuple là où il existe.

Dès lors il était à craindre que la Révolution désorientée ne pût enraciner aucun principe fécond dans l'esprit des Français. Car être égaux par la crainte sous un maître n'a jamais passé près des hommes pour un principe. Et que dire à la fin, si le résultat le plus sûr de la Terreur était de produire ce qu'on a justement appelé plus tard « des bourgeois rangés et de lâches citoyens » [1] ?

Sophisme éternel des plébéiens, qu'ils peuvent faire à leur gré de l'absolutisme ; que cette arme, dans leurs mains, ne blesse personne ; qu'elle est, pour eux, la lance d'Achille ; que la tyrannie, s'ils l'exercent, perd aussitôt sa mauvaise nature et devient un bienfait ! Nous avons appris, au contraire, que le despotisme plébéien produit absolument, identiquement, les mêmes effets que le despotisme monarchique : des âmes serviles qui en engendrent de plus serviles encore.

Non, il n'y a pas de priviléges pour nous ; et nous ne ferons pas que ce qui, dans la main d'autrui, est une verge d'airain, soit chez nous une houlette. Les Jacobins tinrent pour suspect, et presque aussitôt pour criminel, quiconque n'eut pas cette religion de la verge d'airain dans leurs mains bienfaisantes. Avec eux reparut, sous la Terreur, la même passion pour l'officiel qui est dans la moelle de nos os. Fiers d'être les confidents et les conseillers du Gouvernement, ils méprisaient, ils haïssaient tout le reste. Qui se permet d'examiner l'autorité est « un

[1] Tocqueville.

séditieux perdu de dettes, un fripon, un faussaire, un concussionnaire ». Car on ne se contentait pas d'abattre, il fallait déshonorer. Et en cela encore on refaisait les anciennes mœurs politiques, quand toute la question était d'en créer de nouvelles. Le nouveau régime reprend déjà le vocabulaire de l'ancien. Personne ne voit encore que les mots ramènent insensiblement les choses.

Quand Robespierre fait le tableau de ce pouvoir absolu qui doit être juste, dégagé de passions, *terrible aux méchants, favorable aux bons*, il revient, sans y penser, à l'ancienne royauté, telle que l'ont dépeinte tous ses ministres.

A cette royauté ne manquait plus qu'un roi. On avait refait un corps servile encore privé de la tête. Mais déjà cette tête existait, elle sentait sa puissance. Le 19 décembre 1793, à l'heure même où Robespierre déclamait à vide dans les clubs, un inconnu, Napoléon Bonaparte, montait secrètement à Toulon le premier degré du trône qu'on refaisait pour lui.

V

LES TERRORISTES AVAIENT-ILS LE VRAI TEMPÉRAMENT DE LA TERREUR?

Même dans le Comité de salut public, il n'y eut guère que trois ou quatre hommes qui eurent le tempérament du système. Les autres le gâtaient par leur intempérance, comme Collot-d'Herbois, ou par leur modération naturelle, comme Carnot. C'était pour Robespierre une nécessité de les faire périr, quand ils le devancèrent.

Lorsqu'on voit ces terribles luttes du Comité de salut public, et comme ces douze têtes se menaçaient des yeux sans parler, on sent bien que le système devait se personnifier dans la dictature d'un seul. La merveille est qu'il ait pu durer, sans se briser, dix-sept mois, partagé, comme il le fut, entre tant de chefs.

On sait aujourd'hui comment, dans ces nuits laborieuses du Comité de salut public, le silence était quelquefois brusquement interrompu. On se reposait du travail par une menace de mort, une accusation de Saint-Just qui promettait l'échafaud pour le lendemain à Carnot, à Collot-d'Herbois ou à Billaud. Après quoi le silence recommençait et l'on n'entendait plus que le grincement de la plume de Saint-Just ou le frôlement des cartes et des plans militaires que Carnot déployait devant lui. Dans une de ces heures de guerre intestine, Robespierre se trouva mal. La surprise, la stupeur, lui ôtèrent la parole. Il venait de trouver des contradicteurs.

Trop violents ou trop modérés. C'est là ce qui préoccupait le plus Robespierre. Sa vie se passait à chercher les hommes de terreur, à les briser dès qu'il s'en était servi. Il put à peine, dans une société démocratique, en trouver deux ou trois qui répondissent à l'idée impossible, chimérique qu'il se faisait de cette sorte de gouvernement : terrible et correct, inexorable et convenable, taciturne et oratoire, ombrageux et serein.

Il perdit son temps à chercher des Syllas; lui-même ne put y atteindre. Il poursuivait, lui plébéien, un idéal de terreur monarchique, aristocratique, qui lui échappait sans cesse. Saint-Just en était plus près que lui. Ce jeune homme, avec la roideur de Philippe II, donne peut-être seul l'idée du tempérament de feu et de glace qu'ont produit les temps anciens de la royauté et de l'aristocratie. Encore parle-t-il trop de faire peur. Il ne faut pas tant de discours pour cela. Il affiche à la tribune ce qui doit être caché sous la terre.

Ce n'est pas ainsi que procédaient Philippe II et le Conseil des Dix. Aussi ont-ils pu faire durer des siècles le système que Saint-Just a épuisé en quelques mois : il ignorait l'art de ménager l'épouvante pour la perpétuer.

Danton, Camille Desmoulins étaient l'opposé même de ce tempérament : ils faussaient la Terreur. Il leur était impossible de s'y conformer, leur naturel s'y opposait. C'est là ce qui explique le mieux leur mort.

Il y avait en Danton une certaine débonnaireté incompatible avec le système de la crainte. Il donnait à la Terreur une face expansive, cordiale, humaine, presque compatissante. « La haine, répétait-il, est insupportable à mon cœur. » C'est pour cela qu'il devait périr ; l'acte d'accusation le dira clairement.

Il y avait en Camille une légèreté athénienne, autre qualité incompatible avec le terrorisme : il lui ôtait le sérieux ; il devait périr.

Comment faire de l'un ou de l'autre un taciturne du Conseil des Dix ? Ils déconcertaient l'échafaud par leur seule présence. Si l'on étudiait ainsi l'un après l'autre les principaux terroristes, on verrait qu'il leur manquait à presque tous une des qualités essentielles du régime, et que ce défaut-là eût fini par les rendre impossibles.

Billaud-Varennes en avait des parties ; c'est

pourquoi il ne se soumettait qu'en murmurant à un supérieur. Il sentait qu'il pouvait rivaliser d'inflexibilité ou de barbarie avec qui que ce fût. Il comprenait si bien le système, qu'il voulait se passer d'un premier moteur, estimant que la machine, une fois montée, pouvait se mouvoir toute seule. Ce crime, il l'eût nécessairement payé, si Robespierre en avait eu le temps.

Quant à la plupart des autres, les circonstances seules en firent des hommes de terreur. La nature ne leur avait pas mis ce signe sur le front. Dans les monarchies, les Louis XI, les Philippe II, les Pierre le Grand, portent partout l'effroi avec eux; au dedans, au dehors, dans leur famille comme dans l'État, ils tyrannisent toujours. Rien de semblable chez nos terroristes; l'épouvante ne les suit qu'en public; au dedans ils sont autres. Saint-Just est bon fils, Robespierre bon frère; on dit que Lebon fut un tendre père de famille.

Le génie d'extermination n'est chez eux qu'un accès; ce n'est pas la vie même reçue des ancêtres et l'instinct héréditaire du carnassier.

La différence est grande surtout entre les terroristes du moyen âge et ceux de 93. Les premiers n'agissaient que par l'impulsion du tempérament barbare; la théorie n'existait pas pour eux. Au contraire, en 93, l'idée était cruelle, le tempérament ne l'était pas. Il avait été dompté et amolli par le dix-huitième siècle ; l'emportement naturel était pour peu de chose dans les résolutions les plus sanguinaires. Le système était tout. Aussi, le système tombé, vous n'eussiez pu reconnaître les hommes de 93, philanthropes jusqu'à la sensiblerie, doux jusqu'à être douceâtres.

Rien de plus difficile que de prendre le rôle d'exterminateur quand la nature ne vous a pas fait et préparé de loin pour cela. On le prend pour un moment, pour une année ; puis tout à coup on se dément, on se lasse ; le monde s'en aperçoit, et vous perdez en un jour le fruit de tout le sang versé

VI

DU TEMPÉRAMENT
DES HOMMES DE LA RÉVOLUTION ET DE CELUI DES HOMMES DES RÉVOLUTIONS RELIGIEUSES

Que des hommes, excités les uns par les autres, se soient élevés par degrés à ce comble de fureur et en aient fait un système, le monde en fournit d'autres exemples. Mais ce qui me surprend toujours, c'est combien ces mêmes hommes ont paru changés, quand ils ont été dispersés et réduits au silence ou à l'impuissance. Comment ce feu dévorant s'est-il éteint si vite? Après 95, je cherche la trace de ces hommes d'épouvante; je suppose que la compression n'a fait qu'accroître au dedans la flamme qu'ils ne peuvent plus montrer au dehors. Mais si j'interroge mes plus anciens souvenirs, si je consulte les correspondances intimes, je vois au contraire que le froid s'est étendu sur ces âmes que je croyais devoir brûler toujours. Elles s'étonnent de ce qu'elles ont fait, elles ont peine à se reconnaître. Quelques-unes, bien rares, il est vrai, se repentent; d'autres se rejettent du fond de ce passé implacable dans une légèreté effrénée. Un sourire perpétuel se met sur leurs lèvres; et ce n'est pas un rire tragique, c'est celui de Candide, après le terrible sérieux de 93.

On demandait devant moi à un homme qui avait exercé le proconsulat en compagnie de Saint-Just : « Que sentiez-vous donc alors? »

Il répondit : « D'autres hommes ont la fièvre pendant vingt-quatre heures; moi je l'ai eue dix ans. » Par là, il semblait reconnaître que cette fièvre avait passé, qu'elle avait été un accident, non pas le fond de l'existence.

Comment, après avoir tenu la hache, ont-ils pu l'oublier? Comment, après avoir régné par le fanatisme, ont-ils pu revenir à des pensées ordinaires, rentrer dans le vulgaire des choses, prendre goût aux amusements, aux frivolités d'une autre époque?

Comment leurs traits n'avaient-ils gardé aucune empreinte de leurs actions? Je cherchais à lire sur leur visage l'histoire des journées dont on osait à peine prononcer le nom. Je n'y voyais qu'enjouement, moquerie, grâce ou philanthropie.

Est-ce qu'ils ne portaient pas en eux-mêmes le foyer qui avait allumé l'incendie? Peut-être ils avaient été échauffés par les pensées de quelques autres. Quand ils furent séparés de ceux-là, ils se refroidirent comme des tisons arrachés du brasier. Il est plus probable encore qu'ils cachaient l'ancienne étincelle sous la cendre. Si un grand souffle se fût levé, ils eussent encore montré des flammes. Mais tels que les avaient fait l'abandon, le reniement de tous, le besoin de s'enterrer vivants, vous auriez vainement cherché dans leur langage, leurs habitudes, leur dehors quelque chose qui répondît à ce que vous attendiez d'eux. La nécessité de se renfermer dans le silence avait mis un masque sur leur visage; les plus légers étaient déguisés par leur légèreté même.

Tout autre est le tempérament religieux. Il se prononce, il s'accuse davantage dans l'isolement, la défaite, la persécution. C'est en quoi les hommes du seizième siècle diffèrent le plus des hommes de la Révolution française. Les premiers, vaincus, dispersés, ont porté isolément la Réformation avec eux, partout où le hasard, la ruine, la proscription les ont jetés. Chacun d'eux est devenu un foyer qui a rayonné autour de lui. Les hommes de la Révolution, quand ils ont été vaincus, ont été réduits à s'enfouir sous la terre; ils se sont livrés à d'autres occupations; ils ont pris un autre visage, ils sont devenus d'autres hommes; ils ont cherché, obtenu l'oubli; ils ont commencé par le faire en eux-mêmes. Aucun des Jacobins n'a publié de Mémoires.

Disons encore que, lorsqu'une révolution religieuse est vaincue sur un point, elle trouve un refuge et une aide partout ailleurs. Au contraire, les révolutionnaires détrônés virent la terre entière se fermer pour eux. Billaud-Varennes resta, dit-on, ce qu'il avait été ; mais il dut vivre et mourir parmi les Noirs.

VII

CONDITION D'UN GOUVERNEMENT DE TERREUR POURQUOI IL NE CONVIENT QU'A L'ARISTOCRATIE ET A LA MONARCHIE

Il n'est pas trop difficile d'inaugurer un gouvernement par la terreur. La difficulté est d'en sortir. Une surprise, une embûche ont suffi quelquefois à le fonder. Mais comment le transformer? En cela consiste la principale difficulté de ce genre de gouvernement. Quand on a tendu à ce point l'arc de fer, il est trop périlleux de le détendre.

Les terroristes français ont méconnu le vrai génie de la Terreur; leur esprit populaire les a empêchés de se servir avec le sang-froid nécessaire de cet instrument de domination. Il exige la plus grande impassibilité, et les terroristes y ont porté l'éclat et la fureur. Ce n'est pas avec cette violence extérieure que procédaient Louis XI, Philippe II, Richelieu. Les hommes de 1793 ont bien hérité du vieil instrument de règne; mais il leur a manqué le tempérament de glace qu'il faut pour s'en servir. La vieille hache s'est brisée dans leurs mains. Il n'y a que les aristocraties ou les monarchies antiques qui aient le flegme nécessaire pour user de ces armes sans se blesser. La démocratie ne vaut rien pour cela ; trop impétueuse, trop immodérée, elle sait insulter, non calomnier ; elle se frappe de ses mains, croyant frapper l'ennemi.

Bourdon de l'Oise disait que chez lui, dans les moments de crise, « la raison n'était séparée de la démence que par l'épaisseur d'un cheveu [1]. » Combien l'éprouvèrent sans le dire !

Funeste dans la Convention, ce moyen de gouvernement l'était bien plus encore dans les clubs. C'est là que, faute de sang-froid, de lumière, les révolutionnaires ne pouvaient manquer de retourner contre eux-mêmes cette arme de l'ancien monde, qu'ils maniaient dans la fièvre du soupçon.

De plus, les terroristes usaient la Terreur, elle diminuait dans les esprits, loin d'augmenter avec le temps. C'est tout le contraire de ce qui convient à un peuple régi par la peur.

Les aristocraties, les monarchies, les théocraties ne démentent point leurs agents. Surtout elles ne les punissent pas d'être allés trop loin dans le sens de leurs passions et de leurs haines ; jamais l'Inquisition n'a frappé l'inquisiteur, ni ne l'a accusé d'avoir exagéré sa sainte fureur. Jamais elle n'a jeté sur le bûcher de ses victimes le dénonciateur ou le bourreau.

[1] Mémoires inédits de Baudot.

Partout elle a consacré, légitimé l'œuvre des siens. Il ne lui est pas arrivé une seule fois de retourner contre elle les torches ou les haches et de dire : On est allé trop loin !

Mais les terroristes de 1793, en voulant poser des bornes à la Terreur, montrèrent qu'ils n'avaient pas le secret et le génie de ce principe de gouvernement. Ils le faussèrent en le tournant contre leurs créatures, sous prétexte d'exagération, et contre eux-mêmes, par méprise.

Quelques-uns voulurent une terreur modérée, ce qui touche à l'absurdité. Car la nature de ce gouvernement est le vague, l'inconnu, l'extrême en toutes choses. Il doit être sans frein, sans limites. Son génie est de ne pouvoir être exagéré ; tous ses agents sont sacrés ; incommensurable comme la peur, dès qu'il se pose une limite, il se détruit. Donne-t-on des bornes à l'épouvante ? Autant vaudrait mettre une digue à l'Érèbe.

La terreur doit de plus être perpétuelle dans l'esprit de ceux qui l'exercent, comme dans l'esprit de ceux qui la subissent. Car si l'on aperçoit d'avance qu'elle finira, elle n'agit qu'à moitié ; chacun se prépare en secret à détrôner l'épouvantail.

C'est assez dire que le principe de ce gouvernement doit être d'ôter l'espérance. A cela vous reconnaissez s'il remplit les conditions de sa nature.

Quand les hommes ne voient plus de lendemain devant eux, ils cessent d'en attendre. Alors ils se soumettent à tout ce que vous exigez, comme à la nécessité absolue avec laquelle on ne discute pas. Tel doit être le but de cette sorte de gouvernement.

Mais s'il laisse penser aux hommes qu'il n'est pas définitif, s'il leur promet lui-même de changer de caractère, de se démettre à un certain jour, il va directement contre son propre génie. A peine les hommes ont entrevu la possibilité de se défaire du joug de la peur, ils sont pris d'une impatience immodérée de s'en affranchir. Cette passion allant toujours croissant et devenant fureur, il est immanquable qu'elle surmonte et abolisse enfin le régime qu'ils ont cessé de craindre.

Disons aussi un mot des supplices qui conviennent à un régime de terreur. Ce sont les supplices cachés et sourds : des exils lointains sous des climats sûrement homicides, des nœuds de soie dans l'intérieur d'un sérail, les prisons d'où personne ne sort vivant dans le palais des doges, au-dessous des lagunes, les *in pace* de l'Inquisition. On peut citer aussi les exils en Sibérie, les mines de l'Oural, et, dans des contrées inconnues, fermées à la pitié, sous le fouet et les verges, des morts lentes dont les neiges et les glaces sanglantes gardent seules la mémoire. Voilà les châtiments propres par leur nature à un régime d'épouvante ; ils remplissent l'imagination sans l'épuiser jamais ni la lasser. Ils grossissent par l'éloignement et le secret. Les maux que l'on ne voit pas, que l'on ne mesure pas, paraissent les plus redoutables.

Mais des morts retentissantes, des échafauds permanents, le sang versé en plein soleil et sous les yeux du monde, le monde y répugne. La terreur ainsi faite épuise promptement la terreur.

Celle qui s'appuie sur la tribune, sur des clubs et des discours, sort de sa nature. Ce qu'il faut, c'est la nuit, la solitude ; il faut cacher même les supplices ; car les afficher trop souvent, c'est y accoutumer les yeux. Les échafauds n'en sont que plus puissants pour être plus secrets.

Mourir au milieu du peuple, c'est se sentir vivre jusqu'au bout. La mort dans l'ombre, loin des vivants, inconnue, oubliée, sans écho, sans témoin, sans testament, voilà la vraie terreur ; ce n'est pas celle de 1793.

Telles sont les règles de ce gouvernement. La démocratie ne peut y atteindre, parce que le sang-froid lui manque, qui en est la condition essentielle. Elle se détruit en essayant de prendre le tempérament de ses adversaires. Aussi pouvez-vous conclure qu'une démocratie qui se servira du système de la terreur, sera inévitablement ramenée, dans un terme prochain, à l'aristocratie ou à la monarchie absolue. Quelle pire inégalité, en effet, que l'inégalité de ceux qui sont chargés d'inspirer la peur et de ceux qui sont tenus de la subir!

VIII

DES GOUVERNEMENTS MODÈLES DE TERREUR

De tous les terroristes, Sylla est le seul qui ait pu, sans péril pour lui, se démettre de son règne de terreur. Mais qu'était-ce que cette abdication ? Il se promenait, dit-on, sans gardes sur la place publique. Je le crois bien. Ce n'était là qu'une scène de théâtre. A sa voix se seraient levés les prétoriens enrichis, ses créatures qui lui faisaient partout une escorte invisible. Même mourant, sur son lit, il faisait encore traîner et égorger à son chevet les citoyens qu'il avait oublié de tuer pendant sa puissance ; cette terreur par laquelle il avait régné fut le legs qu'il laissa à tous ceux qui parurent après lui. Une fois la peur installée au cœur des Romains, ils la divinisèrent. César et tout l'empire, jusqu'à la fin, qu'est-ce autre chose que la peur devenue l'institution même de l'État? Chacun la transmet à son successeur. De Tibère jusqu'à Augustule, il sera impossible d'en revenir. Les divinités, la Peur et la Pâleur, furent les dernières que les Romains adorèrent : le Césarisme est le terrorisme fixé et réglementé.

On a vu, il est vrai, les républiques d'Italie se maintenir par un régime de ce genre ; là, une moitié de la population proscrivait l'autre moitié ; on obtenait ainsi le repos, en expulsant non-seulement un parti, une classe, mais au besoin le peuple entier. La faiblesse numérique de ces États permettait de semblables mesures. En France, dans un peuple de vingt-cinq millions d'hommes, ces moyens n'étaient qu'illusoires. On ne proscrivait ni on ne tuait les factions ; elles devenaient irréconciliables sans être détruites. Les terroristes, obligés de s'arrêter à moitié de la terreur, se rendaient odieux sans désarmer la haine : ils épouvantaient sans vaincre, ils tuaient sans détruire ; ils dressaient l'échafaud pour eux-mêmes.

Venise est ici un des meilleurs exemples à citer. Son gouvernement a réussi, parce que la terreur, une fois inaugurée, y a duré toujours. A la dernière heure, le peuple de Saint-Marc était plus que jamais lié à ce gouvernement du silence et de l'intimidation. On n'avait jamais pensé qu'un tel état de choses pût changer. On s'y était attaché à proportion de la durée même qu'on lui attribuait ; car l'homme ne s'attache qu'à ce qu'il croit durable.

Les bouches de fer toujours ouvertes pour recevoir en silence les dénonciations, voilà le modèle d'un système de terreur, non pas les accusations bruyantes qui appellent la défense, ni des morts éclatantes. Celles-ci réveillent la pitié qu'il convient, au contraire, d'empêcher de naître ; et on ne le peut que par des supplices secrets qu'il est toujours possible de nier. Par là est atteint ce double but : entretenir à perpétuité une vague épouvante, ne jamais provoquer l'indignation ou le désir de vengeance.

Admirez ceci. A force de terreur, les Vénitiens étaient devenus les plus souples des hommes, ce qui faisait que leur gouvernement n'avait plus même besoin de menacer. Ne rencontrant jamais d'opposition, il ne songeait plus à faire usage de sa force ; il était partout, et ne se faisait sentir nulle part. Ce qui explique comment le gouvernement le plus terrible à son origine a pu devenir le plus doux de la terre, et même le plus populaire.

Le chef-d'œuvre est d'atteindre à ce degré, où les âmes étant également détrempées et matées, vous n'avez plus besoin de menacer pour effrayer, ni de contraindre pour asservir.

De nos jours, nous avons vu un empereur de Russie, Nicolas, donner pendant trente ans l'exemple le plus accompli de ce système de gouvernement. Il fit trembler soixante millions d'hommes ; mais il se garda bien de leur laisser l'espérance, et surtout de renier ses agents les plus impitoyables. Aussi la pensée ne venait à personne que ce régime pût finir. On s'y était accoutumé comme à une force inexorable de la nature contre laquelle il est insensé de prétendre lutter. Grâce à cette inflexibilité, ce prince a pu jouir d'un règne paisible, d'une vie heureuse. Environné de terreur, il est mort tranquillement dans son lit, respecté et le plus souvent adulé des honnêtes gens.

Vous auriez cru que le czar qui avait pu impunément être cruel pourrait aussi impunément se montrer indulgent ou modéré ; le contraire n'a pas tardé à éclater. Le jour où il s'est trouvé un czar qui a tenté d'abandonner le système terroriste pour un régime d'humanité, l'empire a été ébranlé ; une partie s'est révoltée. Tout l'État a semblé se dissoudre. Il a fallu rentrer en toute hâte dans le système de barbarie qu'on avait un moment abandonné.

Combien à plus forte raison dans un pays tel que la France, où les terroristes ne puisaient leur légitimité que dans la terreur ! S'en dépouiller un moment, c'était se mettre à la merci de leurs victimes.

IX

SYSTÈME DE ROBESPIERRE

Il est temps de voir Robespierre achevé par la toute-puissance. Je voudrais être juste envers lui. Lorsque j'aurai reconnu qu'il était presque toujours sincère dans ses passions, intègre en matière d'argent, qu'il voulut, de toutes les forces de son esprit, l'avénement du peuple dans la République, qu'il eut tout l'appareil de la logique, par lequel sont aisément éblouis les hommes nouveaux, il semble que je pourrais m'arrêter.

Je veux pourtant ajouter que, dans un pays où tout chancelle dans les esprits, l'homme qui trouva un point fixe et s'y enracina, dont les actions furent exactement conformes aux pensées, et qui put s'appeler « l'homme de principe », dut paraître un prodige, et l'est encore resté pour quelques-uns.

C'est après le 31 mai que Robespierre acheva de brouiller le peuple et la bourgeoisie.

Il s'appuya uniquement sur le premier, et crut avoir trouvé un solide fondement; l'expérience montra combien il se trompait. Il obtint, il est vrai, un règne de quelques mois ; mais, au premier danger, quand il fit appel au peuple, personne ne répondit. Son tocsin de thermidor ne devait être entendu que de ses ennemis. Le peuple, pour lequel il croyait avoir vaincu, sembla ne pas exister encore.

En toutes choses Robespierre dogmatise ; ce ton-là devait produire un grand effet chez des hommes nouveaux aux choses de l'esprit. Cette dignité, cette pompe dans la fureur imposaient un respect prodigieux aux Jacobins. Nulle discussion avec lui, il commande. Les sociétés populaires, qui semblent être la liberté même, deviennent ainsi un instrument incomparable de domination ; elles popularisent la servitude.

Robespierre permettait à l'esprit français de traiter telle question ; il interdisait telle autre, et le silence se faisait sur tout le territoire.

Une telle docilité de ving-cinq millions d'hommes ne s'était peut-être jamais vue. Elle ne manqua jamais à ce commandement qui disposait des intelligences politiques et religieuses, comme du maniement des armes sur un champ d'exercice. D'autres fois, Robespierre posait subitement à l'esprit français une question vide, banale, de pure rhétorique (telle que les vices de l'Angleterre). Aussitôt écrivains, orateurs, journalistes rentraient dans le rang pour exécuter la manœuvre.

Si, comme beaucoup le prétendent, il n'avait eu aucun talent d'écrire, ses noirs soupçons auraient pu se dissiper en nuages. Mais il s'empressait de les fixer par la parole écrite, de les amplifier par la méthode oratoire de Rousseau. Dès ce moment les spectres devenaient des réalités. Terrible chose, dans une révolution, qu'un auteur qui prend tous ses procédés d'écrivain pour autant de dogmes et d'arrêts de la justice suprême sur les hommes et les choses.

Ce fanatisme de rhétorique ne devait se voir que dans une nation aussi oratoire que la nôtre.

Robespierre colorait ainsi ses passions les plus mauvaises. Quand il avait rédigé en phrases cadencées et laborieuses ses soupçons d'abord informes, il réussissait à leur donner une certaine apparence qui l'abusait lui-même.

Il finissait par être dupe de ses artifices d'écrivain. Souvent, quand il commençait une de ses dénonciations, il était encore incertain sur ce qu'il devait penser. Mais il habillait ce premier thème de tout ce que la rhétorique pouvait lui fournir; et ce spectre, ainsi vêtu de mots sonores, équivalait bientôt pour lui à la vérité. Dès que ses méfiances avaient été travaillées, élaborées sous sa plume, elles devenaient pour lui des dogmes établis. C'étaient là autant de compositions et d'œuvres qui ne devaient plus être démenties. Il eut juste assez d'art pour étouffer en lui la nature. Jamais manie d'écrire ne produisit d'effets si funestes.

Pour diriger la Révolution, il eût fallu un grand esprit judicieux qui eût percé les vapeurs dont s'entouraient des hommes jetés pour la première fois dans la vie publique. Le génie le plus net, le plus perçant, n'eût pas été de trop pour se conduire à travers les imaginations populaires, toujours partagées entre l'exaltation et la panique. Robespierre ne sut qu'augmenter ces troubles de l'esprit et s'orienter sur des fantômes.

Il les dénonce ; à force de les dénoncer, il les produit. Jamais, dans cette intelligence effarée, on ne vit luire le point solide. Cette capacité illimitée de se créer des monstres fit sa supériorité. On accorda tout à celui qui soupçonnait tout. Il sembla avoir lui seul la sagesse, la vertu, la vérité. Quand, à force d'ombrage, il eut tout brouillé, sa force réelle se trouva nulle.

Sans solidité d'esprit, s'embarrassant à plaisir dans ses noirs fantômes, qu'était-ce donc que Robespierre? Un caractère. C'est ce qui fit sa domination dans un pays où le caractère est ce qui manque le plus à chaque parti. Sa voie était obscure, étroite. Il n'y apporta guère que de fausses lueurs ; mais il marcha résolûment. Tous le suivirent, et il régna.

Froid, correct, implacable. maître de lui, quand

l'irritation de l'écrivain ne le troublait pas, c'étaient bien là les qualités du système. Une fausse vue perdit tout. Ce fut de sa part une chose insensée de croire qu'il pourrait désarmer. Par là, il allait au-devant de l'impossible. S'il eût pénétré mieux dans son système, il eût vu que c'était pour toujours. Il n'eût laissé l'espérance à personne ; peut-être ainsi eût-il duré quelque temps de plus, après avoir convaincu les autres que la Terreur une fois établie et subie ne devait plus cesser.

Le système de Robespierre ne pouvait que le détruire, car il croyait à l'oubli de la part de ceux qu'il avait persécutés jusqu'à la mort. En cela, il était en contradiction absolue avec tout ce qu'il y a eu de politiques terroristes clairvoyants sur la terre. Le pardon, l'oubli, la fusion des partis, sous les chefs du terrorisme, quelle conception impossible ! quelle ignorance du cœur humain !

Ainsi, deux erreurs capitales : premièrement, Robespierre s'imagine pouvoir compter sur la Plaine ; deuxièmement, par une suite de cette inconcevable méprise, il croit n'avoir plus à ménager les chefs de la Révolution, c'est-à-dire qu'il va renverser la seule base sur laquelle il pouvait s'appuyer.

Il est, en effet, hors de doute que dès que Robespierre se mit en tête de frapper les révolutionnaires exaltés, immodérés, il devait périr.

Toute raison d'être lui échappait. Où étaient-ils ces *purs*, ces archanges qui pouvaient dormir en paix ? Il n'y eut plus un seul homme qui ne dût trembler. Par là se montra l'impossibilité du système : terroriser et détruire les terroristes.

Utopie ! Au lieu de les menacer, il fallait les couvrir ; au lieu de les perdre, les consacrer. C'est ce qu'ont fait tous les hommes qui ont manié avec succès l'arme de la terreur. Dernière chimère ! Robespierre croyait pouvoir se réconcilier avec un état régulier. Pour se délivrer de la haine qui s'attachait à son nom et qui commençait à lui peser, il imagina de donner pour otage et pour holocauste les hommes mêmes qui avaient servi d'instrument aveugle à son système. Il ne vit pas qu'en les perdant, il se perdait lui et sa cause. Car tous ensemble ne devaient former qu'un seul parti devant la postérité. La terreur était son arme, sa pensée, sa loi, son bon et son mauvais génie, sa raison dans les siècles à venir. Dénoncer et frapper les siens, c'était se livrer.

A cette vue fausse, point de remède. Disons le vrai : il s'était chargé d'horreurs qu'il ne pouvait plus porter. Le dégoût le prit à son tour. Les carnages le lassèrent. Peut-être aussi n'avait-il pas l'âme assez atroce pour continuer davantage son rôle de Marius. Il se fatigua de meurtres. Dans cet ouvrage interrompu, il ne pouvait manquer de périr.

Ajoutons qu'il avait pris le droit public des temps barbares. Mais ce droit-là était perpétuellement contrarié chez lui et ruiné par les idées philanthropiques du dix-huitième siècle. La vieille arme barbare, rouillée de sang barbare, se brisait dans ses mains.

Enfin, il faut avouer qu'un prince trouvera toujours pour ce rôle des complaisances et des patiences qui manqueront à un simple citoyen.

X

MORALE DES TERRORISTES

Dans quelle région morale vivaient les principaux terroristes? Le temps était trop violent pour que la réflexion ne fût pas aisément étouffée par les circonstances. Cependant quelques-uns des chefs ne pouvaient se dérober à la nécessité de se faire un système de morale. Et voici ce qui se passait dans leur esprit aux rares moments où ils se trouvaient face à face avec eux-mêmes.

Des hommes tels que Saint-Just et Robespierre avaient une certaine vision d'un avénement immédiat de la justice sur la terre. Ils croyaient toucher à cet idéal. Ils s'imaginaient n'en être séparés que par quelques têtes qui leur faisaient obstacle. En comparaison d'un bien infini si proche, que sont ces quelques têtes dressées insolemment contre le genre humain? Rien.

Dès lors ils se faisaient un devoir de les abattre, et aucun remords ne s'éveillait en eux. Après cette première immolation, quand ils croyaient saisir leur chimère, ils s'apercevaient qu'ils en étaient aussi loin qu'auparavant.

Ils s'en prenaient de nouveau, selon le hasard ou le caprice, à ceux qui s'offraient témérairement à leur vue, et ils les abattaient encore. Ainsi entraînés par la comparaison entre une félicité idéale, universelle, immédiate et le sacrifice de quelques individus, ils n'hésitaient jamais dans leur choix. Dans un des plateaux de leur balance était un suspect ; dans l'autre, l'humanité annoncée, promise par tous les sages de l'antiquité. Le moyen d'hésiter ?

Une goutte de sang versée, qu'est-ce que cela pour payer la justice, le bonheur, l'égalité surtout, laquelle n'attendait pour naître que ce dernier sacrifice ? Car, sans doute, ce serait le dernier. Voilà pourquoi la mort est la seule peine qu'ils appliquent. Toute autre serait trop douce ; il n'est pas de faute pardonnable ou médiocre chez celui qui ajourne d'un instant la félicité d'un peuple ou d'un monde. Cette manière de sentir et de raisonner est principalement celle des inquisiteurs, des saint Cyrille, des saint Dominique, ou des Sixte-Quint à la nouvelle de la Saint-Barthélemy. Tous entrevoient un règne d'éternelle justice et croient qu'il n'est contrarié que par quelques téméraires. Tous perdent, dans cette pensée, la pitié ; elle n'est plus à leurs yeux qu'une faiblesse ou un crime envers Dieu et les hommes.

La seule différence est que les terroristes croient

que l'idéal de félicité auquel ils immolent leur adversaire va se réaliser instantanément sur la terre dans le monde civil et politique, tandis que les inquisiteurs l'ajournent dans le royaume céleste.

C'est aussi pour cela que les hommes se sont montrés si indulgents pour les seconds, si implacables pour les premiers. Car la vision de la félicité, immédiate et terrestre, donne à ses auteurs un trop rude démenti.

On punit leur mémoire à cause de leur insuccès. Au contraire, chez les inquisiteurs et ceux qui ont torturé leurs semblables en vue d'une société invisible, le fond de leur système ne peut être si aisément argué de faux. Tout le monde sait que la cité de Saint-Just ne s'est pas réalisée, qu'à ce point de vue ses auto-da-fé ont été stériles. Mais la cité de saint Dominique, de Sixte-Quint, échappe aux yeux mortels. On dispute encore s'ils ont échoué ou réussi ; et le doute leur profite autant que ferait la certitude.

J'admire comment les mêmes hommes si exigeants, si impatients dans la liberté, deviennent aussitôt les plus patients des êtres sous l'oppression ou la terreur. Les années cessent alors de leur peser. Ils ne les comptent plus. Que sont, disent-ils, quelques années d'esclavage dans la vie d'un peuple? Rien évidemment. Voilà ce que je les entends répéter sans relâche. Mais ces années de servitude en enfantent d'autres semblables. Ce qu'ils appellent un moment dans la durée est le germe qui se développe et grandit dans leur histoire. Un germe aussi n'est qu'un point perdu dans l'immensité. De ce point se forment l'arbre aux cents rameaux et la forêt inextricable.

XI

LES PROCONSULS DE LA CONVENTION
LA FOLIE CÉSARIENNE

Si les Césars, portés au faîte par quelque coup imprévu, perdaient si aisément l'esprit, que devait-il arriver de ces empereurs d'un moment, Collot-d'Herbois, Carrier, qui, eux aussi, croyaient représenter les passions, les colères, les représailles de tout un peuple? Cette forme de pouvoir sans limites déchaînait en eux des âmes atroces.

L'omnipotence chez des hommes qui, la veille, étaient perdus dans la foule, et qui maintenant croyaient la représenter, produisait ce qu'elle a toujours produit, le vertige. Puis ils étaient abandonnés à eux-mêmes, sans direction, sans plan, dans leurs missions lointaines ; car les représentants en mission n'étaient liés par aucun mandat particulier. Dans l'indépendance absolue de leur proconsulat, leur imagination s'allumait jusqu'à la frénésie.

Ils avaient le pouvoir absolu ; mais ils ne l'avaient que pour un moment ; et la question était « de sauver l'Empire », comme on parlait alors.

Il fallait donc tirer de ce moment tout ce qu'il pouvait renfermer d'énergie, d'audace, et même de supplices inconnus. En effet, le trait particulier aux maîtres d'un instant, tous grands inventeurs de supplices, ne manqua pas aux proconsuls de la Convention.

Donner à des individus la puissance de lâcher bride à toutes leurs fureurs, et attendre qu'ils demeurent dans les limites de la raison, c'est trop exiger de la nature humaine. Jureriez-vous qu'en de semblables conditions votre raison resterait tout entière?

Aussi la folie césarienne, telle qu'on l'a vue chez Caligula, Néron, Caracalla, le trafiquant et l'inventeur du suffrage universel, Commode, et même chez le grand Théodose, l'exterminateur de huit mille hommes en un jour, dans le Cirque, cette folie se retrouve, avec des traits pareils, chez Collot-d'Herbois, Carrier, Fouché, Fréron. Même délire, même invention de cruautés, même soif d'extermination. Les bateaux à soupape de Carrier sont une copie du bateau d'Agrippine. Ronsin écrit qu'avant le soir le Rhône emportera les os de toute la population de Lyon, moins quinze cents hommes : voilà en petit le vœu de Caligula.

Seulement, Collot-d'Herbois, Carrier, Fréron, s'enivrent de penser qu'ils agissent pour le compte de l'humanité. Les Césars répètent que l'humanité c'est eux-mêmes.

Après ce temps de délire, quand les proconsuls de la Convention rentrent dans l'Assemblée, ils y paraissent étrangers ; ils ne reconnaissent plus rien autour d'eux ; on ne les reconnaît pas ; ils ont outre-passé la Terreur.

Ils ont besoin de circonlocution et d'art pour se faire pardonner de la Convention de l'avoir trop bien servie. Même les fidèles, les Jacobins, s'étonnent de se sentir glacés ; ils ne sont plus à la hauteur. Collot-d'Herbois, à son retour de Lyon, avoue qu'il ne les reconnaît plus. Il les gourmande de leur stupeur ; sont-ce bien là ses fidèles ? Ne sont-ils donc plus les mêmes ? Il faut qu'il les remonte perpétuellement par ses harangues.

Telle est l'ivresse de cette sorte de despotisme qu'on dit émané de tous : il rend fou. Quand on s'est figuré que l'on frappe au nom du peuple et que l'on ne doit de compte à personne, il est impossible que l'on n'aboutisse pas à des extravagances et à des monstres.

XII

COMMENT LA TERREUR DÉMORALISAIT LA RÉVOLUTION

Le capucin Chabot fut un des premiers que la peur jeta dans la délation. Personne ne s'était acharné autant que lui contre *monsieur Condourcet*, comme il disait dans son langage périgourdin : ce fut Anytus contre Socrate. Tant que le philosophe vécut, Chabot se fit un bouclier de ses dénonciations. Condorcet mort, Chabot resta à découvert.

Il osa se plaindre de ce que les décrets étaient rendus sans être examinés; témérité qui ne s'explique que par l'excès de la crainte. Il donne contre lui une autre prise. Il se marie ; la femme qu'il épouse est soupçonnée d'avoir quelque bien. Avoir fait *un mariage avantageux*, comme disait Hébert, quel crime abominable ! D'ailleurs on ajouta que Chabot avait épousé une Autrichienne.

Le voilà convaincu d'aristocratie et de trahison. Chabot essaye de se défendre. Tous les purs, principalement ceux qui se sentent menacés, l'accusent, et, le voyant désespéré, l'écrasent de leurs clameurs. Sa tête s'égare, il crie : *Au secours !*

Un Jacobin fit remarquer que ce cri : *Au secours !* avait été justement jeté auparavant par un des Girondins. A tous ces crimes, Chabot joignait donc d'être de la Gironde. Sans doute il ne l'avait lui-même condamnée à mort que pour s'en faire l'héritier. Abandonné, renié, ne sachant à qui se prendre, Chabot, deux jours après, est mis en arrestation. Ainsi les révolutionnaires ne savaient point pourquoi ils mouraient; frappés par les révolutionnaires, ils ne sortaient pas de leur stupeur même sur l'échafaud.

Par là il est visible que le pouvoir absolu produisit sous la Terreur le même effet que sous la monarchie. Les intelligences paraissent s'abaisser subitement de plusieurs degrés : la nuit se fait dans les esprits.

Le despotisme de la Terreur eut pour premier résultat d'étouffer au dedans les passions nobles et de déchaîner les petites. L'envie parut la première ; elle joua un grand rôle ; car l'égalité, à laquelle on avait tout réduit, n'était qu'apparente. En dépit des mots, il reste toujours une grande inégalité entre les bourreaux et les victimes, entre les proscripteurs et les proscrits.

L'esprit de courtisan reparaissait aussi. Dès que

Robespierre avait menacé, on le courtisait pour le désarmer. Hébert, Chaumette l'adulèrent, le caressèrent jusque sous le couteau de Fouquier-Tinville.

La peur engendre la délation. Pour éviter d'être dénoncé, on se hâtait de dénoncer. Sitôt qu'un révolutionnaire était en péril devant le Comité, tous, ou presque tous, se faisaient ses accusateurs ; c'est une chose incroyable que l'infinité de crimes que l'on se vantait d'avoir découverts.

Ainsi la Terreur démoralisait la Révolution ; les terroristes devaient bientôt s'en apercevoir à leur dam. Si elle eût pu durer, elle eût formé de la nation la plus ouverte de la terre une nation de délateurs.

« J'ai toujours été le premier à dénoncer mes amis, » s'écrie Camille Desmoulins, en voyant quelques fronts se rembrunir à son approche.

XIII

QUE LA MORT AURAIT PU ÊTRE REMPLACÉE PAR L'EXIL
SANS DOMMAGE POUR LA TERREUR

Suivant un récit inédit que j'ai sous les yeux [1], Barrère proposa, en 1793, au Comité de salut public, de changer la guillotine en exil. Collot-d'Herbois se récria. Il dit « qu'il placerait des canons chargés à mitraille contre la porte des prisons, et qu'il foudroierait quiconque en sortirait. » Cette déclamation, soutenue des souvenirs de Lyon, mit fin à la philanthropie de Barrère. Son projet avorta aussitôt que conçu.

J'ai dit ailleurs que les républiques d'Italie au moyen âge [2], quand elles ont voulu régner par la terreur, ont eu recours au bannissement; je ne vois en aucune manière pourquoi ce moyen n'eût pu suffire à la République de 93.

La fin du XVIIIe siècle devait-elle se montrer plus inexorable que le moyen âge?

Chez un peuple aussi mobile que le nôtre, l'exil produit absolument les mêmes effets que la mort.

---

[1] *Mémoires inédits de Baudot.*
[2] *Les Révolutions d'Italie.*

Il tue moralement celui qui en est frappé, tant nous avons horreur de ce qui ressemble à la défaite. Il rompt tous les liens de famille. Après dix ans le peuple ne se souvient plus de ses chefs les plus aimés ; il a oublié jusqu'à leurs noms.

La légèreté produisant ainsi les mêmes effets que la cruauté, vous pouvez vous fier à l'exil du soin de tuer les exilés dans les cœurs de leurs concitoyens.

Le retentissement du supplice entretient encore un reste d'intérêt ou de curiosité. On veut savoir si le condamné est bien mort, quel a été son visage, son attitude, son geste ; quelquefois même on recueille et on répète ses dernières paroles. Mais qui se soucie de ce qu'a fait l'exilé ? Qui veut savoir où se trouve son tombeau ? Les terroristes avaient pour maxime que les morts seuls ne reviennent pas ; cela s'est trouvé faux. Ce qui ne revient pas, en France, c'est l'exilé, ou, comme on dit plus complaisamment, le *réfugié*.

Dans les pays où la mémoire est plus robuste, en Italie, en Hollande, en Angleterre, on a vu, après de longues années, des bannis reparaître, et leurs partisans se retrouver à point nommé plus fidèles, plus enthousiastes et plus nombreux.

Cela ne s'est jamais rencontré en France sous aucun régime, tant le vaincu ou tout ce qui le touche nous devient promptement odieux, si nous l'avons combattu, indifférent, si nous l'avons aimé. Quelques Girondins se sont dérobés à l'échafaud et ont vécu à l'étranger. Ils n'y ont gagné qu'un oubli plus profond. Pour leur parti, la perte fut égale.

Quelle est la différence de Duport mourant sur l'échafaud, ou de Duport mourant au loin dans les montagnes d'Appenzell? Le supplice ne l'aurait pas si bien enseveli qu'a fait le long exil.

J'ai vu moi-même, en 1830, le retour des conventionnels, exilés depuis 1815. Ce souvenir me navre encore au moment où j'écris. (Et me préserve le ciel de pareille avanie dans mes vieux jours!) Personne ne leur tendit la main. Ils reparurent étrangers dans leur propre maison; leur ombre toute seule eût fait plus de bruit; leurs enfants avaient pris d'autres opinions, le plus souvent toutes contraires; ce reniement domestique, journalier, incessant, était un de leurs supplices.

Ils voulurent revoir leurs provinces natales où ils avaient été autrefois honorés, applaudis. Pas un seul ne s'ouvrit à eux; le séjour leur devint bientôt insupportable. Après s'être convaincus qu'ils étaient incommodes aux vivants, ils se retirèrent à l'écart dans quelque abri obscur, regrettant, comme l'un d'eux me l'a avoué, l'exil lointain d'où ils étaient sortis, et trouvant le retour pire cent fois que la mort qui ne pouvait tarder de suivre.

De nos jours même, nous avons vu des foules de proscrits rentrer, après de longues années, dans leur pays, et le peuple, qui n'avait témoigné aucune douleur de les perdre, ne témoigner aucune joie de les retrouver. C'étaient des revenants qui excitaient la surprise. On les tenait pour morts. Ils embarrassèrent les vivants.

Par ces considérations qu'il me serait facile d'étendre, je crois pouvoir conclure que les terroristes auraient trouvé tout avantage à se contenter de l'exil de leurs adversaires ; que leur haine même y eût été mieux assouvie en faisant savourer plus longtemps la douleur ; qu'ils eussent mieux étouffé le cri et les représailles de la postérité ; qu'ils se fussent assuré le présent avec autant de chances et de plus solides pour le lendemain ; qu'en un mot ils pouvaient intimider sans tuer, ou tuer sans frapper, et, tout en exerçant s'ils le voulaient la même crainte, se couvrir d'un semblant de clémence et d'une renommée d'humanité sans laquelle aucun pouvoir ne subsiste. Je crois n'être contredit par personne, en avançant que cette expérience est décisive.

Quiconque voudra s'assurer l'avenir prendra désormais le visage de la modération ; il contiendra ses ennemis, s'il en a, par un autre moyen que l'échafaud.

XIV

LE SUCCÈS A-T-IL LÉGITIMÉ LA TERREUR?

Que nous sert de vivre soixante et dix ans après les événements, si nous nous rejetons systématiquement dans les fureurs et les passions des hommes de 1793, sans profiter, pour les juger, de l'expérience des temps qui ont suivi? C'est nous enfermer vivants, avec eux, dans leur tombe, sans vouloir rien apercevoir hors de ces cinq pieds de terre. Profitons au moins des échafauds pour voir le bout de l'horizon.

Le seul argument des historiens qui approuvent la violation de la Convention et l'établissement de la Terreur, est qu'il s'agissait de sauver la société française. Qu'ils veulent bien prendre garde à ceci cet argument invariable est l'épée de chevet de tous ceux qui se sont senti le besoin de s'imposer à la France. Tels sont les mots que l'on a entendus à la Saint-Barthélemy, aux dragonnades, au 18 brumaire, en d'autres occasions, toutes les fois qu'il s'est agi d'établir une usurpation quelconque.

On montre l'anarchie au dedans, le gouvernement incertain, les armées vaincues au dehors, l'État en péril; et l'on conclut qu'il faut absolument le despotisme d'un seul ou de plusieurs pour tout sauver. Les partisans de la Terreur révolutionnaire sont-ils sûrs de n'être pas la dupe de cette illusion historique de l'ancien régime, si fréquente dans notre histoire qu'elle paraît inhérente à l'esprit français et en être une des faiblesses?

Nos historiens jettent dans les esprits la peur panique pour arriver à la conclusion traditionnelle de l'ancien régime : nécessité de l'absolutisme, besoin urgent de se débarrasser d'une liberté à peine entrevue et dont on ne sait que faire. Mais quoi! si c'était là un de ces sophismes originels, lieux communs dans lesquels les générations se suivent aveuglément, en dépit de toutes les expériences acquises!

Nous n'éprouverons d'étonnement que le jour où se dressera l'échafaud de Robespierre. Pour celui-là notre logique se déconcerte. Ce n'est pas ainsi que nous l'entendions. Que voulions-nous donc? Ah! quand on est sorti de l'humanité, qu'il est difficile d'y rentrer!

Les hommes de la Révolution pratiquent l'ancien régime. Ils en prennent les armes, les moyens, la méthode de gouvernement; novateurs en théorie, qui, le plus souvent, dans l'application, restent les hommes du passé. Le danger est grand de se servir des anciens moyens, parce qu'ils ramènent presque infailliblement, sous d'autres formes, les choses anciennes.

Ne prenons plus les barbaries surannées pour la preuve de l'énergie du principe nouveau. Meurtres par les hallebardes ou par les piques, ou par la hart ou par la guillotine, tout cela est vieux de plusieurs siècles. Il n'y a de nouveau que la liberté et l'humanité.

Dans chacune des barbaries de 1793, c'est le moyen âge qui reparaît. Les têtes coupées au haut des piques, voilà l'étendard du passé. L'histoire de Byzance ne marche qu'en suivant de pareils trophées.

Quelques-uns ne réprouvent de 1793 que : « les mutilations, les dépècements de cadavres, les jeux avec les lambeaux de chair humaine. » Selon eux, il suffisait de tuer. En quoi ce langage diffère-t-il de celui de nos historiens du moyen âge ? Ainsi les événements changent ; nous seuls ne changeons pas. Marat est un autre comte de Montfort. Tout deux ont raison contre la pitié humaine. Les échafauds de 1793 s'appuient à ceux de Richelieu, comme les échafauds de Richelieu à ceux du moyen âge. Une seule parole s'élève au milieu de cette avenue triomphale de supplices : « Il le fallait ; » unique maxime que ces temps nous inspirent.

Et pourquoi ne pas l'appliquer à l'histoire de tous les peuples? pourquoi ne pas prendre sous notre protection tous les meurtres commis sur la surface de la terre? pourquoi ne pas glorifier, légitimer les cent mille échafauds du duc d'Albe et tous ceux des Césars? N'y a-t-il donc que nous qui sachions verser sagement et légitimement le sang humain?

Ainsi la Révolution n'a pas changé notre esprit. Elle a tout déplacé, renversé, excepté notre système. Ce que nous disions du moyen âge, nous le disons de 1793, et il en sera ainsi jusqu'à la fin du monde. L'histoire s'épuisera jusqu'à la dernière heure, sans nous rien apprendre de nouveau. Nous avons tracé notre cercle. Y resterons-nous enfermés pour l'éternité?

Vit-on jamais pareil asservissement de l'esprit? Adopter, pour la France nouvelle, le principe de l'ancienne! Et cela se dit maintenant, non plus dans l'exaltation du danger et de la fureur, mais avec la réflexion de l'érudit. Phrase constante qu'on entend dans l'ancienne France comme dans la nouvelle: Il fallait « centraliser l'autorité. » C'est à cette phrase: « Unité de l'action révolutionnaire, » qu'il convient de sacrifier tous les révolutionnaires jusqu'à ce qu'il ne reste plus personne pour défendre la Révolution.

A ce monstre livrons tout: personnes, services rendus, liberté, pitié, amitié, humanité!

Et si ce n'était là par hasard qu'un monstre de rhétorique, une de ces idoles que les peuples modernes se font en paroles creuses et sonores, altérés de sang? si, avec ce même lieu commun avaient été accomplis tous les crimes d'État de la vieille France, tous ceux qui ont ajourné l'avènement de la nouvelle? Ne faudrait-il pas croire qu'il s'agit ici d'un de ces préjugés de race qui se retrouvent sous tous les régimes, pour produire, malgré les changements de mœurs et de coutumes, le même résultat final, inévitable, invariable, le renouvellement de l'ancien bail de servitude? Et ne serait-ce pas aussi un devoir de sortir courageusement de ce cercle maudit, où les siècles ramènent, avec 'es mêmes mots, les mêmes défaites du droit et de a conscience?

Il est certain que si vous tenez pour nécessaires toutes les fautes, tous les aveuglements, vous arrivez ainsi à une somme d'erreurs prodigieuse ; et s'il faut les couvrir toutes, ce n'était pas trop de la Terreur extrême. Mais qui osera dire que cet édifice entier de colère était fatal et nécessaire? Carrier lui-même soutenait que la Terreur n'aurait pas dû dépasser novembre 1793. De grâce, ne soyons pas, la plume à la main, par amour du système, plus impitoyables que Carrier.

Quand la liberté conquise semblait assurée, on pouvait imaginer qu'un tel bien n'avait pas été acheté trop cher. Pour nous réveiller de nos sophismes, l'expérience est venue ; maintenant force est de se demander à quoi bon tant d'échafauds et de morts ? pourquoi les hommes ont-ils été si cruels les uns envers les autres ? Il n'y a plus à ces fureurs la compensation du succès, qui rend ordinairement la postérité si indulgente sur les moyens. La fureur paraît toute seule ; quand on la voit de plus impuissante et inféconde, qui donc n'est tenté de s'écrier : à quoi bon !

Les terroristes avaient très-bien vu que, pour rendre les Français propres à la liberté, il fallait entreprendre de changer leur tempérament. En cela, ils ont montré leur sagacité. Où ils se sont trompés, c'est lorsqu'ils ont cru que, pour modifier le tempérament d'un peuple, il leur suffirait de quelques mois d'une courte terreur. Philippe II, il est vrai, changea le caractère du peuple espagnol. Il ploya le génie national. Mais il y mit un demi-siècle. Au contraire, qu'étaient ce peu de mois de terreur révolutionnaire ? Ils suffisaient justement pour exciter l'exécration ; après quoi l'esprit public reparut plus léger, plus inconsistant que jamais. Au sortir de la Terreur, on retrouve la Régence ; après elle, l'ancien pouvoir absolu. Alors le cercle est fermé. Vous êtes revenus au point de départ : la servitude.

L'illusion persistante des terroristes est d'invoquer le succès pour se couvrir devant la postérité. En effet, lui seul pouvait les absoudre. Mais ce succès, où est-il ? Les terroristes dévorés par les échafauds qu'ils ont dressés, la République non-seulement perdue, mais devenue exécrable, la contre-Révolution politique victorieuse, le despotisme à la place de la liberté pour laquelle toute une nation avait juré de mourir : est-ce là le succès ?

Combien de temps répéterez-vous encore cet étrange non-sens : que tous les échafauds étaient nécessaires pour sauver la Révolution, qui n'a pas été sauvée ?

Cependant « la guillotine marchait. » Oui, mais il aurait fallu qu'elle marchât au bout du monde ; dès qu'elle s'arrêtait, elle décapitait les bourreaux.

N'importe, ajoute-t-on ; il fallait ces supplices pour tout sauver. Et moi, après une expérience de quatre-vingts ans, je demande aujourd'hui, avec la postérité : que pouvait-il donc nous arriver de pis ?

XV

POURQUOI LA TERREUR A ÉTÉ SUPPORTÉE SI LONGTEMPS.

Je crois en voir une des raisons qui n'a pas été dite, et je supplie qu'on ne s'offense pas de la vérité.

Le peuple n'a plaint aucun de ses chefs, même les plus aimés, quand le moment est venu pour eux de monter sur l'échafaud. Ce sang qu'on croyait lui être si cher, et qui semblait devoir crier si haut, lui devint tout à coup indifférent. On put lui arracher ainsi, l'un après l'autre, tous ceux qui l'avaient le mieux servi. Il vit défiler sur la guillotine tous ses partisans ; jamais il ne leva la main pour arrêter le couteau. Sa curiosité se lassa, jamais sa patience.

Le supplice de Camille Desmoulins, celui de Danton étonnèrent ; mais on n'entendit aucune plainte, ni on ne surprit aucun regret. L'homme qui avait été le plus applaudi, était renié et oublié par tous dès qu'il était à terre. Le coup qui le frappait le déclarait coupable. Son supplice faisait son crime. Ainsi passèrent sur l'échafaud, l'un après l'autre, tous les favoris du peuple, sans lui tirer un soupir ; et il ne paraît pas que de lui-même il eût jamais songé à mettre fin au spectacle du cirque, tant que ses amis eussent consenti à lui en fournir la matière. Toutes ces têtes qui l'avaient charmé ou dominé roulèrent à ses pieds ; à mesure que chacune tombait, par une illusion inconcevable, il se croyait délivré de je ne sais quel péril et se figurait sentir une tyrannie de moins.

Je touche ici à l'un des phénomènes les plus extraordinaires de la Révolution.

Il a été le moins remarqué, parce qu'il a été le plus fréquent ; il tient au fond même du tempérament de la démocratie. Chose étrange, vous pouvez frapper, extirper ses chefs, ceux qui se sont compromis pour elle, et vous pouvez faire tout cela sans lui porter ombrage.

Dans l'extirpation des hommes qui marchent à sa tête et qui lui ont tout sacrifié, la démocratie voit je ne sais quel commencement d'égalité qui lui inspire tout le contraire de l'indignation. Elle ne se sent point atteinte et blessée dans les hommes qui souffrent pour elle. C'est là une sorte d'aristocratie dont elle vous sait même gré de la débarrasser. Elle tient en effet les siens pour ennemis dès qu'ils sont sortis du néant ; le mérite de l'avoir servie ou d'avoir souffert pour elle est un de ceux qu'elle pardonne le moins.

Par là, vous pouvez la prsécuter sans l'affliger, et l'extirper sans l'offenser.

XVI

LES INDULGENTS. — COMITÉ DE CLÉMENCE
CRIME DE LÈSE-TERREUR

Pendant les quatre premiers mois qui suivirent le 31 mai, l'obéissance fut absolue. Le supplice des Girondins semble contenter un moment les plus impatients. Robespierre ne savait encore sur qui faire tomber ses soupçons, tant la France avait repris aisément le tempérament passif que la liberté lui avait ôté en 89. Tout était redevenu silence. Au milieu de cette profonde abdication, le moindre souffle de vie ne pouvait manquer de faire scandale.

Le premier qui risqua une parole fut un inconnu, Philippeaux. Il revenait de Vendée ; en homme plein des choses qu'il a vues de ses yeux, il est impatient de les dire. Selon lui, les difficultés de la guerre de Vendée viennent des vices et de l'impéritie des généraux Rossignol, Ronsin. Il veut faire ses confidences au Comité de salut public. Le superbe Comité le renvoie royalement sans l'entendre. La tribune était muette, il était trop périlleux d'y monter. Ses degrés étaient les premiers de l'échafaud.

Philippeaux se décide à écrire. Il publie un blâme formel contre les généraux de l'armée révolutionnaire. Avait-il prévu les suites d'une si incroyable audace? Non, sans doute.

La tradition de l'ancien régime que l'on avait fait revivre la première, est que les agents du pouvoir sont aussi sacrés que le pouvoir lui-même. Tel était l'ancien esprit que la dictature de Robespierre et du Comité avait trouvé tout vivant dans les habitudes de la France.

Philippeaux venait de manquer à cette religion de l'autorité, il devait le payer de sa vie.

Un autre imprudent osa parler : Fabre d'Églantine. Cette fois Robespierre ne put se contenir davantage. Car, enfin, qu'arriverait-il si d'autres à leur tour entreprenaient aussi d'ouvrir la bouche?

Ce que voulait Robespierre n'était pas seulement la puissance, mais l'unanimité. Y déroger, ne fût-ce que d'une plainte, ruinait tout l'édifice. Quand, après le prodigieux silence des derniers mois, la Convention retrouva la parole, un tel désordre jeta Robespierre dans la stupeur. Il faut voir ce que deviennent, dans cet esprit troublé, les paroles de Philippeaux et de Fabre. Robespierre se perd en imaginations pour s'expliquer ce monstre.

Immense conspiration qu'il aperçoit. Il l'étale, il lui donne un corps. Après un travail incroyable pour étendre partout le soupçon, les Jacobins se soupçonnent eux-mêmes. Ils font sur eux un examen intérieur qu'ils appellent l'épuration.

Sorte de confession publique, où chacun est tenu de divulguer le fond de sa conscience.

Chabot raconte son mariage. Beaucoup furent exclus ; et le personnel de la Révolution, déjà diminué, est encore réduit. Dans cette voie, que pouvait-il s'ensuivre ? Que la nation elle-même fût tenue pour suspecte ; pourtant on n'était qu'au premier commencement de la Terreur. On ne l'avait vue qu'à son enfance.

Les Girondins détruits, voici ce qui se passe. Robespierre et l'intolérance jacobine imaginent un pont cent fois plus étroit que le pont du Coran, qui est de la largeur d'un cheveu. Si on s'écarte à droite, c'est le modérantisme ; si on dévie à gauche, c'est l'anarchie ; ces deux factions devaient être en masse précipitées dans l'abîme.

Restait le milieu pour tenter le passage. Combien peu se tenaient sur cette ligne géométrique hors de laquelle était le gouffre ! Jamais ne s'offrit à une société une issue plus étroite, même dans les songes. Le peuple entier eût dû nécessairement périr avant d'aborder sur le rivage de la terre promise.

Les mécontents, à la fin de 1793, étaient Bourdon de l'Oise, Merlin de Thionville, Charlier, Dubois-Crancé, Lecointe. Il y avait aussi les effrayés. Tous offensaient presque également, ils manquaient de foi. Mais nuls ne furent plus haïs que « les indulgents. »

Une question étrange dans cette histoire est de savoir pourquoi les *indulgents* ont excité une haine si atroce. Leur nom seul met Saint-Just en fureur. La raison ne peut en être que dans ce qui a été dit plus haut.

Les *indulgents*, en marquant un terme à la Terreur, soulevaient la difficulté mère et toutes les contradictions du système. Ils montraient l'incertitude des chefs, leur existence au jour le jour, leur embarras secret, leur lutte intérieure avec eux-mêmes. A cette question : Quand finirez-vous? il eût été simple de répondre avec l'inquisition : Jamais! Tout eût été dit. Les terroristes n'osant prononcer ce mot : jamais, qui est celui du système, durent trouver une autre réponse. Ils fermèrent la bouche aux indiscrets par la mort.

Vers la fin de 1793, ceux qui avaient suivi Robespierre jusque-là s'interrogeaient secrètement. Ils ne voyaient devant eux aucune issue. Dans leurs correspondances intimes, ils se montrent désorientés, incapables d'espérer plus longtemps. Camille Desmoulins n'a plus le courage de rire. Il voudrait être inconnu dans quelque lieu retiré du monde. Ce sont de continuels appels à la solitude, au désert. Les résultats semblent déjà sans aucune proportion avec les sacrifices. Le chemin est sanglant; le but s'éloigne toujours davantage.

Si l'on s'était trompé! Si les moyens que l'on employait, tous empruntés à l'ancien régime, étaient incapables de produire le nouveau? Voilà ce que plusieurs se demandaient vaguement, sans oser se confier à personne.

Camille Desmoulins ose le premier ouvrir la bouche. Dans sa légèreté, il avait applaudi à la naissance de la Terreur. Maintenant qu'il en est las, il croit pouvoir la faire cesser d'un mot, sans se douter combien il est plus difficile d'en sortir que d'y entrer. Il citait perpétuellement Tacite, l'allusion naissait d'elle-même. On retrouvait en lui la même satiété de supplices que dans l'historien des Césars. Ce rapprochement était déjà un crime. Tous ceux qui avaient fait peur aux autres prirent peur.

Donner l'idée que leur règne pourrait déjà finir, c'était leur en ôter d'avance le bénéfice. Camille eut beau répéter qu'il s'était trompé de mot, que, par clémence, il voulait dire justice; le coup était porté, le prestige des supplices affaibli, le régime ébranlé, la magie de terreur diminuée. Les terroristes frémirent.

Tout ce que fit Desmoulins pour atténuer ses paroles ne servit qu'à les aggraver. On s'accoutume si vite, en France, au régime de la force, qu'on est toujours près de le croire éternel. Camille Desmoulins, laissant entrevoir une France sans guillotine en permanence, sans suspects, sans prisons, sans tribunaux révolutionnaires, sans noyades ni mitraillades, troublait brusquement le règne de l'épouvante. Ce ne fut qu'une lueur, mais une lueur dans un cachot.

Rendre l'espérance, voilà le crime de lèse-Terreur. Camille avait commis ce crime que tous devaient commettre à leur tour; il y avait été encouragé par sa Lucile. Un homme seul n'aurait peut-être pas suffi à provoquer l'insurrection de la clémence; il fallait qu'il y fût aidé par la pitié imprévoyante d'une jeune femme. Lucile a sa part de gloire comme elle a eu sa part d'échafaud.

Danton aussi était fatigué; il ne voyait pas de résultats. Quelle fatigue mortelle, en effet, de n'apercevoir aucun dénoûment dans cette voie impossible! L'esprit ne pouvait se reposer sur aucune conquête assurée. Ces hommes avaient le sentiment qu'ils n'établissaient rien de durable; ils ne trouvaient aucun sol pour s'y asseoir et respirer un moment; les plus forts se consumaient dans un travail stérile : voilà la cause de la lassitude de Danton. Lui aussi sent que la hache approche.

Où est-il? où se repose-t-il? A Arcis-sur-Aube. Il essaye de reprendre haleine, près de sa femme, à la campagne ; telle est la vérité. Il est bien plus simple de le dire émigré, chargé d'or, à Coblentz, sollicitant d'être régent sous Louis 'XVIII. Cette absurdité est déjà accueillie par un grand nombre ; la conséquence est « qu'il faut l'égorger. » A ce moment, Robespierre le défend, et par là achève de se le subordonner. Il en fait son homme lige. Que cette protection doit peser à Danton ! Il ne s'appartient plus ; malheur à lui s'il l'oublie !

Le peuple aime la magnificence et le luxe chez ses maîtres. Mais si quelqu'un des siens échappe à la misère, il s'est engraissé de la substance du peuple. Voilà déjà quelle ombre se répand sur les Dantonistes ; elle précède de peu la mort.

FIN DU TOME II.

TABLE

DU TOME DEUXIÈME

LIVRE NEUVIÈME. — LES GIRONDINS.

		Pages.
I.	Système du roi. — Décomposition du parti constitutionnel.	1
II.	Les Girondins	8
III.	Les Girondins au ministère.	10
IV.	Danton jugé par son parti	16
V.	Duperie volontaire	20
VI.	Trahisons de la cour. — Convention de Mantoue	23
VII.	Déclaration de guerre.	31

LIVRE DIXIÈME. — FIN DE LA ROYAUTÉ.

I.	Le 20 juin 1792	35
II.	Que les chefs de la Révolution étaient surpris par les événements.	43
III.	La Fayette après le 20 juin 1792	46
IV.	Louis XVI et le roi Pétion	52
V.	Le 10 août. — La Commune insurrectionnelle	59
VI.	Attaque du château.	69
VII.	Chute de la monarchie. — Changement dans le tempérament de la Révolution	80
VIII.	Massacres de septembre	85
IX.	Pourquoi Paris resta inerte.	96

LIVRE ONZIÈME. — La guerre.

		Pages.
I.	L'art militaire.	103
II.	La coalition. — Manifeste de Brunswick.	105
III.	*La Marseillaise.*	109
IV.	Campagne de l'Argonne. — Valmy.	111
V.	Campagne de Belgique. — Jemmapes	123
VI.	Les armées de la Révolution et les armées de l'Empire.	127
VII.	Que serait-il arrivé si la France avait été envahie en 1792?	132
VIII	La guerre selon les principes de 89.	135

LIVRE DOUZIÈME. — La convention.

I.	Ouverture de la Convention.	137
II.	Procès et mort de Louis XVI.	143
III.	Effet de la mort du roi sur les partis.	153
IV.	On ne tient pas compte aux Girondins de leurs créations. — Institutions révolutionnaires en germe	161
V.	Impossibilité de croire	165
VI.	Comment les jugements des hommes de la Révolution ont été modifiés par le temps.	170
VII.	Des trahisons militaires. — Dumouriez	173
VIII.	Marat. — A qui appartiendra le règne de la Terreur?.	178
IX.	La centralisation dans la Révolution.	186

LIVRE TREIZIÈME. — Guerre civile.

I.	Le 31 mai 1793.	195
II.	Effet de la chute des Girondins.	209
III.	Que le parti girondin était un organe nécessaire de la République.	212
IV.	Charlotte Corday. — Que la poésie n'est pas toujours une fiction.	219
V.	Une guerre de religion. — La Vendée. — En quoi différaient les deux fanatismes.	236
VI.	Qu'une religion peut seule vaincre une religion. — Les vainqueurs reviennent à celle des vaincus.	254

LIVRE QUATORZIÈME. — Les supplices.

		Pages.
I.	Procès et mort des Girondins.	261
II.	Qu'il n'y a pas de proportion dans la Révolution entre les sacrifices et les résultats obtenus	277
III.	La mort des Girondins était-elle nécessaire ? — Nouveau fatalisme. — « Maintenant tout est perdu. »	282
IV.	Avénement politique de J.-J. Rousseau. — Le livre de la loi de la Révolution.	288

LIVRE QUINZIÈME. — La république

I.	La Constitution de 1793. — Idées sociales de la Convention. — La propriété	295
II.	Le code civil de la Convention	314
III.	Esprit civilisateur de la Convention. — Ubiquité. — Universalité	326

LIVRE SEIZIÈME. — La religion sous la terreur

I.	Le terrorisme français et le terrorisme hébraïque	341
II.	Comment le faux engendra l'atroce	344
III.	Les nouveaux brise-images. — Le culte de la Raison	351
IV.	Les révolutionnaires ont peur de la révolution	358
V.	Reniement	365
VI.	Le protestantisme dans la Convention	374
VII.	Pourquoi les hommes se sont montrés indulgents envers certaines barbaries.	378
VIII.	Le catholicisme et l'Etre suprême.	381
IX.	Que serait-il arrivé si la Révolution française eût employé, dans la religion, les moyens des révolutions d'Angleterre ?	384
X.	La guerre au philosophisme	388
XI.	Si l'indifférence détruit les religions.	392
XII.	Une des contradictions de la Terreur	396

LIVRE DIX-SEPTIÈME. — Théorie de la terreur

		Pages.
I.	Causes de la Terreur.	399
II.	Les précédents historiques. — En quoi l'ancienne France a fourni des modèles à la Terreur.	408
III.	Que la liberté est condamnée à être humaine	415
IV	Si le despotisme des plébéiens est bienfaisant ? — Que les anciens moyens ramènent les anciennes choses.	419
V.	Les terroristes avaient-ils le vrai tempérament de la Terreur ?.	424
VI	Du tempérament des hommes de la Révolution et de celui des hommes des révolutions religieuses	429
VII	Condition d'un gouvernement de Terreur. — Pourquoi il ne convient qu'à l'aristocratie et à la monarchie.	433
VIII.	Des gouvernements modèles de Terreur.	439
IX.	Système de Robespierre	445
X.	Morale des terroristes	450
XI.	Les proconsuls de la Convention. — La folie césarienne.	454
XII.	Comment la Terreur démoralisait la Révolution	457
XIII.	Que la mort aurait pu être remplacée par l'exil sans dommage pour la Terreur.	460
XIV.	Le succès a-t-il légitimé la Terreur ?	464
XV.	Pourquoi la Terreur a été supportée si longtemps.	471
XVI.	Les indulgents. — Comité de clémence. — Crime de lèse-Terreur.	474

FIN DE LA TABLE DU TOME DEUXIÈME.

Librairie HACHETTE et Cⁱᵉ, 79, Boulevard Saint-Germain, PARIS

BIBLIOTHÈQUE VARIÉE, FORMAT IN-16

A 3 FR. 50 LE VOLUME

ÉTUDES ET QUESTIONS HISTORIQUES

ARVÈDE BARINE (A.) : *Saint François d'Assise*................. 1 vol.
La jeunesse de la Grande Demoiselle (1627-1652)................. 1 vol.
Louis XIV et la Grande Demoiselle (1653-1692)................. 1 vol.

BERGER (Eug.) : *Le vicomte de Mirabeau (1754-1792)*................. 1 vol.

BOISSIER, de l'Académie française :
Cicéron et ses amis................. 1 vol.
La religion romaine d'Auguste aux Antonins................. 2 vol.
Promenades archéologiques : Rome et Pompéi................. 1 vol.
Nouvelles promenades archéologiques, Horace et Virgile................. 1 vol.
L'Afrique Romaine, promenades archéologiques en Algérie et en Tunisie. 1 vol.
L'opposition sous les Césars................. 1 vol.
La fin du paganisme................. 2 vol.
Tacite................. 1 vol.
La conjuration de Catilina................. 1 vol.

BONET-MAURY (G.) : *Le congrès des religions à Chicago en 1893*................. 1 vol.
L'Islamisme et le Christianisme................. 1 vol.
France, Christianisme et Civilisation................. 1 vol.

BRUNET, député : *La France à Madagascar*................. 1 vol.

CHARMES, de l'Institut : *Études historiques et diplomatiques*................. 1 vol.

CHAVANON et SAINT-YVES : *Joachim Murat (1767-1815)*................. 1 vol.

COYNART (Ch. de) : *Les malheurs d'une grande dame sous Louis XV*................. 1 vol.
Une petite nièce de Lauzun................. 1 vol.

DEHERAIN (H.) : *L'expansion des Boërs au XIXᵉ siècle*................. 1 vol.

DIEULAFOY (M.), de l'Institut : *Le roi David*................. 1 vol.

DU CAMP (M.), de l'Académie française : *Les convulsions de Paris*. 4 vol.

ESMEIN (A.), de l'Institut : *Gouverneur Morris*................. 1 vol.

ESTOURNELLES DE CONSTANT (baron d') : *La vie de province en Grèce*................. 1 vol.

FLEURY (comte) : *Les drames de l'histoire*................. 1 vol.

FUNCK-BRENTANO (F.) : *Légendes et archives de la Bastille*................. 1 vol.
Ouvrage couronné par l'Académie française.
Le drame des poisons................. 1 vol.
L'affaire du collier................. 1 vol.

FUNCK-BRENTANO (F.) (suite) :
La mort de la reine................. 1 vol.
Les nouvellistes................. 1 vol.

GEBHART (E.), de l'Académie française : *L'Italie mystique*................. 1 vol.
Moines et papes................. 1 vol.
Au son des cloches................. 1 vol.
Conteurs florentins du moyen âge. 1 vol.
D'Ulysse à Panurge................. 1 vol.

GUIRAUD : *Fustel de Coulanges*. 1 vol.
Ouvrage couronné par l'Académie française.

HAUREAU (B.), de l'Institut : *Bernard Délicieux et l'Inquisition albigeoise*. 1 vol.

HUBNER (comte de) : *Sixte-Quint d'après des correspondances diplomatiques inédites*................. 2 vol.

JACQUIN (F.) : *Les chemins de fer pendant la guerre de 1870-1871*................. 1 vol.

JULLIAN (G.) : *Vercingétorix*. 1 vol.
Ouvr. couronné par l'Académie française.

JUSSERAND (J.) : *La vie nomade et l'Angleterre au XIVᵉ siècle*................. 1 vol.
Ouvrage couronné par l'Académie française.
L'épopée mystique de William Langland................. 1 vol.

LANGLOIS (Ch.-V.) : *Questions d'histoire et d'enseignement*................. 1 vol.
La société française au XIIIᵉ siècle. 1 vol.
La vie en France au moyen âge. 1 vol.

LEROY-BEAULIEU (A.), de l'Institut : *Un homme d'État russe (Nicolas Milutine). Étude sur la Pologne et la Russie (1855-1872)*................. 1 vol.

LUCE (S.) : *Jeanne d'Arc à Domrémy*................. 1 vol.
La France pendant la guerre de Cent Ans................. 1 vol.

MÉZIÈRES, de l'Académie française. *Silhouettes de soldats*................. 1 vol.

MONTEGUT (E.) : *Choses du Nord et du Midi*................. 1 vol.

ROSEBERY (lord) : *Napoléon, la dernière phase*................. 1 vol.

VILLETARD DE LAGUERIE : *Trois mois avec le maréchal Oyama*.... 1 vol.

WALLON, de l'Institut : *La Terreur*................. 1 vol.
Jeanne d'Arc, 7ᵉ édit................. 1 vol.

ZURLINDEN (général) : *La guerre de 1870-1871*................. 1 vol.

Paris. — Imp. Paul Dupont (Cl.)

www.ingramcontent.com/pod-product-compliance
Lightning Source LLC
Chambersburg PA
CBHW071622230426
43669CB00012B/2035